心理健康教程

——农业院校大学生成长读本（第2版）

主　编　许斌华（江西农业大学）
副主编　李剑富（江西农业大学）
　　　　李海峰（江西农业大学）
　　　　邹　琴（江西农业大学）
参　编　张军华（江西农业大学）
　　　　吴　兴（江西农业大学）
　　　　李雪艳（江西农业大学）
　　　　熊龙彪（江西农业大学）
　　　　黄华古（江西农业大学）
　　　　李　飞（江西农业大学）
　　　　卢曼萍（江西农业大学）
　　　　李雅琼（江西农业大学）
　　　　冷竹清（江西农业大学）
　　　　张延华（华中农业大学）
　　　　谭娟晖（浙江农林大学）

北京理工大学出版社
BEIJING INSTITUTE OF TECHNOLOGY PRESS

内 容 简 介

本书系统地阐述了大学生心理健康的基本知识、理论和基本技能。全书共九章，主要包括走进心理健康、大学生自我意识与人格、大学生学习心理、大学生情绪管理、大学生人际交往、大学生恋爱与性心理、压力管理与挫折应对、生命教育与心理危机干预、心理咨询等内容。

本书突破了传统的以心理疾病预防和治疗为主的消极心理健康教育模式，全书贯穿积极心理学理念这一主线，深入浅出，旨在引导学生正确认识自我，针对具体问题增强自我调节能力，进而达到促进大学生自我发展的目标。

本书不仅是农业院校开展心理健康教育的教材，也是大学生心灵成长的优秀读本。

版权专有　侵权必究

图书在版编目（CIP）数据

心理健康教程：农业院校大学生成长读本／许斌华主编．—2 版．—北京：北京理工大学出版社，2019.9（2022.8重印）

ISBN 978-7-5682-7539-2

Ⅰ.①心… Ⅱ.①许… Ⅲ.①心理健康-健康教育-农业院校-教材 Ⅳ.①G444

中国版本图书馆 CIP 数据核字（2019）第 198148 号

出版发行／	北京理工大学出版社有限责任公司
社　　址／	北京市海淀区中关村南大街 5 号
邮　　编／	100081
电　　话／	（010）68914775（总编室）
	（010）82562903（教材售后服务热线）
	（010）68948351（其他图书服务热线）
网　　址／	http：//www.bitpress.com.cn
经　　销／	全国各地新华书店
印　　刷／	三河市天利华印刷装订有限公司
开　　本／	787 毫米×1092 毫米　1/16
印　　张／	15
字　　数／	352 千字
版　　次／	2019 年 9 月第 2 版　2022 年 8 月第 4 次印刷
定　　价／	42.00 元

责任编辑／	陆世立
文案编辑／	赵　轩
责任校对／	周瑞红
责任印制／	李志强

图书出现印装质量问题，请拨打售后服务热线，本社负责调换

前言

心理健康是大学生成长与发展的基石，是大学生顺利完成学业、愉快度过大学生活的前提。心理素质的培养和心理健康水平的提高，是当代大学生的一门必修课。大学生的心理健康状况已成为党和政府、各级教育主管部门和社会各界普遍关注的问题。教育部下发的《普通高等学校学生心理健康教育工作基本建设标准（试行）》和《普通高等学校学生心理健康教育课程教学基本要求》都对加强大学生心理健康教育工作提出了明确要求，对高校心理健康教育起到了重要的指导和推动作用。

大学是人生发展的黄金时期，是大学生塑造健康心理素质的关键时期。但是，大学生作为思想最活跃、感受最丰富、自我期望较高、抗挫折能力不强的一个群体，面临着更多的机遇和挑战。大学教育不仅要满足大学生适应自身发展的认知需要，还要满足大学生丰富多彩的精神需求。为了更好地解决这个问题，编者决定编写此书。

本书是编者根据多年的大学生心理健康教育工作经验，结合农业院校大学生的心理实际情况而编写的。本书以普及心理健康知识、为大学生提供心理健康指导为出发点，力求体现操作性、参与性和可读性强的特点，旨在帮助大学生解决在现实生活和学习中所遇到的心理问题，为其提供更好的指导。

本书在编写过程中，参考了国内外有关文献和资料，借鉴了其中许多有价值的研究成果，难以一一列举，在此谨向原作者表示衷心的感谢！

编者水平有限，已竭尽全力，若书中有疏漏之处，恳请读者批评指正！

编 者
2019 年 4 月

目 录

第一章 幸福从心开始——走进心理健康 ………………………………………… (1)
第一节 解读幸福 …………………………………………………………… (1)
一、"幸福"的由来及含义 ……………………………………………… (1)
二、幸福的本质 ………………………………………………………… (2)
三、幸福的形式 ………………………………………………………… (3)
第二节 心理健康与幸福 …………………………………………………… (3)
一、幸福生活从"心"开始 ……………………………………………… (3)
二、心理健康与幸福人生 ……………………………………………… (6)
第三节 大学生心理健康 …………………………………………………… (8)
一、大学生心理发展特点 ……………………………………………… (8)
二、大学生心理健康问题 ……………………………………………… (10)
三、农业院校大学生常见心理问题 …………………………………… (12)
四、大学生心理问题的应对措施 ……………………………………… (13)
五、大学生心理健康教育的意义 ……………………………………… (14)

第二章 揭开面具——大学生自我意识与人格 …………………………………… (20)
第一节 自我意识 …………………………………………………………… (20)
一、自我意识概述 ……………………………………………………… (21)
二、大学生自我意识的特点及常见问题 ……………………………… (23)
三、大学生塑造健全自我意识的意义及途径 ………………………… (27)
第二节 人格 ………………………………………………………………… (29)
一、人格概述 …………………………………………………………… (30)
二、人格差异 …………………………………………………………… (33)
三、大学生常见人格发展缺陷及调试 ………………………………… (38)
四、大学生健康人格的塑造 …………………………………………… (41)

第三章 激发内在的财富——大学生学习心理 …………………………………… (47)
第一节 学习概述 …………………………………………………………… (47)
一、学习的定义 ………………………………………………………… (48)

二、学习产生的机制 …………………………………………………………… (48)
　　三、学习理论 …………………………………………………………………… (49)
　　四、大学生的学习特点 ………………………………………………………… (51)
　第二节　学习策略 …………………………………………………………………… (52)
　　一、学习策略的界定 …………………………………………………………… (52)
　　二、学习策略的分类 …………………………………………………………… (52)
　　三、具体学习策略概述 ………………………………………………………… (53)
　　四、关于阅读——书里有别人的世界，走进去就拓展了自己 ……………… (57)
　第三节　影响学习的因素 …………………………………………………………… (58)
　　一、智力因素 …………………………………………………………………… (58)
　　二、非智力因素 ………………………………………………………………… (60)
　第四节　大学生常见学习心理问题及调适 ………………………………………… (62)
　　一、学习动力缺乏 ……………………………………………………………… (62)
　　二、学习焦虑严重 ……………………………………………………………… (65)
　　三、创新学习能力不足 ………………………………………………………… (67)

第四章　我的情绪我做主——大学生情绪管理 …………………………………… (75)
　第一节　情绪的概述 ………………………………………………………………… (75)
　　一、什么是情绪 ………………………………………………………………… (75)
　　二、情绪的功能 ………………………………………………………………… (77)
　　三、情绪状态的分类 …………………………………………………………… (78)
　第二节　几种特殊的情绪 …………………………………………………………… (80)
　　一、焦虑 ………………………………………………………………………… (80)
　　二、愤怒 ………………………………………………………………………… (82)
　　三、嫉妒 ………………………………………………………………………… (82)
　　四、抑郁 ………………………………………………………………………… (83)
　　五、快乐 ………………………………………………………………………… (83)
　第三节　大学生的情绪管理 ………………………………………………………… (84)
　　一、情绪管理的内涵 …………………………………………………………… (84)
　　二、合理情绪理论 ……………………………………………………………… (88)
　　三、有效处理情绪的方式 ……………………………………………………… (91)

第五章　搭建心灵的桥梁——大学生人际交往 …………………………………… (94)
　第一节　人际交往概述 ……………………………………………………………… (94)
　　一、人际交往的含义 …………………………………………………………… (94)
　　二、人际交往的功能与规律 …………………………………………………… (96)
　　三、人际关系的建立与破裂 …………………………………………………… (98)
　　四、大学生人际交往的影响因素 ……………………………………………… (99)
　第二节　大学生人际交往常见的问题 …………………………………………… (102)
　　一、大学生人际交往的特点 ………………………………………………… (102)
　　二、大学生人际交往类型 …………………………………………………… (103)
　　三、大学生交往常见的问题及调适 ………………………………………… (105)

第三节　培养成功交往能力 ………………………………………………… (110)
 一、提高人际吸引 ………………………………………………………… (110)
 二、提升人际交往技巧 …………………………………………………… (112)
 三、懂得人际交往的心理效应 …………………………………………… (115)

第六章　拥有选择和经营的智慧——大学生恋爱与性心理 ……………… (121)

第一节　爱情是什么 ………………………………………………………… (122)
 一、爱情的定义 …………………………………………………………… (122)
 二、爱情的生物学解读 …………………………………………………… (123)
 三、爱情的心理学理论 …………………………………………………… (123)
 四、爱情与其他情感的区别 ……………………………………………… (125)

第二节　如何建立和保持爱情 ……………………………………………… (127)
 一、大学生恋爱中常见的心理效应 ……………………………………… (127)
 二、建立爱情的关键性因素 ……………………………………………… (129)
 三、男女两性心理差异 …………………………………………………… (130)
 四、爱情的"存款账户" …………………………………………………… (132)

第三节　如何应对失恋 ……………………………………………………… (133)
 一、宣泄情感、不去纠缠 ………………………………………………… (134)
 二、正视现实、理智分析 ………………………………………………… (135)
 三、积极转移、自强自立 ………………………………………………… (135)

第四节　性心理 ……………………………………………………………… (137)
 一、什么是性心理健康 …………………………………………………… (138)
 二、大学生常见的性行为失当 …………………………………………… (138)
 三、性道德的基本原则 …………………………………………………… (139)
 四、维护大学生性心理健康的途径 ……………………………………… (139)

第七章　柳暗花明又一村——压力管理与挫折应对 ……………………… (145)

第一节　压力概述 …………………………………………………………… (145)
 一、压力概述 ……………………………………………………………… (145)
 二、现代人的心灵负重 …………………………………………………… (151)
 三、大学生常见的压力 …………………………………………………… (153)

第二节　压力管理 …………………………………………………………… (154)
 一、消极应对与积极应对 ………………………………………………… (154)
 二、有效的压力管理方式 ………………………………………………… (156)

第三节　多个角度看挫折 …………………………………………………… (162)
 一、对挫折的一般认识 …………………………………………………… (162)
 二、对挫折的更多认识 …………………………………………………… (163)
 三、雕刻让我们更具有价值 ……………………………………………… (166)

第四节　挫折应对的真谛——解决问题 …………………………………… (167)
 一、认识问题的积极意义 ………………………………………………… (167)
 二、探查真问题 …………………………………………………………… (169)
 三、解决问题的有效途径 ………………………………………………… (170)

第八章 活着就是王道——生命教育与心理危机干预 (176)

第一节 珍爱生命 (177)
一、生命和生命的意义 (177)
二、生命不能承受之重 (181)
三、珍爱生命与大学生心理健康 (185)

第二节 充实生命 (187)
一、让生命之花绽放 (187)
二、生命是一种过程 (188)
三、感恩生命 (188)

第三节 呵护生命 (190)
一、直面危机 (190)
二、危机预防 (191)
三、自杀干预 (192)

第四节 直视骄阳 (193)
一、摆正心态 (194)
二、珍视当下 (194)
三、少留遗憾 (194)
四、坚强独立 (194)
五、与人为善 (194)

第九章 成长中的助力器——心理咨询 (196)

第一节 心理咨询概述 (196)
一、心理咨询的起源与发展 (196)
二、心理咨询的定义 (197)
三、心理咨询的对象 (198)
四、心理咨询的形式 (199)
五、心理咨询的作用与原则 (201)
六、心理咨询的基本理论和方法 (203)

第二节 大学生心理咨询 (206)
一、大学生心理咨询的特点 (207)
二、学校心理咨询的主要内容 (207)
三、大学生心理咨询的工作原则 (208)
四、大学生对心理咨询的常见误区 (209)
五、如何寻求心理咨询的帮助 (212)

第三节 团体咨询概述 (214)
一、团体咨询概述 (214)
二、团体咨询的常见形式 (216)
三、团体咨询的组织与实施 (218)
四、团体心理咨询与拓展训练比较 (224)

参考文献 (228)

第一章

幸福从心开始——走进心理健康

写在篇前

每个人对幸福的理解各不相同,事实上人的幸福感来自很多方面,比如说家庭的幸福;理想和目的得到实现,欲望和需求得到满足;良好的人际关系;健康的身体等。世界心理卫生联合会将心理健康定义为:身体、智力、情绪协调;适应环境,人际关系中彼此能谦让;有幸福感;在工作和职业中能充分发挥自己的能力,过着有效率的生活。由此可以看出,与幸福相关的各个方面和人的心理健康状况是息息相关的,一个人的幸福程度直接受心理健康状况的影响。按照幸福心理学的说法,健康的心理才是幸福的源泉。本章将带你走进心理健康,让大学生以健康的心态走向幸福的人生!

心理格言

人类刻苦勤勉的重点就是幸福。 ——(英)哲学家大卫·休谟
你活着最主要的目标就是让你自己幸福。 ——(德)路德维希·费尔巴哈
任何人都没有完美的心理健康,任何人都不可能没有个人的、社会的或情绪的问题。
——(美)W·B·科勒斯涅克

知识导航

第一节 解读幸福

一、"幸福"的由来及含义

(一)"幸福"一词的中文意思

幸:吉而免凶也。——东汉·许慎《说文》。

非分而得谓之幸。——《小尔雅》

福：佑也。——东汉·许慎《说文》。古称富贵寿考等齐备为福。

古文中"幸福"二字连用，谓祈望得福。《新唐书·李蔚等传赞》："至宪宗世，遂迎佛骨於凤翔，内之宫中。韩愈指言其弊，帝怒，窜愈濒死，宪亦弗获天年。幸福而祸，无亦左乎！"清朝魏源《默觚下·治篇》："不幸福，斯无祸；不患得，斯无失。""幸福"到今天已成为一个词组。

（二）西方哲学家解读"幸福"

德谟克利特（Democritus，公元前460—前370年）主张：人生的意义应以快乐为主，所以人应该尽量愉快，摒除痛苦。并说：幸福与否，乃灵魂之事，幸福不在于众多的家畜与黄金，而在于神明的灵魂。因此，德谟克利特被称为精神的幸福主义者。

苏格拉底（Socrates，公元前470—前399年）认为：善就是知，知就是德，德就是福。因此，苏格拉底主张：人生的本性是渴求幸福，其方法是求知、修德行善，然后是一位幸福之人。

柏拉图（Plato，公元前427—前347年）主张：人生的目的是止于"至善"，其方式是"修德即善"，修德是修养人的"智、义、勇、节"四枢德；行善是人行"中庸"之道，最后人的灵魂可以解脱以达到"至善"之境，如此，才是真正幸福的人。

二、幸福的本质

著名小品演员范伟曾在他饰演的《求求你表扬我》这部电影中有一段台词："幸福就是我饿了，看见别人手里拿个肉包子，他就比我幸福；我冷了，看见别人穿了一件厚棉袄，他就比我幸福；我想上茅房，就一坑，你蹲那儿了，你就比我幸福。"这段台词虽然搞笑但却让我们明白幸福就是这样简单，或许我们原本也知道幸福是简单的，但是不知道怎样形容，这段话没有华丽的辞藻，却有深刻的内涵，贴切形象地道出了幸福的真谛。幸福的本质归根到底就是人对生活的满意感、和谐感。所以，幸福就是一种心理感受、一种心理体验。

幸福是什么？面对这个永恒的话题，知名漫画家丁一晨在其最新的一组漫画中，给出了自己的答案。该漫画讲述了其作为一名在"普通家庭"长大的孩子，所亲历的一个个幸福片段，上传到微博后，不到2天即有近5万人转发，评论8000余条。网友均表示，钱和幸福感无关，简单平凡的生活才是幸福的真谛。

蛇年元宵节当天，丁一晨在微博上发布一组长漫画。其中，主人公"丁小点"的"新春感言"是："如果让我再选一次，我还要选生在这样一个普通的家庭，足矣。"

在这组长漫画中，"丁小点"介绍，自己小时候没有名贵玩具，没穿过一线大牌的鞋子，没拎过名牌手袋；家里没有大汽车；父母没请过名师来辅导她，没给她吃大鱼大肉和牛排，更没给她过度的宠爱。但她却发掘出许多生活在这样一个普通家庭的幸福，例如拥有一把爸爸和姥爷用木板做的、独一无二的木头手枪；可以乘坐"爸爸牌"自行车，"上学放学，靠在他后背，睡会儿，玩会儿，超有幸福和安全感"；吃的方面，"顿顿营养充足，偶尔改善生活下顿馆子"，等等。需要指出的是，在这个普通的家中，除了爱，还有教育。"丁小点"称如果自己"犯了错误"，父母会严厉批评，绝不姑息。

"他们希望我平平安安，我只愿他们健健康康。"读者周小姐看完丁一晨这组漫画后指出，对漫画中的这句话最为认同。网友"小麦"也谈到，"小时候很感动的事儿是妈妈月收入只有30元,但她咬牙替我买了双5元的芭蕾舞鞋,并且送我去学跳舞。"虽然"小麦"因为学跳舞太苦而中途放弃了,但她强调,这件事让年幼的她深深感受到来自父母的那份爱。

张先生非常喜欢"丁小点"的普通之家的幸福,"钱多钱少,无关幸福。最大的幸福,就是拥有一个温馨和睦的家,收获爱,并能把这种爱继续传递下去。"他表示,这组漫画与微信上最近转发很多的《人的幸福感取决于什么》一文,是可以相互印证的。"那篇文章里,美国哥伦比亚大学哲学系博士霍华德金森花了二十多年时间进行案例调查,得出一个结论:所有靠物质支撑的幸福感,都不会长久,都会随着物质的离去而离去。只有心灵的淡定宁静,继而产生的身心愉悦,才是幸福的真正源泉。"

三、幸福的形式

【案例分析】

一名女学生在给心理咨询老师的信中写到,自己腿部有一条十几厘米长的疤,在她心底一直被认为是残疾。逃避军训、逃避课间操、不敢谈恋爱……她在极力地掩藏着自己的秘密,极力想让自己看上去是个正常人,但她的内心却没有安全感、幸福感,一度精神接近崩溃。

案例中这名女学生之所以没有幸福感,根本原因并不在于她身体上的伤疤,而是她心理上有一道这样的伤疤。要想重新拥有幸福,只有调整心态,把这道心理伤疤去掉,才能有幸福体验。因为幸福是一种感觉,它不取决于人们的生活状态,而取决于人的心态。幸福以各种各样的形式呈现在我们的生活中,它只是一种生命的感受,一种人生的体验。在许多时候,幸福不是去盼望我们没有的东西,而是尽情享受自己现在的"拥有"。一个人拥有一份好的心情,那你就是幸福的!

正因为幸福是心理欲望得到满足时的一种心理状态,所以幸福不仅包括物质生活,也包括精神生活。实现幸福的方式多种多样,自信、勇气、积极、享受过程的快乐……这些都是幸福的因子。幸福是怀有一颗感恩的心,拥有一个健康的身体,有一帮值得信赖的朋友,有一个和睦的家庭和一个充满希望的明天。

幸福不需要如何的轰轰烈烈,有家人和爱人在身边,有朋友们的陪伴,吃自己喜欢吃的东西,感受自然的魅力……一些简单的生活小事儿都会成为你的小幸福。

第二节 心理健康与幸福

一、幸福生活从"心"开始

【心理故事】

乡下老鼠与城里老鼠

《伊索寓言》中有一个关于乡下老鼠与城里老鼠的故事。两只老鼠是好朋友,一只老鼠居住在乡村，另一只住在城里。很多年以后，乡下老鼠碰到城里老鼠时说："你一定要来我乡下的家看看，在这里可以享受乡间的美景和新鲜空气，过悠闲的生活。"于是，城里老鼠就去了。乡下老鼠领着它到了一块田地里，这里有它的家。它把所有最精美的食物都找出来，送给城里老鼠。城里老鼠说："这东西不好吃，你的家也不好，什么也没有，多乏味呀！你为什么住在田野的地洞里呢？你应该搬到城里去住，你能住上用石头造的漂亮房子，还会吃上美味佳肴，你应该到我城里的家看看。"

乡下老鼠就到城里老鼠的家去。乡下老鼠看到那么豪华、干净的房子后，非常羡慕。想到自己在乡下从早到晚都要在农田奔忙，冬天还要在寒冷的雪地里收集粮食，夏天更是累得满头大汗，想着自己和城里老鼠比起来实在太不幸了。聊了一会儿，它们就爬上餐桌准备享用美味的高级食品，这时，突然，"吱"的一声，门开了，有人进来了，它们吓得飞快地躲藏起来。

乡下老鼠吓得忘记了饥饿。它想了一会儿，戴起帽子，对城里老鼠说："还是乡下平静的生活更适合我，这里虽然有豪华的房子和美味的食品，但每天都紧张兮兮的，还是住在田野的洞里舒服，虽然贫穷但是快乐自在。"

分享体验：

从这个故事我们不难看出，幸福没有固定的模式，它就是一种感觉，别人觉得幸福的事在你看来未必幸福。幸福是心灵和事物的交响共鸣，是生命在过程中感受到的魅力，是内心对自身生活的感受和领悟，它听从的是自己内心的所想与所感，而不是别人的评价。

只要稍加留意你就会发现，20世纪80年代以来，我们的生活发生了翻天覆地的变化，一切都变得越来越好：人均收入越来越高、人均寿命越来越长、我们的住房越来越大、物质享受越来越多……

然而，当我们转至人的内心时，却发现人的幸福指数在近几十年几乎没有多少增长。美国的一项研究发现：在1950年，大约60%的美国人认为自己是幸福的，有7.5%的人觉得自己非常幸福；而到了今天，这个比例除了偶尔起伏外，几乎没有什么变化，但感到自己非常幸福的人数反而下降到6%。与此同时，抑郁症的患者却在增多，此外还有数百万人，他们虽然没有抑郁症，却感受不到生活的快乐和幸福。在我们国家也是如此。事实上，导致人们不幸福的因素有很多，但主要还是来源于我们的心理。

20世纪最有影响力的思想家罗素曾来过中国。当时正值夏天，天气非常炎热，罗素一行乘滑竿上峨眉山。看到轿夫们躬身前行，满身汗水，罗素有些内疚。休息的时候，罗素前去问候，原以为轿夫们会抱怨生活的艰辛，没想到的是，罗素发现，轿夫们喝着水，抽着烟，高兴地谈着家事，还给罗素讲笑话。后来，罗素在他的书中写道："不要自以为是地用自己的眼光看别人的幸福，幸福与否，每个人自己知道。"

心理学家认为：幸福其实就是人内心的一种感觉，一种人生的态度。坐轿的未必是幸福的，抬轿的也未必是不幸福的，幸福只能自己体会，只能通过自己的内心去感受。内心得到了满足、得到了快乐，就是一种幸福。

近年来，积极心理学家们在幸福感研究中的一个重要取向，就是对心理健康意义上的幸福感的研究。他们为：一个人是否幸福，首先在于其是否拥有健康的心理。

曾经有一名印第安部落长者，边晒着太阳边快乐地编着草帽，一名美国商人想买他手中的草帽，问多少钱一顶，长者回答："5美元卖给你。"过了一个星期，这个美国商人回来说："你的草帽很受欢迎，我要订100个，总共多少钱？"长者迟疑了一下，回答说："那你每个就给10美元吧。"美国商人不能理解："买多应该是批发价呀，为什么反而还更贵了？"长者笑着说："我沐浴在阳光下编一个草帽，是一种享乐，而你让我编100个，我就要赶时间，受累，精神上非常痛苦，所以，你必须付给我更多，以弥补我失去的精神快乐。"

这个故事或许能带给我们一些思考：我们追求的到底是什么？我们发现追求金钱的根本目的还是使生活更幸福，但是一个人的良好情绪体验和精神幸福比有形的金钱更具有价值。

传统经济学认为增加人们的财富是提高人们幸福水平的最有效的手段。但是心理学家认为，在人们满足自己的基本物质需求的条件下，财富对于提升人的幸福极限水平的贡献并不明显。人们是否幸福，很大程度上取决于很多与财富并不相关的因素。正如奚恺元教授在《幸福学》一书中提出的理论：我们的最终目标不是最大化财富，而是最大化人们的幸福。心理学家们在对印度加尔各答贫民窟的穷人们进行的调查中发现：穷人也有穷人的快乐，穷人的快乐也并不少于那些有钱的人们。也就是说，幸福体验不决定于你的银行账户，而是取决于你的心理状态，取决于你对满足自身的基本生活需求的标准，取决于你对快乐的感觉以及对幸福的自我体验。

有这样一则寻找幸福的寓言。

一只小鸟去远方寻找幸福。

它飞呀飞呀，看见一朵快要凋谢的小花，可小花脸上却充满了笑容。小鸟不解地问小花："你的生命都快要结束了，为什么你还如此幸福呢？"

"因为我心中那个美好的愿望就要实现了。"小花说。

"是什么美好的愿望呢？"

"结出甘甜的果实！"

小鸟明白了，幸福是因为心中拥有一份希望。

小鸟继续往前飞，它飞呀飞呀，看见一只瘸了的鸭子，鸭子正一路哼着欢快的歌谣。小鸟不解地问鸭子："命运对你是这样不公，为什么你还如此快乐呢？"

"因为我遇到一只摔倒了的小鸭。"鸭子说。

"你是见别人摔倒而快乐吗？"

"不是。我快乐是因为我扶起了摔倒的小鸭。"

小鸟明白了，幸福是因为心中拥有一份爱。

小鸟继续往前飞，它飞呀飞呀，看见一只蜘蛛正沿着湿滑的墙壁往上爬，不料爬到中途摔了下来，蜘蛛重新往上爬，爬到中途又摔了下来。可蜘蛛一点儿也不气馁，继续往上爬……小鸟不解地问蜘蛛："面对一次次失败，为什么从你脸上看到的不是痛苦而是喜悦呢？"

"只要我一次次努力下去、坚持下去，总会有爬上去的时候。是我坚信的成功，让我内心充满了激动和喜悦啊！"蜘蛛说。

小鸟明白了，幸福是因为内心拥有一份信念。

小鸟不再去远方寻找幸福了，因为它已经开始懂得，幸福不在遥远的天边，而在自己的心里。

二、心理健康与幸福人生

（一）健康是人生第一财富

古希腊哲学家赫拉克利特曾说过，如果没有健康，智慧就难以表现，文化就无从弘扬，财富也会变成废物，知识也无法利用。有人曾这样描述：人生有两大意愿，一是家庭幸福，二是事业有成。如果家庭幸福为10分，事业有成为100分，那么健康就是"0"前面的那个"1"。可见没有健康一切都无从谈起。有了健康就有希望。因为如果没有健康你就没有未来的可能性，又怎能谈得上幸福呢。

谈到健康，以前人们只知道或关注生理健康，一般也就是饮食起居的卫生，但对心理健康却知之甚少，也常常容易忽视它。在1970年，世界卫生组织（WHO）顺应时代的发展，给健康下了一个新的定义："健康不仅指没有疾病或躯体正常，还要有生理、心理和社会适应方面的完满状态。"由此可见，身心平衡、情感理智和谐是一个健康人的必备条件。伴随着我国的现代化进程，这个定义也逐渐为国人所认同和接受。因此，无论是健康的身体还是健康的心理都是成功的关键，也是拥有幸福人生的前提。

（二）心理健康的含义及标准

心理健康又称心理卫生，包括两个方面的含义：其一，指心理健康状态，个体处于这种状态时，不仅自我状态良好，而且与社会契合和谐；其二，指维持心理健康，减少行为问题和精神疾病，主要目的在于预防心理障碍或行为问题，以促进人们心理调节，发展更大的心理效能为目标。

迄今为止，关于心理健康还没有一个统一的概念，国内外学者一般认同心理健康标准的复杂性，也有文化差异。从广义上讲，心理健康是一种持续高效而满意的心理状态；从狭义上讲，心理健康是知、情、意、行的统一，是人格完善协调，社会适应良好。

美国人本主义心理学家马斯洛和米特尔曼在20世纪50年代初提出了心理健康者的10条标准，受到心理卫生界的普遍重视，并广泛引用。这10条标准是：

（1）充分的安全感；
（2）充分了解自己；
（3）生活的目标切合实际；
（4）与现实环境保持接触；
（5）能保持人格的完整与和谐；
（6）具有从经验中学习的能力；
（7）能保持良好的人际关系；
（8）适度的情绪表达与控制；
（9）在不违背社会规范的前提下，对于人的基本需求作恰当的满足；
（10）在不违背团体的要求下，能做有限度的个性发挥。

从以上定义，可知心理健康的概念有两层：一是无心理疾病，即个体的心理活动处于正常状态下，即认知正常，情感协调，意志健全，个性完整和适应良好，无心理疾病是心理健康的最基本条件；二是具有一种积极发展的心理状态。从积极的预防角度出发，保护和促进个体的心理健康，消除一切不健康的心理倾向，充分发挥身心潜能。而高层次心理健康不仅指个体没有心理疾病，而且指其能充分发挥个人潜能，发展建设性人际关系，从事具有社会价值的创造，追求高层次需要，追求生活的意义。

大学生心理健康判断标准：

（1）能对学习保持较浓厚的兴趣和求知欲望；
（2）能保持正确的自我意识，接纳自己；
（3）能协调与控制情绪，保持良好的心境；
（4）能保持和谐的人际关系，乐于交往；
（5）能保持完整统一的人格品质；
（6）能保持良好的环境适应能力；
（7）心理行为符合年龄特征。

心理健康的标准是一种理想尺度。它的意义不仅是为我们提供了衡量是否健康的标准，还为我们指明了提高心理健康水平的努力方向。每一个人在自己现有的基础上做不同程度的努力，都可以追求心理发展的更高层次，不断激发自身的潜能。心理健康并不是意味着不产生任何心理问题。一个健康的人，也可能有突发性、暂时性的心理异常，每一个人随时可能出现不良状态，即心理健康状态不是一条直线，因为每个人都会随时随地产生心理问题，心理冲突犹如感冒发烧一样，不足为奇。健全的心理和健康的身体是相互依赖、相互促进的。

（三）幸福感与心理健康

【心理实验】

过桥实验

一名教授找了9个人做实验，教授说："你们9个人听我的指挥，走过这个曲曲弯弯的小桥，千万别掉下去，不过掉下去也没关系，底下就是一点水。"9个人陆陆续续都走过去了。

走过去之后，教授打开了一盏黄灯，透过黄灯9个人看到，桥底下不仅仅是一点水，还有几条在蠕动的鳄鱼。9个人吓了一跳，庆幸刚才没有掉下去。

教授问："你们谁敢再走回来？"没人敢走了。教授说："你们用心理暗示，想象自己走在坚固的铁桥上。"诱导了半天，终于有3个人站起来，愿意尝试一下。第1个人颤颤巍巍，走的时间多花了一倍；第2个人哆哆嗦嗦，走了一半再也坚持不住了，吓得趴在桥上；第3个人才走了两三步就吓趴下了。

教授这时打开了所有的灯，大家这才发现，在桥和鳄鱼之间还有一层网，网是黄色的，刚才在黄灯下看不清楚。大家这才又不怕了，说要知道有网我们早就过去了。几个人陆陆续续地都走过来了。只有一个人不敢走，教授问他："你是怎么回事？"这个人说："我担心网不结实。"

分享体验：

"这个人是被什么吓到了？""是实际的危险，还是他自己夸大的危险？"答："是他自己夸大的危险。"因此，我们不要被想象的困难吓倒。去试一试，你就会发现困难有时并不那么可怕。我们的心态直接影响着我们的能力、我们的身心健康。其实现实生活中，我们幸福与否，在于我们是否拥有一个好的心态。

幸福感就是人们的渴求，得到满足或部分得到满足的感觉，是一种精神的愉悦。幸福感是建立在身心健康的基础上的。如果没有健康的身心，就感觉不到幸福的存在，也就不会有幸福的人生。身心不健康的人就像没有感知的人，无法感觉到世界的幸福与温暖。

阴影和光明一样，都是人生的财富。有一个最重要的心理规律：无论多么痛苦的事情，遇到了都是逃不掉的。你只能勇敢地面对它，化解它，超越它，最后和它达成和解。如果你自己暂时缺乏力量，就可以寻找帮助，比如寻找亲友的帮助，他们会给你积极的鼓励；或者去寻求专业机构的帮助，他们会从专业的角度解决你身心出现的各种问题。你也可以选择让你信任的人陪着你一起去面对这些痛苦的事情。这就是以正确、适当的心态来面对问题、解决问题。只有通过这样的方法，你才能将阴影转化为光明，使自己的心态得以放松，平稳地度过你的困苦期。生活的平静就是一种幸福，而心理的平静则是心理健康的重要表现。

哲学家费尔巴哈说："你活着最主要的目标就是让你自己幸福。"而心理健康和幸福人生有着必然的联系。正常的心理，会让人们拥有幸福的人生。因为无论痛苦的人生还是幸运的人生都属于人生生涯的一部分，就像阴影和光明是共存的，一个地方不可能永远只有光明或者只有黑暗，太阳的光明和黑暗面也在不断转化。而幸福是我们人生的总体概括，我们不能因为一时的痛苦而否认幸福感的存在。因此，拥有健康的心理才会有幸福的人生。

而幸福的人生也会促进我们心理的健康发展，因为稳定、平静而幸福的环境会使我们心里的困惑有疏解和发泄的途径。你可以在向别人的倾诉中疏解你心中的不满，因为适当的发泄更有助于心理的健康发展。因此，心理健康和幸福人生互为表里，共同存在，它们有着千丝万缕的联系，是密不可分的。

在《迁善录》里记载，宋大夫蒋瑗有十个儿子，一个驼背，一个跛子，一个四肢萎缩，一个双足残废，一个疯疯癫癫，一个痴呆，一个聋人，一个眼瞎，一个哑巴，一个死在狱中。公明子皋见到这样的情形，问道："您平时的行为怎么样，为什么得到如此的奇祸呢？"蒋瑗说："我生平没有别的恶事，只是喜欢嫉妒别人。胜过自己的人就忌恨他，谄媚自己的人就喜欢他。听到别人的善行就怀疑，听说别人的恶行就信以为真。看见别人有所得，就如同自己有所失。见别人有所失，就如同自己有所得罢了。"子皋听了叹息道："大夫有这样的心态马上会得灭门之灾啊！您竟然还无所谓、没有觉察到吗？您的恶报哪里只有现在这个样子呢！"蒋瑗听了他的话，大惊失色。子皋说："天虽高远，却明察秋毫。如果您能痛改前非，就能转祸为福，现在改正还不晚啊。"蒋瑗从此提高警惕，尽改平生之所为。不过几年的时间，他各个儿子的疾病，都渐渐转好了。

由此可见，我们渴求心理健康和追寻幸福人生的过程，则是我们发现自身不足的过程，只有解决身心方面的问题，我们才可以真正拥有幸福人生和心理健康。

第三节　大学生心理健康

一、大学生心理发展特点

（一）年龄特点

我国大学生多数处于18～24岁这一年龄阶段。在这个阶段，个体的生理发展已接近完成，已具备了成年人的体格及生理功能，但其心理尚未成熟。对大学生而言，所面临的一个重要任务就是促使心理日益成熟，以便成为一个心理健康的成年人。可以说，大学期间，是人走向成熟的关键期。

人的成熟，应具备以下三个基本条件。

第一是身体的长成。以个体生理成熟为标志，尤其是以性成熟为重要指标。大学生一般都已具备这种条件。

第二是心理发展完善。即形成了完善的自我概念，形成了稳定的个性。

第三是社会化程度的提高。以人的社会成熟为标志，即个体对自己在社会中所处的角色及所担负的社会责任有正确的认识。

在这三个条件中，生理成熟是心理成熟的物质基础和依据，社会成熟是心理成熟的必要条件。而社会化程度的提高，取决于个体的社会实践活动。由于大学生在校学习时间长，与社会生活有着某种程度的隔离。他们身在校园，对真正的社会生活并没有直接的、深刻的了解，他们的社会实践活动比较表面和肤浅。因而，大学生的社会成熟期较长，在整个大学时代，他们都要为这种社会成熟的完成而付出努力。

(二) 自我概念的增强与认知能力发展的不协调

自我概念是指人对自身的认识及对周围事物关系的各种体验。它是认知、情感、意志的综合体，是人心理发展过程中一个极为重要的方面。

自我概念从童年期就开始产生并逐步发展，青少年时期是自我意识发展最快的时期，它使人心理的各个方面都发生着深刻而广泛的变化；它使一个人能反省自身，有明确的自我存在感，从而以一个独立的个体来看待周围世界；它使人的心理内容得到极大的扩展和丰富。

自我概念的发展不仅与年龄有关，而且与人的知识水平有关。一个人的文化素质越高，其自我意识就可能越强。从这两点来看，大学时期是真正认识自我的时期。大学生所处的年龄阶段和所具备的文化水准，决定了他们不再像中学生那样眼光向外，对外界的事物感兴趣，急于去了解世界，把握外部环境，急于显示自己的独立，想做环境的主人。而是眼光向内，注重对自己进行体察和分析，把自我分化为主体的我和客体的我，以及理想的我和现实的我。注意内省，注重探求自己微妙的内心世界，力图理解自己的情感、心理变化，自觉地从各方面了解自己，塑造自己的形象，设计自我的模式。大学校园这种特殊的环境，又是十分强调独立、注重自我的地方，许多大学生能够在较大的程度上按照自己的方式安排自己的生活，有一种宽松自由的氛围。同时，由于大学生所处的独特的社会层次及具有较高的文化素质，他们对社会上的事有着自己的见解，他们的视野可能与一般人有所不同，有一种以天下为己任的抱负和心愿。一方面，他们关心社会发展，这种关心是抛开切身利益，以大局视角来进行的，注重的是整个社会的提高与进步。他们热衷参与社会活动，对社会舆论愿意独立思考。然而，另一方面，他们生活阅历有限，与社会有一定的距离，社会实践能力不强，使他们在谈论、评价、思考社会问题时，往往带上幻想的色彩，不能十分切合实际。他们对事物的认识，表现出一定的片面性，还不能深刻、准确、全面地认识问题。这种不足与大学生极强的自我概念不相协调，这种不协调可能会一直困扰着他们。

(三) 情感丰富而不稳定

大学生是一群正在成长的青年，是一个极其敏感的群体，其内心体验极其细腻微妙。他们对与自身有关的事物往往体察得细致入微。随着文化层次的提高和生活空间的扩大，他们的思维空间急剧延伸，这必然导致其情感越来越丰富和深刻。

由于大学生心理内部的需要结构发生变化，大学生的追求有其独特性，而他们的价值观念尚不稳定，时常处于波动、迷惘、抉择之中，其心理成熟又落后于生理成熟，因而大学生的情感是不稳定的，情绪变化起伏大，易受周围环境变化的影响，心境变化快。学业、生活、人际关系等变化会引起情绪的波动，他们容易偏激、冲动，情绪冲突也较多。

（四）性意识的发展

大学生正处于青年中期，生理发育已基本完成，所以性意识的明朗化与进一步发展都是正常的。又由于大学校园是年轻人的世界，每个大学生都有充分的机会与同龄的异性接触，因而意识的发展以及与之相伴而来的恋爱问题是大学生心理发展过程中的一个重要内容。一方面，性意识的发展带来强烈的按照性别特征来塑造个性和形象的精神向往，每个大学生都会在心里产生一种愿望，即成为什么样的男子或女子；另一方面，性意识的发展也带来了对异性的倾慕与追求，这是每一个青春萌动的大学生都会遇到的问题。而这种愿望，会与大学生还不善于处理异性之间的关系，或者与他们的经济地位与心理成熟度还不足以应付这种问题相矛盾，从而给其带来种种不安和烦恼。

（五）智力发展达到高峰

大学生一般思维敏捷，接受能力强，通过专业训练、系统学习，抽象逻辑思维能力得到充分的发展，智力水平大大提高，分析问题、解决问题的能力增强，其智力层次含有较多的社会性和理论色彩，这一显著特点，使大学生心理活动的内容得到极大的丰富。

（六）社会需求迫切

为了接受系统严格的专业训练，大学生在校园里的生活期限比同龄人长，这使他们与社会有一定距离。也正因为如此，他们渴望加入社会的愿望更为迫切。在校园里，他们关注着社会，评判着各种社会现象，并希望自己加入进去，按照自己的想法去改变各种令人不满意的现象，用自己的专业知识服务于社会，体现自己的力量，实现自身的价值。这种迫切的社会需求与大学生正在形成的价值观相互作用，是他们将来走向社会的重要心理依据。这一心理特点，支配、指导着大学生的学习态度，从而对大学时代的生活质量产生重要的影响。

二、大学生心理健康问题

（一）环境适应问题

进入大学以后，大学生面对的是一个相比中学而言新奇而又完全陌生的环境。从中学相对单纯、熟悉的环境进入大学较为复杂、要求相对较高的环境中，大学新生由中学时代习惯对老师的依赖、对社会了解的有限、思想的理想化到面对大学环境新的变化，如果不能较好地适应新环境，往往容易在心理上产生矛盾和冲突，造成心理发展的不平衡。这会给其带来紧张焦虑等消极心理体验，影响心理的健康发展。

（二）自我认知问题

知人不易，知己更难。青年初期最有价值的心理发展的成果就是发现自己的内部世界。

对于大学生来说，这种发现就像一次哥白尼革命。有的大学生由于对自我认知的摇摆不定而难以定位；缺乏正确自我认知的大学生或者认为自己无法改变现实自我，只有放弃理想自我，服从现实自我，从而埋没或浪费了自己应有的才华；或者盲目自信、心高气傲、自吹自擂、自我放大，对现实自我的估价过高。因此，正确认识自我，接纳自我，学会自我定位的调整，在"高手林立"的新环境中能恰当地自我评估和自我期待，逐步接纳"适合自己的才是最好的"这样一种价值观，是心理健康发展的前提条件。正确的自我意识一旦形成，我们就会对自己做出客观、准确的评价，从而了解自己的优势与不足，选择合适的奋斗目标与生活道路。

（三）学业与目标管理问题

大学与中学在学习方式、学习目标上都有较大的不同。大学中不再是看护式教学管理，学与不学、如何学完全是大学生自己要把握好的问题。因此，很多大学生会感觉大学的学习目标不像中学围绕高考那么明确，因此，进入大学以后很长时间都没有明确的学习目标，进而产生焦虑、困惑等心理，抱怨没人引导自己的学习，不知道自己喜欢什么专业，自己该怎样打发业余时间。也有相当部分的大学生认为上了大学就"船到桥头车到站"了，要好好补偿自己，所以对待日常的学习任务总是抱着"六十分万岁""混文凭"的态度。当然，还有很多大学生意识到大学学习的重要性，为保住中学里"佼佼者"的地位，废寝忘食，进而长期处于紧张的学习气氛之中。因此，正确处理大学学业问题、学会进行目标管理也是大学生心理健康教育中不可或缺的一个部分。

（四）人际交往问题

在大学阶段中，个体独立地步入了准社会群体的交际圈，大学生们尝试发展人际交往，试图发展这方面的能力并对此作出评估，为将来进入成人社会做准备。大学犹如一个小"社会"，大学生进入大学以后，一般都是住校，如何与室友交往，如何处理同学之间、师生之间、朋友之间、个人与班级、团体之间各种各样的关系，都需要大学生独立去应对。而在上大学之前，很多人从未离开过家庭，都是在父母呵护下成长，缺乏人际交往的经验，妨碍了良好人际交往圈的形成。进入大学以后，面对人际交往产生畏难情绪，出现所谓的"社交恐惧症"，想交往又怕交往，"心里的话不知向谁说"。大学生人际交往问题因而显得尤为重要。

（五）恋爱与性心理问题

恋爱在大学并非必修课，但恋爱问题是大学生不可回避的问题之一。甚至有人发出了"校园围墙"已变成"恋爱走廊"的感慨，"专业恋爱、业余学习"的情况并不是个别现象。面对纷纷扰扰的恋爱问题，很多大学生犹如雾里看花，对这种人世间永恒追求的感情感觉很迷茫，即使身处其中却还是"糊涂的爱"，不明白友情与爱情的区别，不了解恋爱的真谛，还有一部分大学生则把恋爱当作大学里的调味剂，有的大学生说"不在乎天长地久，只在乎曾经拥有"，还有的大学生则"普遍撒网、重点培养、择优而谈"，把感情视为游戏。这些问题反映出大学生"爱的能力"不足。另外，大学生处于青春晚期，性生理发育成熟，有着强烈的性冲动，性幻想、性梦、性压抑等性意识困扰随之产生。恋爱后的大学生非常渴望能和对方有身体上的紧密接触，因此也产生了自慰、婚前性行为等性行为问题。如何正确对待恋爱与性心理问题成为大学生心理健康教育的重要任务之一。

（六）情绪问题

由于大学阶段是大学生由学生时代步入社会的一个重要的准备阶段，也是一个由不成熟走向成熟的阶段。这一阶段，他们渴望成熟，但是对自我认识的不完善，对未来的不确定，再加上环境适应、学业、人际交往、恋爱等问题，以及面临的挫折，他们往往不知所措，因此容易出现各种情绪问题。"郁闷"成为很多大学生的口头禅，而面对情绪上的困扰，他们往往不知道怎样去调适和处理，进而陷入情绪的泥沼中无法自拔。还有部分大学生由于情绪的失控，"一失足成千古恨"。因而学会运用理性信念、正确认知归因，进而调适管理好情绪就成为情绪管理的重要手段。

（七）人格问题

大学生的人格特征在遗传和后天因素影响下已基本成型。部分大学生存在一些不良的人格特质，常见的有懒惰、拖拉、粗心、鲁莽、怯懦、急躁、悲观、孤僻、狭隘、冷漠、虚荣、以自我为中心、敌对、冲动、脆弱等。这些不良特质一方面严重影响着大学生的学习、人际关系、社会性活动以及进一步的发展和自我完善；另一方面，当个体意识到这些不良特质及其后果，又无力改变的情形下会表现出消极的心理防御反应及自我否认，结果给自身的健康发展造成严重影响。在有效的指导下，积极地改正和调整，可以使大学生的个性心理得到进一步完善。反之，听之任之，则会阻碍大学生的发展甚至产生人格障碍。

（八）生命与挫折教育问题

当前很多大学生把"无聊"挂在嘴上，无意义感、无聊感在大学生的日常学习和生活中普遍存在，高校大学生生命意识淡薄现象也日益突出。越来越多的研究表明，大学生群体中这种浪费生命、轻视生命的行为和现象是由于大学生缺乏生命意识、无视生命的意义与价值、缺乏生命意义感所造成的。"生命的意义何在？""怎样让自己的生命之花悠然绽放，活出真正的自我？"要引导大学生学习并体验生命知识，尊重生命的独特具体，欣赏生命的向善美好，珍爱生命的有限存在，敬畏生命的升华超越，避免不必要的损害、践踏生命现象。同时，还应意识到任何人的成长都不是一帆风顺的，受到挫折是必然的，所谓"自古雄才多磨难"，没有逆境就没有磨难，没有忧患就没有成功。我们能感受生命的幸福正是由于经历了挫折，幸福与挫折是相对的，相伴而生的。

三、农业院校大学生常见心理问题

（一）涉农的负面情绪严重

由于种种原因，在我国与农业相关的各个行业不同程度地受到人们的歧视，历经千辛万苦想改变现状，"鱼跃龙门"的农业院校大学生更是如此。来自农村的学生常常受到一些人的奚落、嘲笑和歧视。在社会上，就业压力沉重，人才市场的择业竞争存在许多不公正的现象，农业院校的学生面临更大的就业压力。这种社会现实和农业院校大学生主观意识间的冲突，加剧了其人格与心理健康的改变。

（二）自身的负疚心理明显

面对艰难的家庭生活条件，很多学生容易产生强烈的负疚感，他们觉得自己不仅不能帮家里减轻负担，还要花钱读书，感觉对不起日夜操劳的父母。来自农村贫困家庭的大学生，日常生活往往比较困难，而看到身边有些同学的阔绰行为，更使自己心理产生不平衡。假如在学习中又受到挫折时，这些学生的负疚感就会更强烈，常常陷入对自己的深深自责之中，感觉辜负了家人的期望。久而久之，就容易引发自卑、苦闷等心理问题。

（三）由自卑心理导致的问题较多

一般而言，农业院校中农村生源地的学生数量巨大，家庭经济困难，负担较重。这使得他们比别的同学在自身能力、价值等方面更加低估自己，容易产生自轻、自卑的情感体验，对自己持完全否定的态度，否定自己的长处或对自身缺乏足够的认识。同时，面对大学课程多、难度大、要求高等一系列变化，跟不上学习进度，也会使他们形成一种"我不如人"的自卑心理，由此导致他们缺乏信心，不敢面对挑战，缺乏激情，不能发挥自己的潜能，行为中常常采取逃避的方式，远离同学、学校和社会。

四、大学生心理问题的应对措施

尽管这些年来人们对心理健康的认识已逐渐加深，心理健康教育也越来越普及，但对于发生在自己身上的心理问题，有不少大学生还是觉得难以启齿，常常不知所措。那么，当出现心理问题时，大学生的正确做法应该是怎样的呢？一般而言，要把握好以下几点。

（一）坦然面对

出现心理问题虽不是什么好事，但也完全不必如临大敌、疑神疑鬼。一些同学可能在情绪上出现一些困扰，或在身体上出现某些不适，就担心焦虑，甚至害怕长此以往会得精神疾病。其实，心理健康跟身体健康一样，在人的一生中难免会出现这样那样的心理问题，实在不必大惊小怪、过分担心。

（二）别急于"诊断"

心理问题本身多种多样，成因往往也很复杂，切忌盲目地从一些书籍上断章取义，或者道听途说，急于"对号入座"，认定自己患了什么病，这种认知是错误的。弄清楚问题当然是必要的，但一般而言，大学生的问题还是发展性的居多，很多都是"成长中的烦恼"，实在不必自己吓唬自己。

（三）转移注意

心理问题往往有相同的特点，就是越注意它，它似乎就越严重。所以，不要老盯着自己的所谓的问题不放，不要过分关注自我，而应把注意力转移到学习、生活、工作的方方面面。找到自己感兴趣的事情并全力投入是非常有利于心理健康的。

（四）生活规律

很多时候，只要将自己习惯了的生活规律稍加调整，就会给自己整个精神面貌带来焕然一新的感受。按时起床、睡觉，保证充足的睡眠，饮食规律，三餐定时定量，坚持运动，定时锻炼身体，戒除不良嗜好，养成规律、健康的生活习惯。这样，不少所谓的心理问题也就随之轻松化解了。

（五）不要讳疾忌医

就像得病了要去看医生一样，心理问题就如同"心灵的感冒"，也需要寻求恰当的帮助。当发现自己出现心理问题,又无法自行解决时,应及时向身边的同学、老师等寻求帮助,必要时应前往学校心理咨询中心寻求专业的帮助。对于严重的心理问题,应放下"心理包袱",及时到医院就医。

五、大学生心理健康教育的意义

在解读大学生心理健康教育的意义之前,先来看一个故事。

有3个渔夫在潭边捕鱼,他们经常发现有人被上游湍急的河水冲进水潭,筋疲力尽地挣扎求救。于是渔夫忙着抢救一个又一个的落水者,导致无法安心捕鱼。后来他们似乎明白了什么,于是在上游水流湍急处插上木牌,警告人们不要在此游泳。这样,落水求救者的确少了不少,但仍有无视警告者被冲进水潭,3个渔夫仍要时不时地下水救人而影响捕鱼工作。最后,3个渔夫醒悟了,他们开办了一所游泳学校,问小河四周的居民传授高超的游泳本领。从此,居民们虽然照样下河游泳,但由于水性高超,再也没有人挣扎求救了,3个渔夫从此安心捕鱼了。

有人把这3个渔夫下河救人的工作比喻为"心理治疗",人生的江河湖海中总有一个又一个的"落水者"需要救治。他们把插警告牌的工作比喻为"心理咨询",不少求助者接受了咨询和帮助,摆脱了危险处境。他们把举办游泳学校、授人以高超的游泳本领比喻为"心理健康教育"。这样,在人生的大江大海中,人们虽然依然面临各种诸如挫折、危险、紧张等"大风大浪",却能"中流击水"、安然无恙,这是防患于未然。

从上述故事可以看到大学生心理健康教育的重要性。处于人生成长关键期的大学生,心理健康教育可使其掌握基本的心理学理论和心理训练的方法,心理健康教育是他们今后自我潜能开发,事业成功,生活幸福的不可或缺的工具。

(一)心理健康是大学生心理成长的需要

大学生正处于人生发展的特殊阶段,他们的生理发展已基本成熟,但心理发展水平却处于走向成熟而又尚未成熟的状态。他们的自我意识不断增强,开始关注自己的内部世界。他们内心充满各种特殊的矛盾,如独立性与依赖性的矛盾、情绪与理智的矛盾、理想与现实的冲突等。从大学生的外部环境来看,社会竞争的加剧、家庭条件的差异、价值取向的多元化、人际关系日趋复杂等,都可能引发一系列的心理危机甚至心理疾病。因此,解决好大学生的心理健康问题是促进大学生身心健康,提高大学生成长和发展质量的重要因素。

(二)心理健康是大学生成才的保证

学习是一项艰苦的脑力劳动,在学习过程中会遇到许多困难和挫折,所以大学生要取得优秀的学习成绩,掌握更多的科学文化知识,没有意志,没有不屈不挠的向上精神是不可能实现的。健康的心理,以积极进取、服务于社会的人生观作为自己人格的核心,并以此为中心,把自己的需要、愿望、目标和行为统一起来,树立远大理想,"以天下为己任",从而产生强大的学习内驱力,推动大学生努力完成学业,自觉攀登科学高峰。心理健康是大学生掌握文化科学知识的重要保证,有了良好的心态,不仅能取得好的学习效果,而且有益于终身的发展。

(三)心理健康是大学生幸福人生的前提

大学是人生的一个重要阶段。大学生由此走向社会,他们的人生由此启航,心理健康是他们将来人生幸福的重要前提。未来人生道路不同的人可能会走不同的道路,但是对幸福人生的追求是他们的最终目标。或许有的人将来会拥有很多财富,或许有的人将来地位显赫,但如果没有健康的身心,他们的人生看似辉煌却未必幸福。有的人或许既没有很多财富也没有显赫的地位,甚至没有健康的身体,但如果拥有健康的心理、积极的心态,他们一样可以拥有幸福的人生。坐过飞机的人都知道,当飞机达到一定的高度时,窗外是明媚的阳光,下面却是一片乌云,而云层的下面可能正下着瓢泼大雨。这就启示我们,如果你生命中的云层遮蔽了阳光,那是因为你的心灵飞得还不够高。不少人总是试图消灭你遇到的乌云,其实正确的做法是:努力上升到云层之上,那里的天空永远碧蓝。俞敏洪曾说过"心有多高,我们就能走多远"。因此,开展心理健康教育,帮助大学生树立正确的心理健康意识,学会心理调适的方法,进而保持健康的心理,在大学生未来的幸福人生中尤为重要。

【心灵拓展】

一、心理测试

大学生健康人格问卷(UPI)

【简介】UPI 是 University Personality Inventory 的简称,是为了在早期发现并治疗有心理问题的学生而编制的大学生精神卫生、人格健康调查表。该量表于 1966 年由日本大学的心理咨询专家与精神科医生集体编制而成,中文版由清华大学樊富珉教授等翻译、修订,于 1993 年在我国正式使用。UPI 是我国高校应用最早也最为广泛的心理普查量表之一,主要以大学新生为对象,入学时作为心理健康调查而使用,有利于在早期发现学生的心理问题,并提供及时的帮助和必要的治疗,同时起到心理卫生的宣传作用,有助于学生了解心理问题的表现,增强心理保健的意识。

【注意】以下问题是为了了解并增进你的身心健康而设计的调查,请你按照题号顺序阅读,在你最近的一年中,常常感觉到、体验到的项目的题号上选择"是",没有感觉过的项目的题号上划"否"。注意只有两种选择。请认真填写。

1. 食欲不振	是	否
2. 恶心、胃口难受、腹痛	是	否
3. 容易腹泻或便秘	是	否
4. 关注心悸和脉搏	是	否
5. 身体健康状况良好	是	否
6. 牢骚和不满多	是	否
7. 父母期望过高	是	否
8. 自己的过去和家庭是不幸的	是	否
9. 过于担心将来的事情	是	否
10. 不想见人	是	否
11. 觉得自己不是自己	是	否

续表

12. 缺乏热情和积极性	是	否
13. 悲观	是	否
14. 思想不集中	是	否
15. 情绪起伏过大	是	否
16. 常常失眠	是	否
17. 头痛	是	否
18. 颈、肩膀酸痛	是	否
19. 胸痛憋闷	是	否
20. 总是朝气蓬勃	是	否
21. 气量小	是	否
22. 爱操心	是	否
23. 焦躁不安	是	否
24. 容易动怒	是	否
25. 想轻生	是	否
26. 对任何事都没兴趣	是	否
27. 记忆减退	是	否
28. 缺乏耐性	是	否
29. 缺乏决断能力	是	否
30. 过于依赖别人	是	否
31. 为脸红而苦恼	是	否
32. 口吃、声音发颤	是	否
33. 身体忽冷忽热	是	否
34. 常常注意排尿和性器官	是	否
35. 心情开朗	是	否
36. 莫名其妙地不安	是	否
37. 一个人独处时感到不安	是	否
38. 缺乏自信心	是	否
39. 办事畏首畏尾	是	否
40. 容易被人误解	是	否
41. 不相信别人	是	否
42. 过于猜疑	是	否
43. 厌恶交往	是	否

续表

44. 感到自卑	是	否
45. 杞人忧天	是	否
46. 身体倦乏	是	否
47. 一着急就出冷汗	是	否
48. 站起来就头晕	是	否
49. 有过失去意识，抽筋	是	否
50. 人缘好受欢迎	是	否
51. 过于拘泥	是	否
52. 对任何事情不反复确认就不放心	是	否
53. 对脏很在乎	是	否
54. 摆脱不了毫无意义的想法	是	否
55. 觉得自己有怪气味	是	否
56. 别人在自己背后说坏话	是	否
57. 总注意周围的人	是	否
58. 在乎别人的视线	是	否
59. 觉得别人轻视自己	是	否
60. 情绪易被破坏	是	否
61. 至今，你感到自身健康方面有问题吗？	有	没有
62. 至今，你曾觉得心理卫生方面有问题吗？	有	没有
63. 至今，你曾接受过心理咨询与治疗吗？	有	没有
64. 你有健康或心理方面想咨询的问题吗？	有	没有

【评分标准】

UPI 测验完成后，需要计算的只有一个指标，即总分。UPI 问卷共 60 个问题，其中有 4 个测伪题（第 5、20、35、50），61~64 题为辅助题。UPI 采用是非式选择，肯定选择的记 1 分，否定选择的记 0 分，UPI 总分的计算规则是将除测伪题和辅助题以外的其他 56 个题的得分求总和。所以，UPI 的总分最高为 56 分，最低为 0 分。

【评分方法】

分类筛选：根据筛选标准，可以将学生分为以下三类。

满足下列条件之一者应归为第一类：

（1）UPI 总分在 25 分（包括 25 分）以上者；

（2）第 25 题做肯定选择者；

（3）辅助题中同时至少有两题做肯定选择者；

（4）明确提出咨询要求者。

满足下列条件之一者应归为第二类：

（1）UPI 总分在 20 分～25 分（包括 20 分，不包括 25 分）之间者；

（2）第 8、16、26 题中有一题做肯定选择者；

（3）辅助题中有一题做肯定选择者。

满足下列条件之一者应归为第三类，不属于第一类和第二类者应归为第三类。

其中第一类为可能有较明显心理问题的学生，应尽快预约进行咨询，第二类学生也应该引起一定的重视。根据咨询结果和 UPI 得分将学生分为以下三类。

A. 类学生：需要进行持续的心理咨询或心理治疗。

B. 类学生：需要进行关注，有问题可随时预约心理咨询。

C. 类学生：没有明显的心理问题。

二、团体活动：幸福曲线

目的：协助同学对人生作出评估，并探索人生的幸福。

程序：将下表分发给组员，每个组员自行填写，约 15 分钟后，大家一同分享交流。

在探讨过程中，老师可参考以下的重点进行适当的引导，使这个练习达到更佳的效果。

（1）你对过去的人生历程满意吗？

（2）对你来说，怎样的人生是幸福的？怎样的生活会让你感到幸福？

（3）你认为自己之前生命的质量如何，有价值和意义吗？

请同学们再仔细看看这简单而很有意思的幸福曲线，也尝试留心内心的反应。

规则：

（1）准备一张白纸、一支笔，把纸横放。

（2）在纸的中上部，写下自己的名字，凝视一会儿这个属于你的名字。然后在你名字的后面写下"×××的生命线"字样。

（3）在下面画两个坐标轴，横线是你一生的幸福线，代表你人生起点与终点的整个过程，在最右侧写下你为自己预计的寿数，可以是 80 岁，也可以写上 120 岁。请按照你为自己规定的人生长度，找到你目前所在的那个点。比如，你估计自己能活 80 岁，你现在 20 岁，就在整个线段的四分之一处，留下一个"○"标志。

（4）在这个标记的左边，即代表你过去岁月的那部分，回忆你过经历的事情，把对你有着重大影响的事件用"X"标出来，并根据这些事发生的时间以及你感受到的幸福程度，放在坐标体系的合适位置，快乐的事写在横轴上面，痛苦的事写在横轴下面，各写五件。将所有"X"连接起来，形成一条曲线。

（5）练习完成，开始讨论与分享。

三、拓展阅读

山不过来，我过去

《古兰经》中有这样一则经典故事。

伊斯兰教的先知穆罕默德，带着他的四十个门徒在山谷里讲经说道。

穆罕默德说：信心是成就任何事物的关键。也就是说，人有信心，便没有不能成功的事情。这时，一名门徒对他说："你有信心，你能让对面那座山过来，让我们站在山顶上吗？"

穆罕默德望着他的门徒，满怀信心地点了点头。接着，穆罕默德对着山大喊一声："山，你过来！"山谷里响起他的回声，回声渐渐消失，山谷又归于宁静。

大家都聚精会神地望着那座山，穆罕默德说："山不过来，我们过去吧！"于是，穆罕默德带着他的弟子们开始爬山，经过一番努力，终于爬到了山顶，他们因为内心的希望成为现实，在山顶上欢呼着。

这时穆罕默德说："这个世上根本就没有移山大法，唯一能够移动山的方法，就是山不过来，我过去。"

人的一生，会遇见很多座困难的"大山"。当我们身陷困境无法改变，遇见"瓶颈"无法突破时，拿"头撞南墙"是绝对没有用的。要想改变事情，首先就是要行动起来改变自己，最终才能改变属于自己的世界。

我们改变不了现实，但我们可以改变态度；我们改变不了过去，但我们可以改变现在；我们不能控制他人，但我们可以掌握自己；我们不能预知明天，但我们可以把握今天；我们不可能样样顺利，但我们可以事事顺心；我们不能延伸生命的长度，但我们可以决定生命的宽度；我们不能左右天气，但我们可以改变心情；我们不能选择容貌，但我们可以展现笑容。

第二章

揭开面具——大学生自我意识与人格

写在篇前

　　自我意识是隐藏在个体内心深处的心理结构，是个体的意识发展的高级阶段。一个人要做到真正的了解自我，进而改造并战胜自我，就必须具备健全的自我意识。大学生正处于自我意识发展和形成的关键阶段，了解大学生自我意识发展的主要特点，同时采取积极措施促使大学生建立健全自我意识，无疑是高校心理健康教育工作的一项重要内容。人格是人的综合素质的重要组成部分，是人的心理面貌的集中反映。大学生正处在人格发展的关键时期，由于他们受到来自社会、学校、家庭、个人等多方面变迁的冲击，人格发展出现了较多的迷茫和冲突。因此，帮助他们寻找通向健全人格之路，塑造健全的人格，是大学生心理素质教育的重要目标之一。本章将带你走进自我意识与人格，去认识那个既熟悉又陌生的自己。

心理格言

　　知己者，智之端也，可推以知人也。　　　　　　　　　　　　　——王安石
　　只有伟大的人格，才有伟大的风格。　　　　　　　　　　　　——（德）歌德
　　人格成熟的重要标志：宽容、忍让、和善。　　　　　　　　——（美）卡耐基

知识导航

第一节　自我意识

　　在古希腊的奥林匹斯山上有一座特尔菲神殿（图2-1），神殿里有一块石碑上刻着"人，认识你自己"，警示人类去探求自我的世界。无独有偶，中国的老子提出"知人者智，自知者明"。中国有一句俗语"人贵有自知之明"也早已成为智者的箴言。西班牙也有一句

谚语:"自知之明是最难得的知识。"可见,人类对认识自我的重要性有着殊途同归的智慧洞见。

图2-1 特尔菲神殿

当代大学生,对"自我"有着更强烈的兴趣和关注度。我是一个怎样的人,我有哪些优势和不足,还有哪些"潜在的我"是我不知道的,我将来要做什么,要过怎样的生活,所有这些无一例外地涉及自我意识。心理学研究发现,"我是谁""我从哪里来""我将往何处去"是人们无数次思考的问题,人的一生也就是探索自我的过程。自知之明是智慧的开端、爱的起点、恐惧的终点、创造的源泉,其中蕴藏着整个宇宙,也包含了人性所有的挣扎。一个人只有正确地认知自我,才能找到自己真正想要的生活,找到自己人生的意义、幸福和价值。

一、自我意识概述

美国人麦克斯威尔·马尔茨(Maxwell Maltz)曾指出:"不管我们是否意识到,我们每人都有一幅自我的'蓝图'或一幅自画像。"我们也常自问:我是个怎样的人?别人如何看我?我应成为怎样的一个人?通俗地说,这些就叫作自我意识。

(一)自我意识的定义

自我意识是指个体对自己及其周围关系的认识和体验。具体来说,它包含了人在实践中自己对自己、自己对自然、自己对他人、自己对社会等关系的意识活动。正因为如此,诸如一个人对自己的外貌、身高的了解,对自己能力、性格等的认识,对自己与他人相处的融洽程度和自己在他人眼中的地位和理解,都是自我意识的具体表现。

(二)自我意识的分类

自我意识可以从不同角度进行分析和探讨。

1. 从结构上划分

自我意识可以分为自我认识、自我体验和自我调控3个方面。①自我认识是自我意识的基础,指自己能够认识自己、评价自己的生理、社会和心理各方面,能将自己的感知、思考、体验、意图和行为等心理活动的内容与特点报告给自己。其表现形式有自我观察、自我感觉、自我分析、自我评价等,其中最主要的方面是自我评价。自我认识涉及的是"我是一个什么样的人"。②自我体验是自我意识的核心，反映自己的各种心理活动及其特点是否符合自己的需要状况而产生的情绪体验，其表现形式有自尊心、自信心、责任感、自卑感、愧疚感等，自我体验涉及"我对自己是否满意？我能否悦纳自己？"。③自我调控是自我意识在意志上的表现，即自己对自己的心理活动及其发展模式施加影响，对自我有目的的、自觉的改变过程，其表现形式有自我监督、自我要求、自我鼓励、自我教育等，它所涉及的是"我怎样才能成为理想中的人"。

2. 从内容上划分

自我意识可以分为生理自我、社会自我和心理自我。①生理自我是个人对自己的身体、性别、年龄、容貌、仪表、健康状况以及所有物等方面的认识。自我意识的最初形态就是生理自我。②社会自我是个人对自己在社会关系、人际关系中的角色的意识，包括对自己在这种关系中的作用与地位的意识，对自己所承担的社会义务和权利的意识等。③心理自我指个人对自己心理特点的意识，包括对自己的智力、性格、态度、信念等的意识。

3. 从存在方式上划分

自我意识又可以分为现实自我、理想自我和镜中自我。①现实自我是个体从自己的立场出发，对现实的、实在的自我的观感与看法，即个体对现实的自我进行观察、分析、思考和评价后所得到的一种主观认识。②理想自我是个体对将来的"我"的希望，即对想象中的"我"的一种认识，是个体努力想要达到的完美形象，是自己追求的目标，它常常能成为个体行为的动力参照系。③镜中自我是指个体想象自己在他人心目中的形象或他人对自己的基本看法。

（三）自我意识的形成与发展

自我意识并不是与生俱来的，而是在个体发展过程中逐步形成和发展起来的。自我意识是个体在与他人的交往过程中，根据他人对自己的看法和评价而发展起来的，这个过程一直贯穿在个体的一生中。

个体自我意识的发展一般要经过三个阶段，即生理的自我意识、社会的自我意识和心理的自我意识。

1. 生理的自我意识阶段（1~3岁）

这个阶段也称"自我中心期"，主要以自我感觉的形式表现个体对自己的躯体的认识，包括占有感、支配感、爱护感。1岁的儿童能把自己的动作与动作的对象区分开来，但不能把自己这个主体与自己的动作区分开来。2岁左右的儿童开始知道自己的名字，但只把它作为自己的代号，然后才能慢慢掌握代名词"我"和"你"，完成自我意识的一个质的变化。3岁的儿童开始表现出有自己的主张，在心理上出现羞耻心和嫉妒心等，生理自我意识基本成熟。

2. 社会的自我意识阶段（3~14岁）

主要表现个体对自己的社会属性的意识，包括个体对自己在社会关系、人际关系中的作用和地位的意识，对自己所承担的社会义务和权利的意识等。一般从3岁开始到青春期，这一时期是个体接受社会化影响最深的时期，也是学习角色的重要时期，个体先是通过游戏学习角色与角色关系，而后在学校接受教育。在社会化进程中，他们意识到了自己的愿望与体验，同时还能做一些对自己行为方式、情感、意志、能力及地位、作用等的自我评价，不断增强社会意识,认识到自己是社会的一员,尽量使自己的行为符合社会的标准要求。

3. 心理的自我意识阶段(14~25 岁)

初步形成个体对自己心理属性的意识,包括个体对自己的人格特征、心理状态、心理过程及其行为表现等方面的意识。一般青春期开始后 10 年为自我意识形成时期。这个时期,个体在生理和心理上都发生了急剧而重大的变化,如性意识觉醒、身体外形的变化、抽象思维能力和想象力极大提高等。这个阶段个体逐渐脱离对成年人的依赖,并从成人的保护、管制下独立出来,表现出自我意识的主动性与独立性,观点和行为带有浓厚的个人色彩,注重对自我的内省与评价,强调自我的价值与理想,自我概念逐渐形成。心理自我发展完善的个体能以客观的社会标准来认识社会和评价事物,树立正确的伦理道德观念,形成对待现实的正确态度、理想与信念等。

(四) 自我意识的特征

1. 社会性

从个体发展看,自我意识的发生和发展是一个社会化的过程。自我意识的形成并不是抽象的主观好恶情感所致,而是依赖于现实的社会物质生活条件。个体依据与人交往中的观察所得,形成一定的心理模式,作为评价和改进的一个标准。同时,自我意识的内容也是人与环境、人与人、人与社会等关系的反映。个体自我需要的实现只能在一定的社会经济结构中才有可能。因此,自我意识具有较强的社会制约性。

2. 能动性

自我意识在加深个体对自我认识的同时,还能调控个体的行为与心理,按照自我定义不断完善自己。当个体总感到自己不能决定自己的活动时,他就处于一种危险的境地。而自我意识正是使个体不断提高对自我与他人、自我与自然的关系的认识,并发展其中的积极方面,从而更好地改造客观世界。

3. 形象性

自我意识的形象性指自己对自己的认识,像自己站在镜子面前看到自己一样,会形成一个自我形象。站在物质世界的镜子面前我们看到的是自己的生理形象,如自己的容貌、服饰、姿态等。站在社会生活人际交往的镜子面前,我们看到的是自己的社会形象,如能力、气质、性格、地位、所起作用、品格等。

4. 统一性

自我意识的统一性指自我意识的协调一致。个体自我意识的形成与发展受社会、文化等环境因素影响,直至青年期,才能发展成为对自己本身的一种自觉的、稳定的意识。从青年期以后,个体对自我的基本认识和基本态度会保持一贯性,表现为前后统一的心理面貌。一个成熟且心理健康的个体,应对自我有一个清晰、完整、持续、相对稳定的概念,否则就会出现统一性偏差。

二、大学生自我意识的特点及常见问题

(一) 大学生自我意识的特点

大学生的自我意识,是在儿童、青少年时期自我意识的基础上发展起来的,它有继承

性。同时，在认识自身和社会的关系中，也是大学生自我认识和评价、自我体验和控制、自我教育和锻炼处于发展、稳定并完善的关键时期，具有鲜明的时代特征。主要表现为以下四点。

1. 强烈关心自我发展

大学阶段的主要任务是为走向社会和更好地适应社会储备知识和技能，是夯实人生基础的重要时期。在这一重要的人生历程中，多数大学生围绕个人发展、理想目标、前途命运等进行着积极主动的自我探索。他们会经常思考或反思这样一些问题，如"我聪明吗""我风度如何""别人会怎样看我""我的性格气质如何""我将成为什么样的人""我怎样才能实现自己的价值"，等等。不少人能自觉地把自己的命运和国家、集体的命运结合起来，从社会需要的角度思考个人的价值与发展。这样的大学生能够不断开阔眼界和胸怀，创新思路，使人生之路越走越宽，前途越来越光明。否则，越往前人生的路越窄，前途越暗淡，希望越渺茫。古往今来，所有在历史上留下积极印记或曾为推动社会进步有所建树的人，都是能够把自己融于社会，乐于为他人或社会付出、善于奉献的人。

2. 自我评价趋于客观

不同年级的大学生在自我的发展方面存在明显差异，研究显示，综合性大学的一、三、四年级的学生自我意识随年级的升高而发展，而二年级是大学期间自我意识最模糊、内心矛盾冲突最尖锐、思想斗争最复杂和强烈、无所适从等心理反应最多的时期，但这也是自我意识迅速发展的前奏曲或称转折期。高校的管理者、教育者和大学生个体，只要对此有足够的认识，并通过及时的指导、干预和自我调整，必能产生良好的自我发展效果。

3. 自我体验丰富而复杂

与其他青年群体相比较，大学生的自我体验更为丰富和复杂，被称作各种社会群体中"最善感"的群体。从整体上看，大学生自我体验的情绪、情感基调是积极的、健康的。多数大学生喜欢自己，对自己满意，表现为自尊、自爱、自信、自强。他们的复杂性主要表现为敏感和闭锁，而且波动性大。凡是涉及"我"及与"我"相联系的事物，都经常引起大学生的情绪和情感反应。部分同学对别人的言行和态度极为敏感，但却常常把自己的情感体验封闭起来，自我苦恼。他们时而兴高采烈、忘乎所以，时而悲观消极、自我否定，严重时则会自暴自弃，丧失理智和希望。

4. 自我控制能力明显提高

大学生自我控制的愿望十分强烈，希望独立和自制，渴望摆脱依赖和约束。同时，大学生自我控制的自觉性、坚持性、独立性和稳定性显著发展，有强烈的自我设计、自我规划的愿望，大多数同学都奋发向上，力争成才，并且能够根据自我设计的目标及社会要求自觉调节自己的行为，能够在较高水平上驾驭自我。但也有部分同学自我控制的水平不高，不善于及时、迅速地调整自我的目标和行为，也不善于以理智控制冲动行为，以致打架斗殴、破坏公物等现象在大学校园里时有发生。

（二）大学生自我意识常见问题

1. 自卑

自卑是个体由于自我认知偏差等原因所形成的自我轻视和自我否定的情绪体验。自卑者往往自我认识不客观，对自己缺乏信心，只看到自己的缺点而忽略了自己的长处，不能容忍自己的缺点和弱点，甚至否定、抱怨、指责自己，看不到自己的价值，夸大自己的不足，感到自己什么都不如他人，处处低人一等。自卑往往是自尊心屡屡受挫、丧失自信的结果。在情绪体验上多表现为害羞、不安、内疚、忧郁、失望等负性特征，如图2-2所示。

图2-2 自卑大学生的世界（漫画）

自卑的调试方法。第一，应该对自卑的危害有清醒的认识，有勇气和决心改变自卑；第二，应该客观、正确、自觉地认识自己，无条件接受自己，欣赏自己的长处，接纳自己的短处，做到扬长避短；第三，正确地表现自己，对自己的经验持开放态度，勇敢地表现自我；第四，根据经验，调整对自己的期望，确立合适的抱负水平，区分长期目标和近期目标，区分潜能和现在表现；第五，对外界影响相对独立，正确对待得失，勇于坚持正确的行为、改正错误的行为，同时保持一定程度的容忍。

2. 自负

自负是个体自以为是、自命不凡的一种情感体验和情绪表现。大学生应该自信，在适当的范围内，自信可以激发他们的斗志，树立必胜的信心，坚定战胜困难的信念，使他们勇往直前。但自信必须建立在客观现实的基础上，脱离实际就成了自负。自负不但不能帮助人们成就事业，反而影响正常的生活、学习和人际交往，严重的还会影响心理健康。有些大学生自信过度，自我感觉太好，就变成了自负。自负者认为自己非常了不起，总认为自己比别人强很多，总爱抬高自己贬低别人。这种人时时事事都从自己的利益出发，固执己见，唯我独尊，总是将自己的观点强加于人，从不顾及别人，也不愿意改变自己的态度或接受别人的观点。

自负心理的调试。首先，接受批评是根治自负的最佳办法。并不是让自负者完全服从于他人，只是要求他们能够接受别人的正确观点，通过接受别人的批评，改变过去固执己见、唯我独尊的形象。其次，与人平等相处。自负者视自己为上帝，无论在观念上还是行动上都无理地要求别人服从自己。平等相处就是要求自负者以一个普通社会成员的身份与别人平等交往。第三，提高自我认识。要全面地认识自我，既要看到自己的优点和长处，又要看到自己的缺点和不足，不可一叶障目，不见泰山，抓住一点不放，失之偏颇。认识自我不能孤立地去评价，应该放在社会中去考察，每个人生活在世界上都有自己的独到之处，都有他人所不及的地方，同时又有不如人的地方，与人比较不能总拿自己的长处去比别人的不足，把别人看得一无是处。第四，要以发展的眼光看待自负，既要看到自己的过去，又要看到自己的现在和将来，辉煌的过去可能标志着你过去是个英雄，但它并不代表现在，更不预示将来。

3. 过分追求完美

过分追求完美的大学生对自己的要求过高，期望自己完美无缺，却不顾自己的实际状况。此外，他们不能容忍自己"不完美"的表现，他们对自我十分苛刻，只接受自己理想中的"完美"的自我，不肯接纳现实中平凡的或有缺点的自我，其后果往往适得其反，使其对自我的认识和适应更加困难。

过分追求完美的调试方法。第一，树立正确的认知观念。人不能十全十美，每个人都有优缺点。一个人应该接纳自己的价值，不自以为是，也不妄自菲薄。第二，确立合理的评价参照体系和立足点。人应该选择合适的标准，更重要的是以自己为标准，按照自己的条件评定自己的价值，应该立足自己的长处，清楚、接受并尽力改进自己的短处。第三，目标合理恰当。在充分了解自己的基础上，对自己有恰当的目标和要求，目标符合自己的实际能力，不苛求自己，不被他人的要求左右。第四，接纳自己的不完美。人各有所长各有所短，每个人都是独特的，与众不同的。要欣赏自己的独特性，不断自我激励。

4. 自我中心

自我中心的人凡事从自我出发，不能设身处地进行客观思考，只关心自己，凡事先替自己打算，不顾及他人的感受和需要。他们往往颐指气使，盛气凌人，总认为自己对、别人错，经常把自己的意志强加于人。因而他们不易赢得他人的好感和信任，人际关系多数不和谐，难以得到他人帮助，易遭挫折，如图2-3所示。

克服自我中心的方法。首先，先要摆正自己的位置，既重视自己，也不贬低他人，自觉地把自己和他人、集体结合起来，走出自我的小天地。其次，要实事求是、恰如其分地评估自己，既不自大，也不妄自菲薄。最后，要学会移情，多设身处地从他人的角度思考问题，尊重他人感受、关心他人。

图2-3 自我中心者（漫画）

【心理故事】

珍妮是个总爱低着头的小女孩，因为她一直觉得自己长得不够漂亮。有一天，她到饰物店去买了一只绿色蝴蝶结，店主不断赞美她戴上蝴蝶结很漂亮，珍妮虽然不相信，还是挺高兴的，不由自主地昂起了头。出门时与人撞了一下都没在意。珍妮走进教室，迎面碰上她的老师，"珍妮，你昂起头来真美！"她想一定是蝴蝶结的功劳，可是镜前一照，头上根本就没有蝴蝶结，原来在她刚出饰物店时蝴蝶法就被别人碰掉了。

在这个故事里，你感悟到了什么？珍妮之所以得到了老师的赞美，不是因为蝴蝶结，而是因为她昂起头的自信。生活中，一个人无论是貌若天仙还是相貌平平，只要你能够坦然地接纳自己、喜欢自己，你就会因为自信而变得可爱和美丽，并获得别人的接纳和喜爱。

三、大学生塑造健全自我意识的意义及途径

（一）大学生塑造健全自我意识的意义

健全的自我意识具有良好的自主功能，这对大学生的个人发展和素质教育有着举足轻重的作用。

1. 健全的自我意识有利于大学生的成熟

健全的自我意识能使大学生设定明确的发展目标，明确目标的价值和可行性，并根据目标有意识地调节自己的行为，抑制不良因素的影响和诱惑，有意识地充实自己的内心世界，丰富自己的情感体验，培养良好的情感品质，在自我发展中重视情感的动力效能，保证自己按照正确的方向健康发展。

2. 健全的自我意识有利于大学生的自我开发

大学生无论是在生理上还是心理上都处在快速发育期，所思所做都是为正式进入成人社会做准备，具有很大的可塑性和内在潜力。这就需要健全的自我意识去推动、去挖掘、去支持，促进自我潜力的最大发展，努力使自己成为一个合格的被社会接纳并欢迎的人。

3. 健全的自我意识有利于大学生发展独立性

个体的提高、完善的力量不是来自外在的压力，而主要是来自自身的愿望与内驱力。只有当大学生开始追求事物的内在意义，具备正确决策与选择的能力，能够客观公正地评价自我时，才说明自己已真正独立了。

4. 健全的自我意识有利于大学生健康心理、行为的形成

心理、行为的不健康，很大程度上来自不能客观地评价自我与他人，不能认识自我、接纳自我、调节自我。健全的自我意识能使大学生增强心理承受力，增强自我主宰和驾驭的能力，善于调整应激水平，平衡心理过程，进行自我重建，顺利克服各种心理危机，使自己的心理行为为个体化与社会化得到协调、平衡的发展。

（二）塑造健全自我意识的途径

1. 正确地认识自我

约翰·保罗（德）曾说："一个人的真正伟大之处，就在于他能够认识自己。"正确的认识自我是塑造健全的自我意识的基础。如果一个人能够全面、正确地认识和评价自我，就能扬长避短，发展自己，完善自己。那么，怎样才能做到正确地认识自我呢？

（1）在他人的评价中认识自我。

大学生在社会化的过程中，要注意并善于观察别人对自己的评价。他人的评价从一定程度上折射了自我的形象、自我在集体中的地位与作用、自我的心理特点等，还能使自己从中找到需要改进的地方，求得自我认识上的不断完善。比如，如果别人很乐意与自己交往，在一起学习、工作都感到愉快，说明自己具有令人喜欢的品质。反之，则要反省自己，找到原因，加以改正。

（2）在比较中认识自我。

有比较才会有发现，才会有发展。大学生参加实践活动时，不论在心理特征上，还是在关系的处理上，都各有不同。这种不同正是大学生健全自我意识的反映。因此，要学会在比

较中进步。心理学家认为，当一个人的自我评价与别人的客观评价在较大程度上一致时，表明他的自我意识较为成熟，他也就会巩固和发展这方面的特征。相反，当一个大学生的自我评价与别人的客观评价相矛盾时，就应该进行自我观察、自我分析、自我矫正，从而得出一个正确的自我认识。与他人比较，最重要的是要选定恰当的参照系，可以选择本班、本系、本校、本层次、同年龄的人，也可以选择杰出人物；同时还要以发展的眼光辩证地看待比较结果，作出恰当的自我定位。当然，不能总是以己之短比人之长，越比越自卑；也不能总是以己之长比人之短，越比越自大。

（3）在自我反省中认识自我。

自我反省是对自己的行为、心理活动进行比较与分析。孔子说："吾日三省吾身。"通过自我反省，将周围社会中的各种因素内化到自己的认识中去，以对自己的行为、活动获得认识和评价，不断积累，反复检查，使自己的行为和心理活动更适应现实的要求，得到一个正确的自我认识。自我反省时要做到全面、客观，注意摒弃过于情绪化的体验和理想化的希望。一般而言，在冷静时进行的自我反省，具有较大的真实性和客观性。

（4）在活动的分析中认识自我。

个体可以通过自己参加各种活动时的动机、态度、表现、取得的效果、成果来分析认识自己。活动成果的价值有时直接标志着自身的价值，社会衡量一个人的价值主要是通过活动成果认定的。因此，理想的活动成果、良好的活动效果可以使个体增强进一步认识自我的能力，发现自我的价值，从而激发自信，开发潜能。比如，一个原本有些害羞的大学生在同学的鼓励下参加了一次演讲比赛，并获了奖，他在活动的分析中就会发现自己具有这方面的能力，只要态度积极，努力去做，就可以取得成功，得到别人的肯定，这对他克服害羞情绪、增强自信、发现自我潜在的能力起到了积极的作用，因此使他有了一个大的变化。

2. 积极地悦纳自我

悦纳自我就是对自己的本来面目抱有认可、肯定、喜悦的态度。悦纳自我是健全自我意识的核心和关键。个体首先应自我接纳，才能为他人所接纳。

（1）学会健全自我评价。

个体可以从自己的外貌、爱好、特长入手，分析自己的心理状态，评价自己的情感、道德、政治态度，正确面对自己的长处与短处，从而更客观地了解自己，建立符合自身特点的角色定位，健全自我评价机制。一个人如果没有成熟的自我定位，就会丧失自信，出现消极情感，甚至出现消极行为方式。如果定位过高，又容易产生自傲的心理，听不进意见。所以，在与周围人的接触中，不要随意评价别人的长短，应注意他们对自己的态度，虚心听取他们对自己的评价，对自己做出客观的分析。

（2）允许自己出现错误。

大学生对事情的理想化程度较高，一切都希望能尽善尽美，这是良好的愿望。有的大学生对自己要求苛刻，不允许自己犯一点小错误，或者出现错误之后久久不能释怀，甚至因过度敏感，出现无法忍受而走极端的情况。金无足赤，人无完人，每个人都有优于人的地方，也有弱于人的地方，同样，每个人都有出现错误的时候，关键是不能为错误所累。

(3) 提高挫折容忍力，敢于失败。

挫折与自我期望值密切相关。当现实达不到期望值时，有的人就感到沮丧。大学生受生活阅历的限制，或因早期生活的一帆风顺，使其挫折的容忍力水平不高，因此在实践中应有意识地进行挫折锻炼，增强对挫折的承受力。失败是成功之母，大学生要勇于面对失败，要对失败的原因进行客观的分析，从而对自己有进一步的认识，并接纳自己。

3. 有效地控制自我

大学阶段是人生的转折时期。因此，大学生必须对自我进行有效的控制，注意塑造自我，为日后成功的社会竞争打下良好的基础。

(1) 设置合适目标，建立符合实际的理想自我。

大学生面对社会的期待，以及对自身的美好憧憬，时时都要求他们自身必须设置合适的目标，塑造理想自我。一般来说，有目标指向的行为较无目标指向的行为成就大得多。例如有的大学生能抵御种种诱惑，刻苦读书，学业优秀，是因为他把学习与自己未来的发展联系起来了。设置合适的目标，就是要根据自身特点，确定力所能及的目标，具有正确的价值取向，扬长避短，尽最大努力，达到最佳水平，充分实现自己的人生价值。

(2) 培养坚强的自控能力。

名利和物质的诱惑，容易使人偏离正确的轨道，松懈奋进的斗志，放弃对远大理想的追求。因此，要弥补道德评价思维的断层现象，培养坚强的自控能力，以保证能理智地约束自己的情感，把握自己的行为。比如，在学习紧张的时候，看一场精彩的球赛可能比枯燥的学习更有吸引力，因为它能使人度过一个更愉快的夜晚。如果能想到自己的根本利益和长远目标，就会有自控的动力，得以战胜暂时的利益诱惑。

(3) 积极参加社会实践，培养辩证思维方法。

自我评价、自我锻炼和自我教育是一个实践过程。因为，参加社会实践，用学到的知识和智慧为社会服务，可以认清自己的责任和义务，确立科学的人生观、价值观。在实践中，学会用乐观的情绪和积极的心态去对待问题，客观公正地看待事物，增加自我意识中的理性成分，消除偏激和肤浅，使自己得到健康发展。

(4) 塑造健全的人格。

人格不仅是人的心理面貌的集中反映，还是人的心理行为的基础，它在很大程度上决定了人对外界的刺激作出怎样的反应，因而会直接影响人的身心健康、活动效果、社会适应情况，进而也将影响一个人的生理、心理和社会文化素质在内的综合素质的发展。因此健全的自我意识的形成，除了要有对自我的正确认识外，还要有健全的人格支持。

第二节 人　　格

【心理案例】

张某，女，20岁，某大学一年级学生。她自述："我的问题要从高中说起，中考时分数能进重点班，但最后却被分到一个普通班。因为此事消沉了一年，高二时认为自己再学习也已经赶不上了。经过这一次打击之后，跟异性交往也受到影响。因为我一向很看重自己的成绩，并把成绩的好坏作为评价自己的标准。由于自己的情绪低落，成绩下滑，觉得自己没有资本，从而不敢跟男生说话。缺乏自信，现在不管做什么都没有信心，非常消沉，心情特别压抑、痛苦，有时候甚至会自虐，比如心情烦闷时会用自己的双手击打桌子、墙壁等硬物。"

案例分析：该生由于曾在升学问题上遭受一定的挫折，学习成绩下降，自信心丧失，人际交往也受到严重影响，情绪消沉，导致了人格的不健全。其人格的缺陷主要是自卑及抑郁。由于存在一些错误的认知模式，比如，她认为学习成绩是衡量一切的标准，甚至将自己的自信完全建立在是否拥有一个好的学习成绩上，所以导致该生产生严重的自卑感，又因为这种自卑进而产生了一系列消极的情绪，如压抑、消沉、痛苦不堪，甚至自虐。

一、人格概述

（一）人格的定义

人格一词，来源于拉丁语"person"，原意是"面具"。古代西方人在演戏时，扮演不同角色的人要戴不同的面具。在这些戴面具的人出场时，观众可以准确地了解戏剧中人物的特点和身份，这样就能够猜到角色是一个什么样的人。面具，作为说明剧中人物的行为方式和性格特征的标志，其含义有两个方面：其一，面具代表个体外在的典型特征；其二，面具可以预测人的活动。拉丁语的"面具"词根在演化为英语中的"人格"单词后，仍具有面具的含义。心理学沿用面具的含义，转意为人格。其中包括了两个意思：一是指一个人在生活中所表现出的种种言行，这是外在的特点或公开的自我；二是指一个人由于各种原因不愿展现藏在面具后面的真实的自我。

人格是个体在遗传素质的基础上，通过与后天环境的相互作用而形成的相对稳定的和独特的心理行为模式。在许多情况下，人格也称个性，主要包括气质、性格和能力三个方面。人格是与人的行为风格有关的概念，是心理特征的整合统一体，是一个相对稳定的结构组织，在不同时空背景下影响人的外显和内隐行为模式。

【心理故事】

一名老教授昔日培养的3个得意门生都事业有成，一个在官场上春风得意，一个在商界捷报频传，一个埋头做学问如今也苦尽甘来，成了学科带头人。于是有人问老教授："你以为他们3人中哪个更有出息？"老教授说："现在还看不出来。人生的较量有三个层次，最低层次是技巧的较量，其次是智慧的较量，他们现在正处于这一层次，而最高层次的较量则是人格的较量。"这个故事生动地向我们说明，在人的素质结构中，人格起着重要的决定性作用。

（二）人格的特征

1. 独特性

"人心不同，各如其面"，这句俗语为人格的独特性做了最好的注释。每个个体都有不同的遗传基因，又在不同的环境条件下接受不同的教育，在先天与后天因素的交互作用下发育成长起来，因而各人都有自己独特的心理特点。没有哪两个人的人格是完全相同的，正如世界上没有哪两片树叶是相同的一样。例如，"固执"这一人格特征，不同的人赋予了它不同的含义。作为娇生惯养、过度溺爱的结果，这种固执性带有"撒娇"的含义；而在冷淡疏离、艰难困苦的环境下形成的固执性，则带有"反抗"的含义。这种独特性说明了人格的千差万别、千姿百态。

2. 复杂性

"横眉冷对千夫指，俯首甘为孺子牛"这句话就体现了人格的复杂性。由于人格是由不同的心理特征组成的，表现在行为中就出现了多元化、多层次的特征。人格表现绝非静水一潭，各种心理特征的组合千变万化，相应的人格的表现也千姿百态。每个人的人格世界，并不是由各种特征简单的堆积，而是依照一定的内容、秩序、规则有机结合起来的一个动态系统。

3. 稳定性

俗话说"江山易改，禀性难移"，这就是对人格稳定性的最好诠释。构成人格结构的各种心理特征是比较稳定的，它对人的行为的影响是一贯的，是不受时间和地点限制的，这就是人格的稳定性。一个人的某种人格特点一旦形成，就相对固定下来了，要想改变它，是比较困难的事情。例如，一名性格内向的大学生，他不仅在陌生人面前缄默不语，在老师面前少言寡语，而且在参与学生活动时也沉默寡言，甚至毕业几年后同学聚会时还是如此。人格的稳定性并不是说它是一成不变的，实际上随着社会生活条件的变化和个体的逐渐成熟，个体的人格特点或多或少也会发生一些变化。

4. 功能性

古希腊哲人赫拉克利特说："一个人的性格就是他的命运。"人格决定一个人的生活方式，甚至有时会决定他的命运。因为外界环境的刺激是通过人格的中介起作用的，也就是说，人格对个人的行为具有调节的功能。人们经常会使用人格特征来解释某人的言行及事件的原因。面对同样的挫折与失败，坚强者奋发图强，懦弱者一蹶不振。面对同样的悲痛，一些人可以将悲痛化为力量，而另一些人则消沉退缩。所以人格具有功能性，决定着一个人的成败。而当人格功能失调时，就会表现出软弱、无力、失控，甚至人格变态。

（三）人格的结构

人格是一个复杂的结构系统，它包含了各种成分，简单地说主要包括人格的倾向性和人格的心理特征两个方面。前者是指人格的动力，后者是指个体之间的差异。

人格的倾向性是关于人的行为活动动力方面的心理特征，包括需要、动机、兴趣等。需要是对有机体内部各平衡状态的反映，表现为有机体对内外环境条件的欲求，是推动有机体活动的动力和源泉。动机是在需要的基础上产生的，激发个体朝着一定目标活动，并维持这种活动的一种内在的心理活动或内部动力。兴趣是人认识某种事物或从事某种活动的心理倾向。

人格的心理特征是人的多种心理特点独特的结合，构成了一个人心理面貌的独特性，说明了心理面貌的个体差异。人格的心理特征包括气质、性格和能力三种成分。气质是表现在心理活动的强度、速度、稳定性和灵活性等动力特点方面的人格心理特征，例如有的人活泼好动，有的人沉默寡言，有的人反应敏捷，有的人反应缓慢，有的人暴躁，有的人温柔等。

性格是表现在人对客观事物的态度以及与这种态度相适应的行为方式上的人格心理特征，例如有的人朴实肯干，有的人懒散拖拉，有的人大公无私，有的人斤斤计较等。能力是人们顺利有效地完成某种活动所必须具备的心理条件的人格心理特征，例如有的人观察细致入微，有的人想象力奇特，有的人擅长语言表达，有的人在音乐上显露才华等。性格是人格心理特征中的核心，它反映一个人的基本精神面貌。

（四）人格形成的影响因素

1. 遗传因素

现实生活中，我们经常听到这样的评价，"张三像她妈妈一样内向"或者"李四像他爸爸一样倔强"，除此之外，我们有时还能发现自己与父母以及兄弟姐妹之间在人格方面存在一些相似性。这就是我们通常所讲的遗传对于人格的影响。

由于人格的稳定性，一些心理学家认为遗传是影响个体如何发展的主要因素，并在此类研究的基础上形成了遗传行为学。遗传行为学主要研究人格特质和行为方式受遗传影响的程度，双生子研究是他们以往使用较多的方法。受遗传影响的人格特质不仅包括外向性和神经质，还包括支配性、社会性、社交性、责任心、抑郁、躁狂、病态人格、精神分裂症等多个人格维度。遗传因素对于个体人格发展的影响，目前还不能得出明确的结论，但是我们可以有一些基本的观点，例如遗传对人格的影响是客观存在的，遗传因素对于不同人格特质影响的作用不同。对于受生理因素影响较大的人格维度，例如气质，遗传因素的影响作用较大，而对于与社会因素联系紧密的人格特质，例如价值观，遗传的影响作用较小。

2. 家庭环境

家庭环境是个体发展的基础环境，也是最为重要的环境之一。尤其是家庭环境中父母对子女的教育，对于个体人格的养成与发展起着非常重要的作用。目前关于家庭环境对个体人格的影响主要集中在父母教养方式对于人格发展的作用。心理学家戴安娜·鲍姆林德（Diana Baumrind）将父母的教养方式归纳为专断型、放纵型和权威型三种。专断型的父母要求孩子的一切都应该由父母控制，对于孩子表现的过于支配。受专断型教养方式的影响，孩子可能显得被动、消极、懦弱、服从，缺乏主见，为了讨好父母他们甚至会出现欺骗等不诚实的人格特质。放纵型的父母过于溺爱自己的孩子，对孩子百依百顺，让孩子随心所欲，父母有时也感觉到对孩子失控。在这种教养方式下成长起来的个体可能出现的人格特征为任性、幼稚、自我、野蛮、蛮横无理和自我中心。权威型的教养方式广受推崇。权威型的父母与孩子能够和谐平等的相处，父母尊重孩子，给予子女一定的自主权并给予正确的引导。在权威型家庭成长起来的个体多表现出诸如活泼、乐观、自立、善于交际、善于分享与合作、谦和有礼等积极的人格特质。由此可见，家庭因素的确能够对个体的人格发展产生影响。

3. 自然环境

自然环境也是影响个体人格发展变化的重要特征之一。巴理对于非洲的特姆尼人和阿拉斯加州的因纽特人的研究，证实了生态环境对个体人格的影响。巴理研究发现，特姆尼人以农业为主，种田为生，生活在灌木丛生的地带。灌木地带决定了他们从事以农业为主的生活，农业为主的生活使他们具有紧密的社会结构和分化的社会阶层。这种社会结构和阶层促使他们的父母形成早期的疼爱和晚期的严格管教的教养方式，并最终影响特姆尼人的孩子，使孩子形成依赖、保守、服从的人格特质。同时，因纽特人以渔猎为生，过着流浪的生活，缺乏紧密的社会结构和分化的阶层，因此，父母教育环境宽松并最终促使爱斯基摩人的孩子形成独立、冒险、坚定的人格。

国外研究者也证实了气温对个体性格的影响。简单地概括，由于温度的影响，生活在热带地区的人性格暴躁易发怒，居住在寒冷地带的人，能控制自己的情绪，具有较强的耐心和忍耐力的性格。此外，也有研究者认为，水乡地区气候湿润，风景秀丽，植物充满生机，因此当地居民往往对周围事物很敏感，比较多愁善感，也很机智敏捷。由于山区山高地广，人烟稀少，开门见山，所以山区的居民大都朴实、直爽。对于今天生活在高楼林立、企业众多、温度较高、降水量少、居住环境狭小而封闭的都市人，是否会形成孤僻忧郁的性格这一点值得关注。

4. 社会文化因素

由于人的社会性特征，每个人都处于一定的社会文化环境中，社会文化影响并塑造了个体的人格特征，使某种文化类型中的人出现群体性人格特征，例如中国人的勤劳与朴实。另外，学习并养成某种文化所具有的人格特征也是个体适应社会生活的重要目标。

生活在非洲马达加斯加岛的塔纳拉人实行一夫多妻制，父亲的权利至高无上，并且和中国封建社会一样由长子享有特权，女儿的地位低下，母亲的职责就是照顾子女。因此，塔纳拉人对母亲怀有强烈的依恋，形成了服从、忠诚、认真、勤劳的个人品质。这些与我国封建文化中形成的民族性格很相似。

二、人格差异

（一）气质类型的差异

1. 气质的含义及气质类型学说

心理学上所说的气质是指心理活动表现在强度、速度、稳定性和灵活性等动力性质方面的心理特征，相当于我们日常生活中所说的脾气、秉性或性情。

气质有很多特征，按这些特征的不同组合，可以把人的气质分为几种不同的类型。两千五百多年以前，古希腊医生希波克拉底根据自己的观察，将人划分为胆汁质、多血质、黏液质和抑郁质4种类型。五百年后，罗马医生盖伦在此基础上，提出了"气质"这一概念。之后出现过多种气质类型学说，比如在日本比较有影响的血型说，认为A型血的人温和老实、消极保守、焦虑多疑、冷静但缺乏果断，富于情感；B型血的人积极进取、灵活好动，善于交际、爱说寡信，多管闲事；O型血的人胆大好胜，自信、意志坚强、爱支配人；AB型血的人外表像B型血的人，内在却像A型血的人。其实，人的血型不止这几种，而且在实际生活中血型相同而气质不同，或者气质相同而血型不同的现象并不少见，所以血型说是缺乏科学根据的。一直沿用至今并被公认的仍是希波克拉底对气质类型的划分。

巴甫洛夫运用动物条件反射实验的方法建立了高级神经活动类型学说，确定了4种高级神经活动类型，即兴奋型、活泼型、安静型和抑制型，与4种气质类型相对应，巴甫洛夫较好地解释了气质的生理基础，得到了广泛认同。

2. 大学生的气质类型及其表现

胆汁质，又称不可遏止型，属于斗士类型。这种人感受性较弱，反应性、主动性很强，情绪兴奋性强，反应速度快，外向、刻板、不灵活。他们的行为表现常常是精力旺盛、直率、热情、行动敏捷，在言语、表情、姿态上都有一种强烈而迅速燃烧的热情表现。在克服困难上有不可遏止和坚韧不拔的劲头。这类大学生有主见，行为果断，喜欢指挥别人，认定目标就勇往直前，不屈不挠。但常常急于求成，学习和工作有明显的周期性特点。他们能以极大的热情和旺盛的精力投入工作，一旦精力消耗殆尽，便会失去信心以致心灰意冷。该类型的人在正确的教育条件下，可能具备坚强的毅力和独创精神。在不良环境影响下，他们可能缺乏自制力，呈现粗暴、急躁、易生气、爱激动等不良品质。

多血质，又称活泼型，属于敏捷好动的类型。这种类型具有很强的反应性、兴奋性、灵活性和可塑性，反应速度快，感受性较弱。这类大学生性情活泼热情，行为敏捷，善于交际，适应能力强，容易与人相处，在群体中常能机智地摆脱困境；在学习和工作上肯动脑筋，主意多，不喜欢机械、呆板的活动和工作；热爱集体，具有明显的外向性，对外界事物兴趣广泛，然而情绪不够稳定，容易受感情支配且感情也不深刻；兴趣和意向不稳定，容易浮躁，见异思迁。在良好的教育下，多血质的人可以培养出高度的集体主义情感，对学习、劳动、社会生活持积极主动的态度；在不良教育下，可能表现出轻率、疏忽大意、散漫以及对自己的能力评价过高等不良行为和态度。

黏液质，又称安静型，属于缄默而沉静的类型。他们的感受性和反应性弱，主动性却较强；不灵活，可塑性差；情绪兴奋弱。安静，稳重，反应速度缓慢，沉默寡言，情绪不易外露；注意稳定且难以转移，善于忍耐。这类大学生的行为表现是缓慢、沉着、镇静、有自制力、有耐心、刻板、内向。与人交往时，他们态度适度，不卑不亢，不爱抛头露面和泛泛而谈；做事深思熟虑，力求稳妥，一般不做无把握的事，在绝大多数情况下表现出较强的自我克制能力；情绪平稳，不轻易流露内心的真情实感。但他们过于拘谨，不善于随机应变，喜欢墨守成规、因循守旧。在正确教育下，黏液质的人容易形成勤勉、细心、实事求是、坚毅等特性；在不良影响下，则可能发展为萎靡、迟钝、消极、怠惰以及对人甚至对自己都漠不关心、冷漠等特性。

抑郁质，又称弱型，属于呆板而羞涩的类型。这种人感受性很强，往往为一点微不足道的事而动感情，反应性、主动性都很弱，刻板、内向，情绪抑郁，反应速度缓慢、不灵活、不善交际。这类大学生在生理上难以忍受或大或小的神经紧张，厌恶那些强烈的刺激；他们的行为表现孤僻，喜欢独处，避免同陌生的、刚认识的人交往，心里有话宁愿自己品味也不愿向别人诉说。在新的情况下他们容易感到惶惑不安，在强烈和紧张的情况下容易疲劳；在习惯的环境下表现很安静，动作迟缓、软弱，具有高度情绪易感性，情感体验方式少，但体验深刻、强烈、持久且不外露，善于觉察别人不易觉察到的细小事物。在困难面前常常表现出怯懦、自卑和优柔寡断。这种人在如意的环境下，在友爱的集体里，可以表现出温顺、委婉、细致、敏感、坚定，能克服困难，富有同情心等优良品质；在不利条件下，可能表现出伤感、沮丧、忧郁、神经过敏、深沉、悲观、怯懦、孤僻、优柔寡断。他们常常病态地体验到各种委屈的情绪。

达威多夫的研究表明，同是看戏迟到，上述4种气质类型的人，言行表现各不相同。胆汁质的人，可能跟检票员争执起来，急于想进入剧场。他分辩说：剧场的钟走得太快了，他不会影响别人，打算推开检票员跑到自己座位上去。多血质的人，知道检票员不会放他进入剧场，就通过没人注意的侧门跑到自己的座位上。黏液质的人，看到检票员不让他进场，就想：第一场可能不太精彩，我还是去小卖部等一等，等幕间休息再进去吧。抑郁质的人会想：我总是不走运，偶尔来一次剧场就这样倒霉。接着就回家去了。

在幼儿和小学生中可以明显地看到这4种气质类型。在大学生中，只有少数人分属这4种基本类型，多数人属于中间型或混合型。所以在判断人的气质时，不要简单地划归某一基本类型。青年学生中混合型气质人数多于单一气质人数，如图2-4所示。

图2-4 气质的类型

3. 气质在实践活动中的作用

（1）气质对智力活动的影响。

从对气质类型特征的分析中，可明显看到各种气质类型既有可能向积极方向发展的一面，也有可能向消极方向发展的一面。可见，气质本身并无"好坏"和"优劣"之分。气质不能决定一个人活动的社会价值和成就，也不决定人的智力水平。气质只是心理活动的动力特点，只赋予人的心理活动和行为以独特的色彩。一般来说，各种气质类型的人，都可能成为本专业的专家，也可能一事无成。都可能成为德高望重的人，也可能成为道德败坏、有害于人民的人。据研究，大学的优等生中，四种气质类型的人都有，他们都在学业上取得了优秀的成绩。

（2）气质特征对职业选择的影响。

在人的各种实践活动中，虽然气质不起决定性作用，不决定人的社会价值和智力发展水平，但并不是说它毫无作用。气质对人的活动效率、工作方式都有一定的影响，尤其在某些实践领域中，考虑气质因素更为重要。因此，在职业选择、管理工作和教育工作中不能不考虑人的气质因素。

研究和实践表明，某些气质特征往往为一个人从事某种工作提供了有利条件，尤其是一些特殊职业，对人的心理及其动力特点有特定的要求。一般来说，需要经受高度的身心紧张和具备灵敏的反应能力的工作，例如飞行员、运动员、汽车驾驶员等，由具有多血质和胆汁质气质的人担任较为合适，而要求高度的精确性和时间上的持久性的工作，例如资料员、实验员、牙科和外科医生等，对黏液质、抑郁质的人比较合适。所以，在选拔人才和职业训练中，应考虑人的气质类型差异，有利于发挥人之所长，更好地提高工作效率。另外，气质的各种特性之间可以起互补作用，如多血质的人注意力易转移，黏液质者可补偿其不足。然而，不同气质对人的实践活动效率的影响也不能绝对化，只要我们充分了解自己的气质特征，扬长避短，同样能做好工作。

（3）气质对人际关系的影响。

人际关系的协调与否是决定一个团体工作效能能否发挥的重要条件。一些心理学家探讨了人的气质类型对群体协同活动的影响，比如，在两个人的协同活动中，气质类型不同的两个人配合比气质相同的两个人配合取得的成绩更好。所以，在安排工作的过程中，应注意各种气质类型人员的适当搭配。不同气质类型的人，因为互补作用，比单纯的同一气质类型的人一起工作所发挥的效率要高得多。

（二）性格的差异

1. 性格的含义

性格是表现在人对客观事物稳定的态度以及与这种态度相适应的习惯化的行为方式上的人格特征。性格是在社会生活实践中逐渐形成的，一经形成便比较稳定，会在不同的时间和情况下表现出来。与气质不同的是，性格具有可塑性。一个人生活环境的重大变化，一定会带来他性格特征的显著变化。而且，性格受社会、历史、文化的影响，有明显的社会道德评价意义，直接反映了一个人的道德风貌。所以，气质更多地体现了人格的生物属性，性格则更多地体现了人格的社会属性，个体之间人格差异的核心是性格的差异。

2. 性格的类型

性格类型就是根据某种标准，将一类人身上所共有的性格特征进行归类而得到的独特的性格特征的组合。由于归类的原则和标准不同，心理学家把性格划分为不同的类型，其中具有代表性的有以下 4 种。

（1）理智型、情绪型和意志型性格。

英国心理学家亚历山大·培因（Alexander Bain）和法国心理学家李博（Theodule Ribot）依据智力、情绪、意志 3 种心理机能在性格中占优势，将性格分为理智型、情绪型和意志型。理智型长于抽象的逻辑思维，往往依据理性思考来支配自己的行为；情绪型长于感性描述，做事容易感情用事；意志型则目标明确、行为主动、坚韧不拔。

（2）优越型和自卑型性格。

奥地利心理学家根据个性竞争性的不同，将性格分为优越型和自卑型。优越型性格的人好胜心强，不甘落后；自卑型性格的人甘愿退让，不与别人竞争，有自卑感。

（3）A 型性格和 B 型性格

根据人们在控制需要方面的高低可以将性格分为 A 型性格和 B 型性格。A 型性格的人有强烈的控制需求，他们的特点是动机强烈、喜好竞争，有强烈的时间紧迫感，容易表现出不耐烦；B 型性格的人则表现为没有强烈的时间紧迫感，悠然自得，不爱争强好胜，有耐性、能容忍。

（4）内倾型和外倾型及荣格的八种人格类型说。

瑞士心理学家荣格认为，在与外界联系中有两种主要的态度：一种指向个人内部的主观世界，称为内倾；另一种指向外部环境，称为外倾。内倾者喜好安静、爱思考、富于幻想、善于探索、社交上表现为退缩。外倾者外露、积极、关注外部世界。

除了一般倾向外，荣格又进一步区分出四种心理机能，思维、情感、感觉和直觉，以此来考察人是怎样感知和认识世界的。他认为，每个人都采用其中一种作为主导形态。如果是感觉占主导地位，则会凭感官接收到的刺激去衡量世界，重现实。如果直觉占主导地位，则会较多依赖自己的预感和潜意识过程来认识世界。如果思维型占主导地位，则会凭借思想去了解和适应社会。如果是情感型占主导地位，就会以感情和情绪为基础衡量一切，从主观印象出发对信息做出解释。以上两种态度和四种机能组合之后，就形成了荣格的八种人格类型说。

①外倾思维型：这种类型的人，既是外倾的，又是偏向于思维的，他们的思想特点是一定要以客观的资料为依据，以外界信息激发自己的思维过程。例如，机器是怎样开动的，为什么水加热到一定温度就会变成蒸气等。科学家是外向思维型，他们认识客观世界，解释自然现象，发现自然规律，从而创立理论体系。荣格认为，达尔文和爱因斯坦这两位科学家在思维外向方面得到了最充分的发展。外倾思维型的人，情感压抑，缺乏鲜明的个性，甚至表现为冷淡和傲慢等人格特点。

②内倾思维型：这种类型的人，既是内倾的，又是偏于思维功能的。他们除了思考外界信息外，还思考自己内在的精神世界，他们对思想观念本身感兴趣，收集外部世界的事实来验证自己的思想。哲学家属于这种类型。荣格指出，德国哲学家康德是一位标准内倾思维型的人。内倾思维型的人，具有情感压抑、冷漠、沉溺于玄想、固执、刚愎和骄傲等人格特点。

③外倾情感型：这种类型的人，既是外倾的，又是偏于情感功能的，他们的情感符合于客观的情境和一般价值。荣格指出，外倾情感型的人在"爱情选择"上，表现得最为明显。他们不太考虑对方的性格特点，而考虑对方的身份、年龄和家庭等方面。外倾情感型的人，思维压抑，情感外露，爱好交际，寻求与外界和谐。

④内倾情感型：这种类型的人，既是内倾的，又是偏向于情感功能的。他们的情感由内在的主观因素所激发。内倾情感型的人，思维压抑，情感深藏在内心，沉默，力图保持隐蔽状态，气质常常是忧郁的。

⑤外倾感觉型：这种类型的人，既是外倾的，又是偏向于感觉功能的。他们头脑清醒，倾向于积累外部世界的经验，但对事物并不过分地追根究底。外倾感觉型的人，寻求享乐，追求刺激，他们一般在情感上是浅薄的，直觉上是压抑的。

⑥内倾感觉型：这种类型的人，既是内倾的，又是偏于感觉功能的，他们远离外部客观世界，常常沉浸在自己的主观感觉世界之中。外倾感觉型的人，知觉来自外部世界，是客观对象的直接反映。内倾感觉型的人知觉深受自己心理状态的影响，似乎是从自己的心灵深处产生出来的。他们艺术性强，直觉压抑。

⑦外倾直觉型：这种类型的人，既是外倾的，又是偏于直觉功能的，他们力图从客观世界中发现多种多样的可能性，并不断地寻求新的可能性。他们对于各种尚处于萌芽状态但有

发展前途的事物具有敏锐的感觉，并且不断追求客观事物的新奇性。外倾直觉型的人，可以成为新事业的发起人，但难以坚持到底，荣格认为商人、承包人、经纪人等通常属于这种类型的人。

⑧内倾直觉型：这类型的人，既是内倾的，又是偏于直觉功能的。他们力图从精神现象中发现各种各样的可能性。内倾直觉型的人，不关心外界事物，脱离实际，善幻想，观点新颖，但有点稀奇古怪。荣格认为，艺术家属于内向直觉型。

荣格并没有截然地把人格简单地划分为八种类型，他的心理类型学只是作为一个理论体系用来说明性格的差异。在实际生活中，绝大多数人都是兼有外倾性和内倾性的中间型。上面用来说明每一种类型的模式都是典型的极端模式。纯粹的内倾型的人或外倾型的人是没有的，只有在特定场合下，由于情境的影响而一种态度占优势。每个人也能同时运用四种心理机能，只不过各人的侧重点不同，有些人更多地发挥这一种心理机能，另一些人更多发挥另一种心理机能。此外，外倾型或内倾型也并不影响个人在事业上的成就。例如，李白具有较明显的外向性，杜甫具有较明显的内向性。但是，他们都是唐代的伟大诗人。

（三）能力的差异

1. 能力的含义

能力是人们成功地完成某种活动所必须具备的并直接影响活动效率的人格心理特征。能力是在活动中形成、发展，并在行为活动中表现出来的，如语言表达能力、数理逻辑能力、人际交往能力、认知能力、空间能力、运动能力等。

人的能力发展与知识、技能的发展是不完全同步的，发展轨迹也是不同的。知识和技能在一生中可以随着年龄的增长而不断积累，而能力的发展随年龄增长却有一个发展、停滞和衰退的过程。据研究，知觉能力发挥最早，也最早下降，其次是记忆能力，然后是思维能力。比较和判断能力从80岁开始急剧下降。知识多了，能力不一定高。两个成绩同样优秀的学生，一个可能是能力超群，另一个可能是"高分低能"。但是，能力又是在掌握知识和技能的过程中得到提高的，离开了学习和训练，任何能力都不可能得到发展。

2. 大学生的能力差异

大学生的能力差异主要表现在：不同学生的能力类型不同，个人有不尽相同的特殊能力，在同一种能力上，存在能力发展水平高低和能力表现的时间早晚不同。高等教育是在全面发展的基础上，认可差异，鼓励多元发展的教育。大学生应充分利用在校时间，一方面注重德智体美劳全面发展，另一方面加强与专业相关能力的培养，并积极发展自己的特长和特殊能力，成为社会需要的人才。

三、大学生常见人格发展缺陷及调试

在大学生中，人格障碍很少，主要表现为人格发展缺陷。人格发展缺陷是介于健康人格与人格障碍之间的一种人格状态，主要表现为人格发展的不良倾向。大学生中有相当一部分人存在不同程度的人格发展缺陷，常见的主要有嫉妒、拖延、羞怯、虚荣、懒惰、焦虑等。

（一）嫉妒

嫉妒是指人们对处于同一竞争领域相应的幸运者或潜在的幸运者怀有的一种冷漠、贬

低、排斥，甚至是敌视的心理状态。嫉妒是源于个体自私自利、唯我独尊的心理。它会让当事人迷失自我，失去理智。当事人通常将别人的优势或者成就当成威胁，因为将自己与别人的优势作比较时产生焦虑、恐惧、甚至愤怒的情绪，不愿意通过自身的努力弥补自己的不足，而是采取贬低甚至于诽谤破坏的方式，干扰他人的成功，试图缩小与对方的差距，以获得内心的片刻满足。有人将嫉妒比喻成插在自己身上的一把刀，嫉妒越厉害，刀子插得越深，对自己伤害越大。

大学生来自不同的地区和家庭，在外貌、经济条件、社交能力甚至语言发音等方面都可能存在差异，这些差异导致大学生可能出现嫉妒心理。

嫉妒心理的调试。第一，克服狭隘，保持豁达。要明白强中自有强中手是正常的现象，正如自己在某些方面比他人有优势一样，他人在某些方面也可能比我们强。要坦然接受别人的优势，接纳别人比你强并不是对你的威胁，而是促进。第二，学会正确评价自己。面对他人的成功时，要承认自己与对方存在的差距，并且也要相信自己通过努力能够改善自己所处的劣势，缩小差距。同时，也要正确分析自己潜在的优势和实际需要，将精力用在自己真正需要、有优势、有价值的方面，避免只是赌气式的、无谓的竞争。第三，化嫉妒为动力。当看到别人的成功或者优势时，不要看作是对自己的威胁，而要当作给自己的一个成功示范，仔细思考能从他人的成功中获取什么有价值的经验启示，并尝试将其应用到实际生活，作为自己前进的动力。

（二）拖延

拖延是指不及时地完成工作，经常使工作在最后期限内无法完成的现象，也就是我们通常看到的将事情不断推后的不良习惯。拖延的人一般工作效率不高，或者在最后期限来临时仓促完成，难以保证所完成工作任务的质量。拖延还会影响到个体的生活和工作，可能使个体丢失很多机遇以至于影响个体的成败。当个体将任务拖到最后一刻完成时，工作的压力和工作时的焦虑以及内疚感会影响个体的心理健康，如图2-5所示。

图2-5 拖延者的一天

大学生中拖延的现象较为常见，大学生总喜欢把自己的学习计划及老师的作业一拖再拖。造成拖延的原因有很多，如惰性、对事物没有明确的目标或者试图逃避困难或者厌烦的事。

拖延不良习惯的矫正。第一，深刻认识拖延的危害。大学生需要明白拖延一旦成为一种行为习惯，就会对自己未来的事业发展和成功造成不良影响。今天可以拖着不交作业，生活中就可能拖着不做家务，工作中就可能拖延完成任务。这样的学生生活工作都不能做得出色，也很难成功。第二，挖掘自己拖延的根源。要改变拖延的问题必须找出拖延的根源。如果是因为惰性那么就可能在所有事情上拖延，这要引起个体的高度重视。如果是因为对学习或者某项事物目标不明确，那就要首先思考任务对自己的意义。如果是因为逃避困难，则要思考自己面对困难时的应对方式问题。第三，学会管理时间。现代社会节奏飞快，很多人是因为不会有效管理时间而使任务一再拖延。首先，个体要对任务按照轻重缓急进行分类；其次，要制订周密的时间安排，并且努力保持工作的连贯性。同时，个体要养成良好的工作习惯，每次只考虑或者完成一件事情，不要贪多。最后，要在工作之初和结束后仔细回顾工作安排的合理性，按时完成后及时给自己以肯定。

（三）羞怯

羞怯可以视为害羞和胆怯的组合概念。当个体面对新的环境或任务会出现腼腆、犹豫或者过分沉默的自卫策略，就是我们通常说的害羞。同时，有研究证实接近13%的人在生活的某一方面过于胆怯。

羞怯在大学生尤其是大学新生中非常普遍，他们面对新的同学和老师时会羞怯。此后的大学生涯中，在面对新环境中的社交活动时会表现出诸如害羞、拘谨、胆怯等不自然的表现。随着不断的成长，他们在新环境中的锻炼和心智的成熟降低了羞怯的程度。但是，仍然有一部分大学生在社交活动中过分约束自己的言行，不敢充分表达自己的愿望和情感，与人沟通困难，从而妨碍了良好人际关系的建立。

矫正羞怯的方法有很多，我们主要从4个方面进行阐述。首先，学习一些放松训练。羞怯的人在社交环境中都容易紧张，学习一些必要的心理学放松训练是必需的，如可以想象自己处于不同的社交环境中，同时以较慢的速度讲话，深呼吸保持镇静等。其次，改变观念。清代李渔说过："圣人之事，犹有不可尽法者"。因此对于我们大家来说，说错话、做错事其实是非常正常的，不要认为自己说错一句话，做错一件事别人就会否定我们。再次，肯定自我、树立信心。每个个体都要欣赏自我、悦纳自我，我们在社交领域取得哪怕很小的进步，如鼓起勇气和别人说话、当众做自己以前不敢做的事情，这时需要及时地给自己肯定，通过一次次的成功树立自信心。此外，正确面对他人的评价。每个能快乐生活的人都注重自己内心的标准，他人的评价可以作为我们生活的参考，但是最重要的是你自己的评判，因为无论你怎么做都不可能获得所有人的好评，所以在人际交往中勇敢地做自己认为正确，同时又不会对他人造成伤害的事情。

（四）虚荣

虚荣是指以虚假的方式来保护自己自尊的心理状态。通常是为了谋求他人的赞赏与尊重，不顾现实条件去追求表面上的荣耀或虚假的荣誉。虚荣的产生与很多因素有关，很多自卑的个体往往需要通过追求他人的肯定与赞扬而积极地去营造一些不符合自己现实情况的虚假的荣誉，这些都是虚荣产生的原因。研究发现，虚荣心强的人一般多愁善感、情感脆弱、性格内向，虽然自己清楚在某些方面比别人逊色，但却极力掩饰；在意别人的评论，与他人交往时会故意美化自己的形象，有极强的防御心理且不容侵犯。

虚荣的矫正。首先，要深刻认识虚荣的危害性。某地批捕的112名大学生中有很大一部分是由于虚荣心的驱使去窃取财物，甚至因为别人在自己的女友面前不给自己面子而大打出手。其次，要正确认识自我。每个人都应该正确地认识自己的优缺点。如果不能正确地认识自己的长处，就可能在自己不擅长的领域去刻意追求那些很难得到或者根本无法得到的荣誉。同样，如果不能正确认识自己的缺点，就会认为自己无所不能，从而导致更多的挫败。再次，要正确地看待荣誉。个体要对荣誉、面子、声望、金钱、地位有正确的认识，虽然每个人都想得到，但不是每个人在任何时候都可以得到。在上大学期间经济方面主要依靠父母，故要依据实际量入为出。因此，要正确看待，合理分析，什么时候应该看重什么，可以追求什么，不可以贪多，不能盲目。

四、大学生健康人格的塑造

所谓健康人格，就是人格的生理、心理、社会、道德和审美各要素完美的统一、平衡、协调，人的才能得以充分展示。马克思所描述的"全面发展的、自由的人"就是健康人格的理想标准。健康的人格，不仅是人类应该追求的价值目标，也是人们充分发展所能达到的一种境界。具有健康人格的人，最显著的特点是他们能够有意识地控制自己的生活，掌握自己的命运。他们正视自己，正视过去，面对现实，注重未来，渴望迎接生活的挑战，在实践中充分发挥自己的潜能，并实现自己的价值。

（一）健康人格的标准

健康人格的标准可以分为概括的标准和具体的标准。从总体上看，人格健康的人能够在推动社会进步的实践中充分发挥自己全部才干，为人类、为社会做出自己力所能及的贡献，同时使自己的人格在各个方面得到充分、协调和平衡发展。从具体特征上讲，健康人格应具有以下标准。

1. 和谐的人际关系

人际关系是人们在社会实践中形成的人与人之间的相互作用的关系，是社会关系的直接表现，是构成人类社会最普遍、最直接的关系。人际关系是在社会交往中建立的。社会交往可以促进人与人之间相互沟通、理解，调节身心状态，增强人的责任感。人际关系最能体现一个人人格健康的程度。人格健康的人乐于与他人交往，能与别人建立良好的关系，与人相处时尊敬、信任等正面态度多于嫉妒、怀疑等消极态度。人格健康的人常常以诚恳、公平、谦虚及宽容的态度对待他人，也受到他人的尊重和接纳。和谐的人际关系既是人格健康水平的反映，同时又影响和制约着健康人格的形成与发展。

2. 良好的社会适应能力

社会适应能力反映了人与社会的协调程度。人的社会适应能力是在社会化过程中不断发展的。人格健康的人能和社会保持良好的密切的接触，以一种开放的态度，主动关心社会、了解社会。观察所接触到的各种事物和现象，看到社会发展的积极面和主流，在认识社会的同时，使自己的思想、行为跟上时代的发展，与社会的要求相符合，能很快适应新的环境。

3. 乐观向上的生活态度

积极的人生态度是人类在社会进步中获得本质力量的表现。乐观的人常常能看到生活的光明面，对前途充满希望和信心，对自己所从事的工作或学习抱着浓厚的兴趣，并在工作和学习中发挥自身的智慧和能力，最终获得成功；即使在生活中遇到困难和挫折，也能耐心地去应付，不畏艰险，勇于拼搏。相反，悲观的人常常看到生活的阴暗面，对任何事情都没有兴趣，遇到一点挫折就情绪低落、怨天尤人，甚至自暴自弃。青年学生的主要活动是学习，因此，对学习的兴趣可以反映出对生活的基本倾向。人格健康的学生对学习怀有浓厚的兴趣，表现出观察敏锐、注意集中、想象丰富、充满信心、勇于克服困难等特点；而对学习和生活缺乏兴趣，处于苦恼烦闷之中的青年大学生，必然影响人格的健康发展。

4. 正确的自我意识

自我意识是个体对自己和自己与他人、与周围世界关系的认识。自我意识是一个完整的心理结构，表现于认知过程就是正确地认识自己，客观地评价自己；表现于情感过程就是自律、自信、自豪感、责任感、悦纳自己；表现于意志过程就是能够自我监督，自我调节，努力发展身心潜能。具有健康人格的大学生对自己有恰如其分的评价，充满自信，扬长避短；在日常生活中能有效地调节自己，与环境保持平衡。而缺乏正确自我意识的人常常表现出自我冲突，自我矛盾，或者自视清高，妄自尊大，做力所不能及的工作；或者自轻自贱，妄自菲薄，甘愿放弃一切可以努力的机遇。

5. 良好的情绪调控能力

情绪对人的活动乃至对人的健康都有重要影响。积极的情绪体验使人振奋精神，增强自信，提高活动效率；消极的情绪体验会降低人的活动效率，甚至使人患病。情绪标志着人格的成熟程度。人格成熟的人情绪反应适度，具有调节和控制情绪的能力，经常保持愉快、满意、开明的心境，并富有幽默感；当消极情绪出现时，能合情合理地宣泄、排解、转移和升华。

健康人格的各个标准都是相关的。"具有体验丰富的情绪并控制情绪表现的人，通常是有能力满足自身基本需要的人，是能紧紧地把握现实的人，是获得了健康的自我结构的人，是拥有稳定可靠的人际关系的人。"总之，人格健康的人，其人格的各个方面是统一的、平衡的。上述标准不仅是衡量一个人人格健康的尺度，同时也为大学生改善自己的人格提出了具体的努力目标。

（二）大学生健康人格塑造的途径

人格的形成、发展、完善是主体与客体相互作用的过程。随着大学生心智的成熟，大学生的人格塑造具有越来越大的主观能动性，表现为对外界影响具有自己一定的判断与选择性，大学生自身的理想与信念、对自身的认识、对完美人格的向往，是大学生塑造健全人格、陶冶性情的强大动力。因此，大学生健康人格的塑造，需要充分发挥自身的主体作用。大学生在塑造自我健康人格的同时，还要服从于自身身心健康和发展的需要，服从于现代化建设和社会进步的需要。这是大学生健康人格塑造的尺度。

1. 具备心理知识和人文素养

知识是现代人格塑造的必备条件，现代人是具有独立人格的人，而人格的独立离不开知识的支撑。应该说，每一个健全的人都应该有自己的思想，能进行独立思考。一个人要进行独立思考，就需要有广泛的知识，尤其是有关于社会与人生方面的知识。人的知识越广，境界也越臻于完善。学习知识、增长智慧的过程也是人格优化的过程。现实中，不少人人格的缺陷是源于知识的贫乏，如无知容易粗鲁、自卑，而丰富的知识则容易使人自信、坚强、礼貌、谦和等。具备一定的心理知识和人文素养，就等于拥有了心理健康的钥匙，掌握了完善的心理素质和健全人格的主动权。当出现情绪困扰的时候，就能够应用自己的知识和经验储备，进行自我分析、自我调节，实现自助自救，或者及时求助于心理咨询的职业机构。

2. 锻炼意志

意志在人格特征中占有非常重要的地位。坚强或软弱的人格特征主要是以意志的发展水平为标志的，因而，培养坚强的意志是人格塑造的重要内容和途径。不仅如此，意志的锻炼还将直接促进其他人格特征的培养。无论是人格的择优还是汰劣，都是一个艰苦、长期的过程，其中意志力的强弱对人格塑造起着促进或阻碍的作用。

3. 积极融入集体

人格发展、塑造的过程，是人社会化的过程，是人与他人、集体、社会互动的过程。人格在集体中形成，在集体中展现，正如马克思指出的：只有在集体中，个人才能获得全面发展其才能的手段。也就是说，只有在集体中才可能有个体的自由。集体是人格塑造的土壤，集体是一个人展现人格的舞台，也是认识自己人格的一面镜子。通过与集体交往，个体的某些品质或受到赞扬、鼓励，或受到指责、限制，从而有助于调整自我，而且集体能伸出手来，帮助集体中的个人择优汰劣。因而，集体是锻炼人格品质的熔炉。

4. 掌握好人格塑造的"度"

人格发展和表现的"度"是十分重要的，否则会"过犹不及"。列宁指出，一个人的缺点仿佛是他的优点的继续。如果优点的继续超过了应有的限度，表现得不是时候，不是地方，那就会变成缺点。人格塑造的"度"，具体来说，应该是坚定而不固执，勇敢而不鲁莽，豪放而不粗鲁，好强而不逞强，活泼而不轻浮，机敏而不多疑，果断而不冒失，稳重而不寡断，谨慎而不胆怯，忠厚而不愚蠢，老练而不世故，忍让而不软弱，自信而不自负，自谦而不自卑。人格"度"的把握，除了人格品质要健康地发展，避免偏离方向以外，还表现在不同性质的人格品质要协调发展，即"刚柔兼济"。对于"刚"者应多发展些"柔"，对"柔"者应加强"刚"，这样才能形成合理的、和谐的人格结构。再者要因人、因时、因事、因地表现人格特征，这样所塑造出来的人格才有韧度，有较强的适应能力。

5. 提高自我教育的能力

实践证明，只有自我教育自觉性强和方法正确的人，才能有完善的人格。自我教育的方法有很多，例如学习理论知识，参加社会实践，进行人格心理咨询，开展批评与自我批评，以及"慎独""兼听""吾日三省吾身"等。

6. 乐于交往，建立良好的社会支持体系

个体通过人际交往能够更加客观充分地认识自己，发现、学习他人的优点，纠正自己的缺点。人际交往有助于个体建立良好的社会支持体系，以使他们得到及时的帮助和支持，避免心理冲突的加剧和危机的发生。

7. 求助于心理咨询

大学生要改变错误认知，充分利用门诊咨询、团体辅导以及心理热线等多种心理咨询渠道，有效地维护心理健康，优化心理素质，促进人格完善。

美国著名心理学家詹姆斯曾这样说：播下一种心态，收获一种思想；播下一种思想，收获一种行为；播下一种行为，收获一种习惯；播下一种习惯，收获一种性格；播下一种性格，收获一种命运。大学生产生心理问题是正常的，甚至出现心理疾病也在所难免，关键在于能否对自己的身心发展抱有积极的态度和认真的精神。相信通过科学的方法和手段，通过战胜自我、超越自我的毅力，大学生一定能够实现心理素质的改变和健康人格的塑造。

【心灵拓展】

一、心理测试：气质测试

了解自己的气质，对选择专业、培养良好的性格、提高学习和工作效率、处理好人际关系等都有重要的意义。下面的60道题可以帮助你大致确定自己的气质类型。在回答这些问题时，认为很符合自己情况的，记2分；比较符合的，记1分；介于符合与不符合之间的，记0分；比较不符合的，记-1分；完全不符合的，记-2分。

(1) 做事力求稳妥，不做无把握的事。
(2) 遇到可气的事就怒不可遏，想把心里话全说出来才痛快。
(3) 宁肯一个人做事，不愿很多人在一起。
(4) 到一个新环境很快就能适应。
(5) 厌恶那些强烈的刺激，如尖叫、噪声、危险的情境等。
(6) 和人争吵时，总是先发制人，喜欢挑衅。
(7) 喜欢安静的环境。
(8) 善于和人交往。
(9) 羡慕那种善于克制自己感情的人。
(10) 生活有规律，很少违反作息制度。
(11) 在多数情况下情绪是乐观的。
(12) 碰到陌生人觉得很拘束。
(13) 遇到令人气愤的事，能很好地克制自我。
(14) 做事总是有旺盛的精力。
(15) 遇到问题常常举棋不定，优柔寡断。
(16) 在人群中从不觉得过分拘束。
(17) 情绪高昂时，觉得做什么都有趣；情绪低落时，又觉得什么都没意思。
(18) 当注意力集中于一件事物时，别的事很难使我分心。
(19) 理解问题总比别人快。
(20) 碰到危险情景，常有一种极度恐怖感。
(21) 对学习、工作、事业怀有很高的热情。
(22) 能够长时间做枯燥、单调的工作。

(23) 符合兴趣的事情，干起来劲头十足，否则就不想干。
(24) 一点小事就能引起情绪波动。
(25) 讨厌做那种需要耐心、细致的工作。
(26) 与人交往不亢不卑。
(27) 喜欢参加热闹的活动。
(28) 爱看感情细腻、描写人物内心活动的文学作品。
(29) 工作学习时间长了，常感到厌倦。
(30) 不喜欢长时间谈论一个问题，愿意实际动手干。
(31) 宁愿侃侃而谈，不愿窃窃私语。
(32) 别人说我总是闷闷不乐。
(33) 理解问题常比别人慢些。
(34) 疲倦时只要短暂的休息就能精神抖擞，重新投入工作。
(35) 心里有话宁愿自己想，不愿说出来。
(36) 认准一个目标就希望尽快实现，不达目的，誓不罢休。
(37) 学习、工作同样长的时间后，常比别人更疲倦。
(38) 做事有些莽撞，常常不考虑后果。
(39) 老师讲授新知识时，总希望他讲得慢些，多重复几遍。
(40) 能够很快地忘记那些不愉快的事情。
(41) 做作业或做一件事情，总比别人花的时间多。
(42) 喜欢运动量大的剧烈体育活动，或参加各种文艺活动。
(43) 不能很快地把注意力从一件事情转移到另一件事情上去。
(44) 接受一个任务后，就希望把它迅速解决。
(45) 认为墨守成规比冒风险要强一些。
(46) 能够同时注意几件事物。
(47) 当我烦闷的时候，别人很难使我高兴。
(48) 爱看情节起伏跌宕、激动人心的小说。
(49) 对工作抱认真严谨、始终如一的态度。
(50) 和周围人的关系总是相处不好。
(51) 喜欢复习学过的知识，重复做已经掌握的工作。
(52) 希望做变化大、花样多的工作。
(53) 小时候会背的诗歌，我似乎比别人记得更清楚。
(54) 别人说我"出语伤人"，可我并不觉得是这样。
(55) 在体育活动中，常因反应慢而落后。
(56) 反应敏捷，头脑机智。
(57) 喜欢有条理而不甚麻烦的工作。
(58) 兴奋的事常常使我失眠。
(59) 老师讲新概念，常常听不懂，但是弄懂以后就难忘记。
(60) 假如工作枯燥无味，马上就会情绪低落。

气质测验答卷

类　型	题　号	分　数
胆汁质	（2）、（6）、（9）、（14）、（17）、（21）、（27）、（31）、（36）、（38）、（42）、（48）、（50）、（54）、（58）	
多血质	（4）、（8）、（11）、（16）、（19）、（23）、（25）、（29）、（34）、（40）、（44）、（46）、（52）、（56）、（60）	
黏液质	（1）、（7）、（10）、（13）、（18）、（22）、（26）、（30）、（33）、（39）、（43）、（45）、（49）、（55）、（57）	
抑郁质	（3）、（5）、（12）、（15）、（20）、（24）、（28）、（32）、（35）、（37）、（41）、（47）、（51）、（53）、（59）	

如果某一种气质类型的得分明显地高出其他三种（均高了4分以上），则可定为该种气质。如果两种气质的得分接近（差距低于3分），而又明显地高于其他两种（高出4分以上），则可定为两种气质的混合型。如果三种气质的得分接近，但均高于第四种，则为三种气质的混合型。

二、团体活动：20个"我是谁"

活动目的：认识并接纳独特的自我，认识并接纳独特的他人。

活动步骤如下。

（1）先向一位同学连续问5次"你是谁"，每次回答不能重复。当发现"我是一个学生"或"我是一个男生"这样的句子时，要求尽量选择能反映个人特点的，真正能代表独一无二的你的语句。

（2）然后大家边思考边写出20句"我是一个____人"，要求尽量反映个人风格。

（3）将你所陈述的20项内容作下列归类：

①身体状况（年龄、形体等）的有几项；

②心理方面（情绪、才智状况）的有几项；

③社会关系状况（属于品德、人际关系等）的有几项；

④涉及自己未来的有几项；

⑤主、客观情况的各有几项。

（4）接着评估你对自己的陈述是积极、肯定的，还是消极、否定的。其中，表示积极和消极的句子各有几句。

（5）总结：如果表示积极的句子多于表示消极的句子，说明你的自我接纳状况良好。相反，表示消极的句子将近一半甚至超过一半，显示你不能很好地接纳自己，你的自尊程度较低，这时你需要内省一番，寻找问题的根源。例如，你在哪一方面过低评价了自己？是什么原因造成的？有没有改善的可能？

第三章

激发内在的财富——大学生学习心理

知识社会中,我们需要终身学习,大学只不过是人生进程中一系列加油站中的一个。在大学这个幸福加油站里,我们应该做些什么,就是本章要讨论的话题。

心理格言

培育能力的事必须继续不断地去做,又必须随时改善学习方法,提高学习效率,才会成功。
——叶圣陶

明天的文盲已不是目不识丁的人,而是那些没有学会学习的人。
——(美)赫伯特·格乔伊

不知道自己无知,乃是双倍的无知。
——(古希腊)柏拉图

知识导航

第一节 学习概述

【案例分析】

赵某,女,18岁,某农业院校大一学生。父母均在家务农,姐弟3人,赵某排行老大,家庭经济状况一般;不大主动与人交往,性格敏感、内向。

从小学到高中,赵某学习刻苦,成绩优秀,一直担任课代表。父母要求严格,采用权威式管教方式。进入大学后,她依旧保持着高中的学习热情和学习方式,可学习效果却很不理想,考试成绩只能勉强及格。近几个月来她郁郁寡欢,食欲缺乏、睡眠较差,觉得精力不济。对于学习她没有兴趣,难以集中注意力复习功课,常伴有头痛、失眠;每逢考试即紧张焦虑,有大难临头的感觉;尽管考试尚能及格,但觉得自己没用,成绩太差,对不起父母。近几个星期她常因头痛而缺课,并对此非常不安、自责。

案例中,赵某来自农村,希望通过努力考出好成绩,能对得起自己的父母。但由于大学的学习方式与中学存在很大的不同,如果继续沿用中学的应试方式,大学生就会造成学习效果不佳,从而导致学习的不适应。当理想与现实出现巨大反差时,大学生就会对自己的能力产生怀疑,从而出现学习焦虑等心理问题。学习是实现个人发展的重要方式,是适应和改造环境的有力手段。进入大学后,大学生面临着与中学截然不同的学习方式,这就需要大学生更加深入地了解学习的本质,更加主动地安排学习计划,尽早学会如何学习。

一、学习的定义

大家都已"寒窗苦读十余年",也许认为学习是非常简单的活动,就是上课听讲,回家完成作业,做实验和技术培训,等等。但学习的含义远不止于此,从心理学的角度来认识它,有利于我们更好地把握它的内涵,进而改进学习方法,同时,学习也是心理学研究中非常核心的课题。

(一) 广义的学习

心理学对学习的定义有多种,但被广泛接受的定义是:学习是个体由于经验而引起的相对持久的心理结构及其外显行为的变化。首先,学习必须使个体产生某种变化;其次,这种变化是由于经验而引起的;再次,这种变化是相对持久的。有些个体的变化,如疲劳、创伤等引起的变化是暂时的,经过一段时间或一旦条件改变就会自行消失,这种变化不能称作学习。这一定义是一个广义的概念,既包括人类的学习,也包括动物的学习。学习与生命并存,学习广泛地发生于每个个体的生活之中。但人类的学习与动物的学习有着本质的区别,主要表现在以下3个方面。

(1) 人类学习的目的、过程和结果都体现着人的社会性。

(2) 人类学习具有能动性。

(3) 人不仅可以获得直接经验,而且可以借助语言来获得间接经验。

(二) 狭义的学习

狭义的学习,指的就是学生的学习。在各类学校环境中、在教师的指导下,学生有目的、有计划、有组织地进行学习,是在较短的时间内系统接受前人积累的文化经验,以发展个人的知识技能,形成符合社会期望的道德品质的过程。主要表现在以下三个方面。

(1) 学生的学习过程是掌握间接经验的过程,他们主要是从学习现有的经验、理论、结论开始,同时补充感性经验。

(2) 学生的学习是在有计划、有目的和有组织地情况下进行的。学习必须在有限的时间内完成,并达到社会的要求,因此需要在教师的指导下实现。

(3) 学生的学习主要是为了适应将来的环境和改造环境。

二、学习产生的机制

神经系统活动的基本方式是反射。反射是指在中枢神经系统的参与下,有机体对体内外刺激作出的规律性应答。反射的输入和输出过程被称为反射弧,也称为神经通路或传导通路,是神经系统内传导某一特定信息的通路(图3-1)。它能传导某种特定信息,如视、听或随意运动的冲动等。我们所能建立的神经通路是非常巨大的,知识储存量的多少就取决于我们建立的神经通路量,知识和能力的获得都依赖于我们在学习的过程中建立的神经通路的数量与质量。

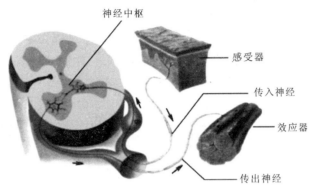

图3-1 大脑反射弧模式

三、学习理论

学习的实质是什么?学习是一个什么样的过程?学习有哪些规律?近百年来,教育学家和教育心理学家围绕这些问题,从不同角度,运用不同的方式进行了各种研究,由此形成了各种各样的学习理论。不同的学习理论流派对学习的实质有着不同的认识。

(一)联结主义学习理论

联结主义学习理论认为,一切学习都是通过条件作用,在刺激(S)和反应(R)之间建立直接联结的过程。强化在S—R联结的建立中起着重要作用。在S—R联结之中,个体学到的是习惯,而习惯是反复练习与强化的结果。习惯一旦形成,只要原来类似的刺激情境出现,习得的习惯反应就会自动出现。

联结主义的经典实验如下。

美国实证主义心理学家桑代克用科学实验的方式来研究学习的规律,提出了著名的联结学说。

桑代克的实验对象是一只可以自由活动的饿猫。他把猫放入笼子,然后在笼子外面放上猫可以看见的鱼、肉等食物,笼子中有一个特殊的跳板,猫只要一踏上踏板,就可以打开笼子的门闩出来吃到食物。一开始猫放进去以后,在笼子里上蹿下跳,无意中触动了跳板,于是它就非常自然地出来吃到了食物。桑代克记录下猫逃出笼子所花的时间,然后又把它放进去,进行又一次尝试。桑代克认真地记下猫每一次从笼子里逃出来所花的时间。他发现随着实验次数的增多,猫从笼子里逃出来所花的时间在不断减少。到最后,猫几乎是一被放进笼子就去启动机关,即猫学会了开门闩这个动作。通过这个实验,桑代克认为所谓的学习就是动物(包括人)通过不断地尝试形成S—R联结,从而不断减少错误的过程。他把自己的观点称为试误说。

（二）认知主义学习理论

认知学习理论认为，学习不是在外部环境的支配下被动地形成S—R联结，而是主动在头脑内部构造认知结构。学习不是通过练习与强化形成反应习惯，而是通过顿悟与理解获得期待。有机体当前的学习依赖于他原有的认知结构和当前的刺激情境，学习受主体的预期所引导，而不受习惯所支配。

认知主义的经典实验如下。

苛勒于1924年做了著名的顿悟学习实验。苛勒的实验过程如下。他将黑猩猩放在铁槛内，黑猩猩的旁边放置一短棍，在槛外放一长棍和香蕉。黑猩猩开始试图抓取香蕉，结果失败。随后，它用短棍去拨，又失败，急得摔棍撞槛。在这个过程中，黑猩猩经过几次观察，忽然拾起短棒，再用短棒连接长棒，取得了香蕉。可见，黑猩猩是在观望的时候，把握了两根棍棒与香蕉之间的内在关系。苛勒通过对黑猩猩进行的许多实验，提出了顿悟理论。他认为问题的解决不是由于尝试错误，而是由于顿悟。所谓顿悟，就是内在地把握情境的关系性，并依此改变整个情境。

（三）社会学习理论

美国心理学家班杜拉在反思行为主义所强调的S—R的简单学习模式的基础上，接受了认知学习理论的有关成果，提出学习理论必须要研究学习者头脑中发生的反应过程的观点，形成了综合行为主义和认知心理学有关理论的认知—行为主义的模式，提出了"人在社会中学习"的基本观点。社会学习理论认为人类的学习活动是个体因素、行为和环境之间的交互作用，所以社会认知理论主张人们从社会环境中获得学习。

社会学习理论的经典实验如下。

班杜拉建构的社会学习理论也有一个实验作为载体，只不过他所采用的实验对象从动物变为了人类自身。他的实验过程分成两个阶段，第一阶段是让3个（A、B、C）不同班级的学生看3段录像，录像中的一部分内容是相同的，都是一个大孩子在一间屋子里击打一只充气玩具，接着，屋子里出现了一个成人。3个班级的学生随后所看录像的内容就不一样了，A班学生看到的镜头是成人不满地在孩子的脑袋上拍打了几下，以示对孩子这种行为的惩罚；B班学生则看到进来的成人亲昵地摸了摸孩子的头，似乎是对孩子这种行为的赞许；C班学生看到成人进屋以后，既没有对孩子表示惩戒，也没有对孩子表示赞赏，只是若无其事地招呼孩子离开那间屋子。看完录像以后，实验者让3个班级的学生分别待在不同的教室里，里面都放有一只充气的玩具，观察者则在教室外观察学生的行为反应，结果看到B班学生主动攻击玩具的次数最多，C班次之，A班最少。

班杜拉通过这个实验得出了著名的社会认知理论，他认为儿童社会行为的习得主要是通过观察、模仿现实生活中重要人物的行为来完成的。并且班杜拉认为，任何有机体观察学习的过程都是在个体、环境和行为三者相互作用下发生的，行为和环境是可以通过特定的组织而加以改变的，三者对于儿童行为塑造产生的影响取决于当时的环境和行为的性质。

（四）建构主义学习理论

近20年以来，随着计算机和网络教育应用的飞速发展，教育心理学正在发生一场革命，人们对它的叫法不一，但更多地把它称为建构主义的学习理论。建构主义认为学习的实质是自组织的认知结构的改变,是个体主动建构自己知识的过程。它更强调学习者的主体作用,强调学习的主动性、社会性和情境性。学习的过程就是一个自我建构的过程,学习的结果是围绕关键概念而建构起自己的网络结构知识。

(五)人本主义学习理论

人本主义是 20 世纪 50 年代末 60 年代初在美国出现的一种重要的教育思潮,主要的代表人物是马斯洛、罗杰斯、凯利等。这些心理学家反对把对白鼠、鸽子、猫和猴子的研究结果应用于人类学习,主张采用个案研究方法。

人本主义心理学的主要观点是:①心理学研究的对象是"健康的人";②生长与发展是人的本能;③人具有主动地、创造性地作出选择的权利;④人的本性中情感体验是非常重要的内容。

人本主义强调学习过程不仅是认知成分的参与,还是认知与情感合二为一,强调学习过程中个体的积极参与和投入;认为学习结果是使学生成为一个有用的、整体人格得到发展的人。

四、大学生的学习特点

早在 1996 年,联合国教科文组织就曾发布《学习:内在的财富》的报告,提出了教育的"四大支柱"问题,分别是学会求知(Learning to know)、学会做事(Learning to do)、学会共处(Learning to live together)和学会做人(Learning to be)。求知在四大支柱中占据首要位置,大学阶段依然如此,但大学赋予求知更为深厚的内涵。进入大学,学习内容与学习方式都发生了较大变化,学习本身也呈现出它独有的特点。如果说大学之前的教育更多是务实的知识基础,打好知识的根基,进入大学后便是枝繁叶茂、迎接雨露和阳光的阶段。

(一)专业性

专业性是大学学习的一个显著特点。高等教育的目标就是培养具有某一领域专门知识和技能的高级人才,学习具有较高层次的职业定向,课程结构、教学内容、教学实践方式和学习方式都具有专业性。大学学习具有明显的阶段性,一般分为基础课阶段、专业基础课阶段、专业课和毕业设计(毕业论文)阶段。这些阶段都是围绕着培养专业性人才的教学目标而设立的,专业性非常突出。

(二)自主性

自主性就是要求学生自己主动地学习、有主见地学习,即在完成学校教学计划规定的学习任务的同时,明确自己的发展方向、学习目标,制定个人的培养计划并加以实施。这对大学生的学习能力提出了新的要求,大学生必须努力提高自己独立获取知识和信息的本领和独立工作的能力,培养自己独立思考的品质和独立生活的习惯。这既是大学学习生活中高难度、高强度、高效率学习的需要,也是毕业后独立进行创造性劳动的需要。自我确定与调整学习目标,学会钻研学习的内容,自己选择学习方法,懂得如何涉猎课外知识、完善知识结构是大学期间有效学习所必需的个人素质。

(三)多元开放性

大学生的学习途径呈现出多元化的趋势,除了课堂学习这一途径之外,还可通过多种途径、多种渠道来获取知识。大学生有大量可以自己支配的时间，因此在完成教学计划规定的教学任务之外，还应通过各种渠道参加各类学术报告、知识讲座、专题讨论会来拓展自己的知识广度，增强自己的学习能力。同时，多元开放性还体现在学习内容的丰富性上，人文知识与科学知识的交叉融合要求学生具备非常宽广的知识面。多元开放性还体现在学习时空范围的扩展上，信息时代大学生的学习不再仅限于课堂与教师的教授，学生在很多时空里通过网络在虚拟空间进行学习，例如慕课、公开课程等等。

（四）探索创造性

大学阶段是学生接受系统教育的最后阶段，是"求学期""继承期"向"工作期""创造期"转变的过渡阶段。培养学生的创造能力和创新精神是大学的重要任务。心理学研究表明，人的创造力的最佳年龄阶段在25~45岁，而大学生正处于最佳创造年龄的初始阶段，正是培养创造力的最佳时期。这要求学生不仅要理解、巩固、掌握已有知识，还要学会发现问题、分析问题，举一反三，并能提出自己的独到见解，且能灵活运用所学到的知识。

（五）实践性

实践是检验真理的唯一标准。大学阶段是理论学习与实践应用相结合的时期，大学生除了要学习和掌握现成的书本知识之外，还要参加一定的社会实践活动，在社会实践中锻炼成长为既有书本知识又有实践经验的专业人才。大学生的社会实践环节，一般包括社会调查、专业实习、社会咨询服务和创业实践等。

第二节　学习策略

近年来，随着信息社会的发展与社会竞争的日益激烈，学会学习和终身教育理念的广泛普及，使越来越多的人认识到"未来的文盲，不再是不识字的人，而是没有学会学习的人"。关于如何学习的问题成了心理学以及学习心理学中一个相当热门的课题。学习策略、元认知等方面的研究为学会学习提供了理论和实践的指导。

一、学习策略的界定

所谓学习策略，就是学习者为了提高学习的效果和效率，有目的、有意识地制订的有关学习过程的复杂方案。

学习是需要策略和方法的。对大学生来说，只有形成适合自己的学习策略，掌握了适合自己的学习方法，才能提高学习的积极性，自觉地学习，主动地学习，最终提高自己的学习效率和水平。

二、学习策略的分类

许多学者对学习策略的成分和层次提出了自己的看法，据此对学习策略作出了不同的分类。波兰著名心理学家迈克卡等人在20世纪90年代将学习策略区分为3种，并对它们之间的层次关系进行了分析。他们认为，学习策略可以分为认知策略、元认知策略和资源管理策略3种。认知策略是加工信息的一些方法和技术，有助于有效地从记忆中提取信息。一般而言，认知策略因所学知识的类型而有所不同，复述、精细加工和组织策略主要是针对陈述性知识的，模式再认策略和动作系列学习策略等则针对程序性知识。元认知策略是学生对自己认知过程的认知策略，包括对自己认知过程的了解和控制的策略，有助于学生有效地安排和调节学习过程。资源管理策略是辅助学生管理可用环境和资源的策略，有助于学生适应环境并调节环境以适应自己的需要，对学生的动机具有重要的作用，如表3-1所示。

表3-1 学习策略分类

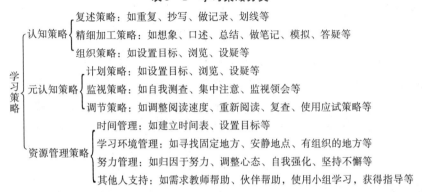

三、具体学习策略概述

学习策略既包含直接影响学习材料的信息加工的成分，又包含影响信息加工过程的成分，并且还包含对学习环境、时间及工具等的管理成分。在学习过程中，我们应用一些更加具体的策略。

（一）认知策略

1. 合理复习——复述策略之一

复习是主动对所学的内容进行适当的重复学习，即在遗忘发生以前，通过复习来避免遗忘。

（1）及时复习。学习过的信息随着时间的推移，会慢慢遗忘，复习最好是在刚学习完的短时间内及时进行。

（2）集中复习和分散复习。依据学习项目的种类和难易程度，选择集中复习或分散复习。集中复习就是集中一段时间重复学习许多次，分散复习就是每隔一段时间重复学习一次或几次。研究表明，对于大多数学习，分散复习更有益于保持学习效果，如钢琴演奏、汽车维修等复杂技能的学习。

（3）部分学习与整体学习。部分学习是把需要学习的比较复杂的技能进行分解，划分成若干局部动作，先分别掌握这些局部动作，当有一定基础时，再把各个局部动作联合起来。整体学习就是一次将全部内容完全学会。部分学习与整体学习各有长处，要依据所学技能的种类、复杂程度，以及学习者的特点等因素来定。

（4）提问或尝试背诵。自问自答或尝试背诵的练习，就是在学习一篇材料时，一边阅读，一边自问自答或自己背诵。这种学习方法可以根据自己回答或背诵的情况，检查自己的错误和薄弱环节，从而重新分配精力，提高学习效率。

2. 记忆术——精细加工策略之一

对于一般的学习，记忆术是一种有用的精细加工技术，它能在新材料和视觉想象或语义知识之间建立联系，是一种通过给识记材料安排一定的联系以帮助记忆，并提高记忆效果的方法。记忆术的基础或者是利用视觉表象，或者是寻找语义之间的联系。在记忆名词、种类、系列或项目组等信息时，记忆术非常有用，比较流行的一些记忆术有位置记忆法、首字联词法、视觉联想法和关键词法。

【心理故事】

位置记忆术

位置记忆术是一种传统的记忆术，最早被古希腊演讲家使用，它是通过与你熟悉的某种地点顺序相联系起来记忆一些名称或者客体顺序的方法。古代罗马元老院的政治家们常常用此法记住演说的要点。他们常常在自己的身体上、房间里确定出许多特定的点来加以利用。西赛罗（Cicero）在《论讲演》一书中把这一方法的起源归功于一位希腊诗人西蒙尼德斯（Simonides）。这位诗人有一次在一个大宴会厅里朗诵一首抒情诗，他朗诵完之后，被在诗中赞美的卡斯托尔（Castor）和波拉克斯（Pollax）两位大神叫出宴会厅外，正在这时宴会厅塌了，厅内宾客无一幸免，尸体模糊，亲属莫辨。而西蒙尼德斯却能根据大家在宴会厅里的座位而把尸体一一辨认出来。这一辨认无遗的成绩使西蒙尼德斯相信，把要记住的东西按次序地安放在自己熟悉的位置上，是很有用的方法。

3. 图表法——组织策略之一

图表有利于我们对所学知识之间、新旧知识之间的内在联系进行整合，形成新的知识结构。研究表明，存储在长时记忆中的信息就是以金字塔的结构组织的。在金字塔结构里，具体的东西归在较一般的题目之下，这种结构对学生的理解特别有帮助。这种图表叫系统结构图。另一种图表是关系图。关系图是图解各种观点是如何相互联系的，也就是先指出中心思想，然后图解它们之间的关系。关系图可以用来替代做笔记和列提纲，其中重要的形式为概念关系图，它能图解各种观点是如何相互联系的。建构概念关系图的过程是一个把自己头脑中的知识外显化的过程，它需要遵循一定的步骤：①选择核心概念；②选择相关概念，放在不同的层次上；③添加概念之间的连线，并标明文字说明；④反思，如图3-2所示。

（二）元认知策略

学习时，假如你在读一本书中遇到一段读不懂的内容，你该怎么办？你或许会慢慢地再读一遍，你或许会寻找其他线索，如借助图、表、索引等来帮助理解，或许你还会退回到这一章更前面的部分，这意味着你要学会知道你为什么不懂，以及如何去改正你自己。此外，你还要能预测可能会发生什么，或者能说出什么是明智的，什么是不明智的。这些都属于元认知策略。元认知策略包括计划策略、监控策略和调节策略。其中监控策略是我们在学习过程时会应用到的策略，主要有领会监控和集中注意。

1. 领会监控

领会监控是一种具体的监控策略，一般在阅读中使用。熟练的读者在头脑中有一个领会的目标，诸如发现某个细节，找出要点等，于是，为了该目标而浏览课文。随着这一策略的

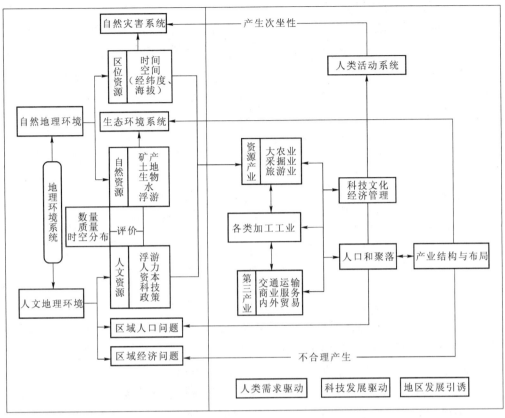

图 3-2 人地关系概念

执行,达到目标后会体验到一种满意感。如果没有找到这个细节,或者不懂课文,则会产生一种挫折感。如果领会监控最终目标没有达到,读者就会采取补救措施,比如重新浏览材料,或者更仔细地阅读课文。一些研究表明,从幼儿到大学生有许多人都缺乏这种领会监控技能,大部分学生只是机械地采取再读,或者无止境地记笔记来阅读,却始终不得要领。在我们的英文阅读中就需要大量地使用领会监控策略。

2. 集中注意

注意和金钱、能源一样,是一种有限的资源,在某时刻,只能注意有限的事物。当我们将有限的注意能量全都花在所从事的一件事情上,就会放弃对其他刺激的积极注意,将其他刺激全部清出去。例如,当人们全心注意一个有趣的谈话者时,他们就意识不到细微的身体感觉(如饥饿),甚至对其他刺激充耳不闻、视而不见。那些沉溺于游戏的同学,也许有过类似的体验,他们已经没有注意能量能分配到学习等活动中。

(三)资源管理策略

资源管理策略是辅助学生管理可用环境和资源的策略,包括时间管理策略、学习环境管理策略、努力管理策略、学业求助策略。对大学生来讲,时间管理策略和学业求助策略非常重要。

1. 时间管理

时间是极其重要的学习资源,有效的时间管理可以促进学习,并增强自我效能感;无效的时间利用则削弱信心,降低学习效率。时间管理策略就是通过一定的方法合理安排时间,有效利用学习资源。时间管理的方法可以因人而异,你可以给自己的每个小时制订详细的计划,也可以仅就一天的纪事排序。排序的依据一般为事情对我们的重要程度和紧急程度,通过这两个维度可以把事情分为四种类型,然后再按照分类得到的四类事情,合理安排时间的分配如图 3-3 所示。

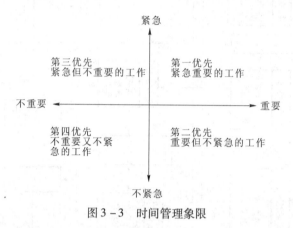

图 3-3　时间管理象限

你觉得一般人在哪个象限里耗费的时间最多?答案是第三象限,是把时间花在既不重要又不紧急的事情上,也许削一支铅笔、找一件衣服的时间都比我们一天中读课外书的时间多。研究表明处理既重要又紧急的事情(第一象限),普通人和成功人都要投入一定的精力(20%~30%)。而造成时间管理效果差异的秘密在第四象限(重要但不紧急)。成功的人花 60%~68% 的时间(普通人只有 20% 左右)来处理重要但是不紧急的事情,不断地提高自己,有规律、有计划地完成任务,做有创造性的工作。与此同时也极力压缩了在第二、三象限的时间。这就等于掌握了时间的主动权,保持生活的平衡,减少未来可能出现的危机。

2. 学业求助

学业求助策略指学生在学习上遇到困难时,向他人请求帮助的行为。它是一种重要的社会支持策略。奈尔森-黎高(Nelson - LeGall)按照求助者的目的将学业求助划分为两类,如表 3-2 所示。

表 3-2　学业求助策略

求助形式	特点	目的
执行性求助	他人"替"自己解决困难	只想要答案或者希望尽快完成任务,自己不做任何尝试就放弃了获得成就的能力,选择了依赖而非独立掌握。
工具性求助 (适应性求助)	他人提供思路和工具	为了独立地学习,借助他人的力量以达到自己解决问题或者实现目标的目的

工具性求助策略的学生,在自己能够解决问题的时候会拒绝他人的帮助,能够自觉选择和控制别人对他的帮助。除此之外,也有一些学生在遇到无法独立解决困难时选择了回避求

助,因为他们担心别人会认为他们很笨。他人的帮助如同课本一样是重要的学习资源。学业求助不是自身能力缺乏的标志,而是获取知识、增长能力的一种途径,是一种重要的学习策略。

四、关于阅读——书里有别人的世界,走进去就拓展了自己

林语堂说过,没有养成读书习惯的人,以时间和空间而言,是受着他眼前的世界所禁锢的;他的生活是机械化的,刻板的;他只跟几个朋友和相识者接触谈话,他只看见他周遭所发生的事情;他在这个监狱里是逃不出去的;可是当他拿起一本书的时候,他立刻走进了一个不同的世界;如果那是一本好书,他便立刻接触到世界上一个最健谈的人。

这里所要说的阅读不只是阅读我们所学专业课程的书籍和考试所涉及的书目,而是包括各种于我们有利、能够开阔视野、丰富思维的知识。大学四年是读书的最佳时光,我们无须再背负高考的压力。大学是知识的殿堂,同时我们有足够的时间与精力来构建一个更加完善的知识结构,进一步完善我们的认知结构。因此,在这里,我们要和大家来谈谈阅读。

(一)多读"无用之书"

曾有人在大学图书馆做过观察,偌大的几个阅览室里同学们看的都是各种考试用书,公务员考试、考研、各种资格证考试,几乎没有看见捧着文学著作或通史类图书在阅读的人。也许,就业的压力、竞争的激烈等都使得大学生没有心境也没有时间来读与利益无关的书,但心灵的滋养、人格的升华离不开图书的熏陶,"腹有诗书气自华"指的更多是那些能够提升我们格局和气度的"无用"之书。

(二)摆脱"碎片化"阅读

信息时代获取知识的途径和方式更为便捷,但是所获取的知识也愈加"碎片化"了。微信、微博等平台的信息确实很丰富,但内容基本是不系统的,甚至同一个公众号所提供的信息是相左的,或者是良莠不齐的,这也会耗费我们大量的时间和精力。处于学习能力最为旺盛时期的大学生,有着系统接受知识的"天时地利"的条件,学会系统阅读与选择经典进行阅读也是我们必修的功课。蒙田曾说:"初学者的无知在于未学,而学者的无知在于学后",第一种无知是连字母都没有学过,当然无法阅读;第二种无知却是读错了许多书。英国诗人亚历山大·浦伯称这种人是书呆子,无知的阅读者。

(三)掌握正确的阅读方法

美国作家莫提默·J·艾德勒、查尔斯·范多伦合著一本《如何阅读一本书》的著作,他们在书中对阅读的层次、阅读不同读物的方法等做了具体的阐述与分析,值得大学生一读。

有人认为一个人的成功是靠社会关系、机遇、方向的正确选择等等,其实很多时候是我们偶尔读到的几本书,从这些书里面的某些地方获得了力量,从而把我们拉出了平庸。只要跨过了山坡,人生就不一样了。

第三节 影响学习的因素

影响学习的因素有很多，概括起来主要有内部因素和外部因素两类，其中外部因素主要指的是环境因素，我们这里着重探讨的是内部因素，其包括智力因素和非智力因素。

一、智力因素

（一）注意力

注意力是指人的心理活动指向和集中于某种事物的能力，是伴随着感知觉、记忆、思维、想象等心理过程的一种共同的心理特征。注意有两个基本特征：一个是指向性，是指心理活动有选择的反映一些现象而离开其余对象；二是集中性，是指心理活动停留在被选择对象上的强度或紧张程度。指向性表现为对出现在同一时间的许多刺激的选择，集中性表现为对干扰刺激的抑制。它的产生及范围和持续时间取决于外部刺激的特点和人的主观因素。由于注意，人们才能集中精力去清晰地感知一定的事物，深入思考问题，而不被其他事务所干扰；没有注意，人们的各种智力因素，观察、记忆、想象和思维等将得不到一定的支持而失去控制。

（二）观察力

相信看过《福尔摩斯探案全集》的朋友都知道这样一个场景：福尔摩斯在第一次与华生见面时，就立刻辨别出华生是一名去过阿富汗的军医。福尔摩斯为什么能够那么快地辨别出来面前的这个人就是一名军医呢？是观察。敏锐的观察力使得福尔摩斯能够迅速地辨别出一个人的职业、经历。从上面这个例子可以看出：观察力的敏锐程度决定了从一个人身上得到的信息的多寡。观察力是构成智力的一个重要组成部分，是一种有意识、有组织的知觉能力。它不只是单纯的知觉，而是包含着理解、思考，有目的、有计划的知觉，是人的多种感知觉的综合。大学生的观察力具有主动性和持久性特点，观察事物的目的性、完整性和系统性明显发展，敏锐性显著提高，能够在反复观察的基础上和逻辑思维的帮助下，抓住事物的本质特征和它们之间的相互联系。

（三）记忆力

记忆力是人类心智活动的重要部分，是人脑存储、保持和再现过去经验的能力。记忆力在学习过程中起着十分重要的作用。在记忆形成的步骤中，可分为下列三种信息处理方式。①译码：获得信息并加以处理和组合。②储存：将组合整理过的信息做永久纪录。③检索：将被储存的信息取出，回应一些暗示和事件。记忆按方式可分为概念记忆和行为记忆。概念记忆，就是对某一事物的回忆。如梅花在寒冬腊月绽放，大象的体重很重等，这些只是概念上的回忆。行为记忆，就是对某一行为、动作、做法或技能等的回忆。这种记忆极少会忘记，因为都涉及具体的行动。如踩单车、游泳、写字或打球等，关于这些记忆，或许很久不用的话会生疏，但极少会遗忘。记忆按持续的时间又可分为感觉记忆、短时记忆和长时记忆。感觉记忆，又称感觉寄存器或瞬时记忆，是感觉信息到达感官的第一次直觉印象。短时记忆是一种认知资源集中一小部分心理表征的内在机制，其容量有限、记忆保存时间有限。长时记忆是指永久性的信息存贮,一般能保持多年甚至终身。

【知识链接】

记忆遗忘曲线

德国心理学家艾宾浩斯研究发现,遗忘在学习之后立即开始,而且遗忘的进程并不是均匀的。最初遗忘速度很快,以后逐渐缓慢。他认为"保持和遗忘是时间的函数",他用无意义音节(由若干音节字母组成,能够读出,但无内容意义即不是词的音节)做记忆材料,用节省法计算保持和遗忘的数量。并根据他的实验结果绘成描述遗忘进程的曲线,即著名的艾宾浩斯记忆遗忘曲线,如图3-4所示。

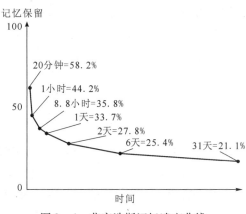

图3-4 艾宾浩斯记忆遗忘曲线

(四)想象力

想象力是人在已有形象的基础上,在头脑中创造出新形象的能力。比如当你说起汽车,我马上就想象出各种各样汽车的形象来就是这个道理。因此,想象一般是在掌握一定知识面的基础上完成的。想象力是在你头脑中创造一个念头或思想画面的能力。爱因斯坦曾说过:"想象力比知识更重要,因为知识是有限的,而想象力概括着世界的一切,推动着进步,并且是知识进化的源泉。严格地说,想象力是科学研究中的实在因素。"丰富的想象力能够激发大学生的学习自觉性,变"要我学"为"我要学"。丰富的想象力还可以促进大学生超越现实生活的范畴,冲破现有的知识水平,发挥创造性想象的作用,加强分析问题的能力。

(五)思维力

思维力是人脑对客观事物间接的、概括的反映能力。当人们在学会观察事物之后,他逐渐会把各种不同的物品、事件、经验分类归纳,不同的类型他都能通过思维进行概括。思维力包括理解力、分析力、综合力、比较力、概括力、抽象力、推理力、论证力、判断力、心算力等。它是整个智慧的核心,参与、支配着一切智力活动。每个人的学习、工作和生活都离不开思维力。培养思维力是每个人从小必须做的练习和成才途径。思维方法是人们从无数次思维活动的经验和教训中总结出来的智慧结晶,可分为两大类:一类是怎样提高思维智能的思维方法,例如形象记忆法可以提高记忆力,联想创造法可以提高创造力,等等;另一类是怎样科学地观察问题、分析问题和解决问题的思维方法,例如辩证思维法、逻辑思维法、逆向思维法以及系统思维法等等。

（六）创造力

创造力，是人类特有的一种综合性本领。一个人是否具有创造力，是一流人才和三流人才的分水岭。它是知识、智力、能力及优良的个性品质等复杂多因素综合优化构成的。创造力是指产生新思想、新发现和创造新事物的能力。它是成功地完成某种创造性活动所必需的心理品质。例如创造新概念、新理论，更新技术，发明新设备、新方法，创作新作品都是创造力的表现。创造力是一系列连续的、复杂的、高水平的心理活动，它要求人的全部体力和智力的高度紧张，以及创造性思维在最高水平上运行。心理学研究发现，18~25岁的青年，创造力发展达到最活跃时期。大学生创造力发展呈现出以下几个特点：①虽然想象力丰富，但容易脱离实际；②创新意识强，却不善于利用条件；③思维敏捷，但易发散却不易聚合；④灵感丰富，却不善于捕捉。所以，开展创新学习，加强大学生创造力的训练，具有重要意义。

二、非智力因素

（一）学习动机

学习动机是指引起、维持学生学习活动，并指引学习活动趋向教师所设定的目标的心理倾向。由于学习动机对学习过程有着广泛的影响，这种影响会在学习结果上表现出来。学习动机对学习效果的影响可分为两个方面：一方面是总体上整个动机水平对整个学习活动的影响；另一方面是具体的学习活动中学习动机对学习效果的影响。总体而言，随着学习动机的增强，有机体对学习的积极性会逐渐升高，从而学习效果越佳。但随着动机的进一步强烈，学习效果反而出现下降的趋势。因此，在具体的学习活动中，为使学习最有成效，就要避免过高或过低的动机。只有当学习动机的强度处于最佳水平时，才能产生最好的学习效果。已有的研究表明，在各种学习活动中存在着一个最佳的动机水平，但最佳的动机水平不是固定不变的，它随着任务性质的不同而不同。在比较容易的任务中，中等偏高的动机水平会导致最佳学习效果；在比较困难的任务中，中等偏低的动机水平反而学习效率最高；在中等难度的任务中，学习动机水平为中等时，学习效果最好，如图3-5所示。

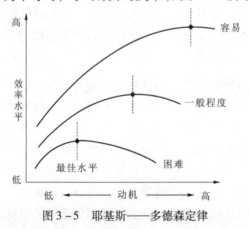

图3-5 耶基斯——多德森定律

（二）学习兴趣

从教育心理学的角度来说，学习兴趣是一个人倾向于认识、研究获得某种知识的心理特征，是可以推动人们求知的一种内在力量。学生对某一学科有兴趣，就会持续地专心致志地钻研它，从而提高学习效果。学习兴趣大体上可以分为直接学习兴趣与间接学习兴趣两种。前者是由所学材料或学习活动——学习过程本身直接引起的，后者是由学习活动的结果引起的。间接学习兴趣具有明显的自觉性。当一个人意识到学习的社会意义或与自己的关系时，学习兴趣就随之产生。例如，为了集体的利益，意识到学习的目的或任务，因而支配自己去坚持学习。或者为了得到父母、教师的赞赏，同学、朋友的尊重，在考试中得到高分数，在竞赛中取得胜利等等，也能引起学生对学习的兴趣。直接学习兴趣与间接学习兴趣常常是融合在一起的，即既有直接学习兴趣的成分，又有间接学习兴趣的成分。其中，或以直接学习兴趣为主，或以间接学习兴趣为主，或两者难分主次。开始时对学习的间接兴趣，在学习过程中很有可能逐渐转化为直接兴趣。而对学习的直接兴趣，若无特殊情况，大多能长期持续下去，并且愈来愈浓厚。实践表明，对学习的直接兴趣是提高学习质量最有利的因素。

（三）学习态度

学习态度是指学习者对学习较为持久的肯定或否定的行为倾向或内部反应的准备状态。它通常可以从学生对待学习的注意状况、情绪状况和意志状态等方面加以判定和说明，包含认识成分、情感成分和行为意向成分。认识成分是指学生对学习活动或所学课程的一种带有评价意义的认识和理解，它反映学生对学习价值的认识，它是学习态度的基础。情感成分是指学生伴随认识而产生的情绪或情感体验，如对学习的喜欢或厌恶等，由于情感本身就反映出学生的学习态度，因此，情感成分是态度的核心。行为意向成分是指学生对学习的反应倾向，即行为的准备状态，准备对学习作出某种反应。一般说来，学习态度的上述三种成分是相互协调一致的。

（四）学习风格

学习风格是指学习者持续一贯的带有个性特征的学习方式和学习倾向。学习方式是指学习者为完成学习任务而采用的方法、技术，而学习倾向则是指学习者对学习活动的情绪、态度、动机、坚持性，以及对学习环境、学习内容的不同的偏爱。有些学习方式和学习倾向可能随学习情境、学习内容的变化而变化，表现为不同的学习策略；而有些则反映出持续一贯的稳定性和学习者的独特性，体现出各自的学习风格。

学习风格对学习的影响主要体现在3个方面。一是不同学习风格的个体对学习环境有不同的偏爱，当学习中的环境刺激与其学习风格的偏爱相一致时，则促进其学习。例如，学习者对学习环境中背景音乐的偏爱或对噪声的承受能力是不同的，有些学习者学习时需要绝对的安静，而有些学习者学习时则需要伴随背景音乐才能集中注意力。二是不同学习风格的个体对学习内容有不同的偏爱，通过不同的学习态度影响学习成效。研究表明，场独立性学习者一般偏爱自然科学、数学，他们的学习较为主动，学习动机以内部动机为主，较少依赖外部的监控与反馈，偏爱较为宽松的教学结构及相应的教学方法；而场依存性学习者一般偏爱人文社会科学，他们的学习较多地依赖教师、家长等的外部监控与反馈，学习动机以外部动机为主,需要严密的教学结构,希望得到教师明确具体的讲解和指导。三是不同学习风格的学习者,运用各自擅长的学习方式进行学习,从而取得较好的学习成效。例如沉思型学习者面对问题,往往能考虑到各种条件和因素,深思熟虑,找到并比较各种解决问题的办法,从中选择最佳方案;冲动型学生更加倾向于根据问题的部分信息或尚未对问题做透彻分析就提出假设,迅速决定,虽然反应速度快,但容易发生错误。

【知识链接】

场独立与场依存

在第二次世界大战期间,威特金为了研究飞行员怎样利用来自身体内部的线索和视觉见到外部仪表的线索,来调整身体的位置,专门设计了一种可以摆动的座舱。舱内置一座椅,当座椅倾斜时,受试者可以调整座椅使身体保持与水平垂直。研究发现,有些受试者主要利用来自仪表的线索,他们不能使自己的身体恢复垂直;另一些人则主要利用来自身体内部的线索,尽管座舱倾斜,他们能使自己身体保持与水平垂直。威特金称前一种人的知觉方式为场依存性,后一种人的知觉方式为场独立性。所谓场,就是环境,心理学家把外界环境描述为一个场。后来经过威特金的大量实验研究发现,场独立型—依存型是两种普遍存在的认知方式,其差异是一个连续系列,呈常态分布,并具有相当的稳定性。大多数人处于场依存性和场独立性之间。

隐蔽图形测验通常用来评定个体的场依存型—场独立型。测验时,要求受试者在较复杂的图形中把隐蔽在其中的简单图形分离出来。场独立型的人能排除背景因素的干扰,从复杂图形中迅速、容易地感知到指定的简单图形,而场依存型的人完成该项任务则较为困难,如图3-6所示。

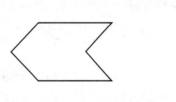 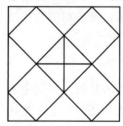

图3-6 场独立性测试

第四节 大学生常见学习心理问题及调适

研究表明,在影响大学生正常学习的各种因素中,学习心理问题占重要位置。大学生的常见学习心理问题主要表现为学习动力缺乏、学习焦虑严重、创新学习能力不足等。

一、学习动力缺乏

(一)具体表现

1. 逃避学习

不愿上课,上课玩手机,"低头族"一片;上课无精打采,不能积极思考;课后不学习，把时间花在玩游戏、打牌、谈恋爱等与学习无关的活动上；在学习上无成就感，对自己无期望和无抱负，无求知上进的愿望。

2. 焦虑水平低

缺乏自尊心、自信心，学习不好或考试不及格也不在乎。这类学生缺少必要的压力、必要的唤起水平和认知反应，因而懒于学习。

3. 注意分散

学习动力缺乏会使注意涣散、兴趣转移，易受各种内外因素的干扰，因而上课时不专心，满足于一知半解，对学习基本采取的是"对付"的策略。对学习以外的事反而兴致勃勃，如上网、看录像、玩游戏等，常常本末倒置、主次颠倒。

4. 厌倦、抵抗和冷漠的情绪

学习动力缺乏常会导致冷漠厌倦情绪，说到或想到学习就头痛，硬着头皮上课，无心做作业，有的学生为了一纸文凭不得不天天应付，有的学生索性回家、中途辍学。

5. 缺乏适宜的学习方法

学习动力缺乏的学生由于对学习总体上是一种消极的态度，所以也不可能努力地摸索一套适合自己的学习方法，因而难以适应紧张、繁忙的学习环境。

（二）原因分析

造成大学生学习动力缺乏的原因是多方面的，但是大体上可以归纳为两类——内部原因和外部原因。

1. 内部原因，也就是大学生自身的原因

（1）对学习无内在动机。凡动力缺乏的学生被问到为什么学习、为什么读书、为什么上大学等问题时，他们便会给出一个共同的答案——以前念书就是为了考大学，考大学是为父母，为了将来找个好工作等等。这些学生没有把自己的学习和个人的发展、社会的发展联系在一起，所以缺少或者没有奋发向上、努力学习的原动力，对待学习基本上采取一种放任的态度。

（2）对所学专业缺少兴趣。这是造成学习动力缺乏的重要原因之一。一种情况是在高考填报志愿时，由于学生和家长对专业缺乏了解，到校开始学习后才发现对本专业并不喜欢；另一种情况则是家长的意志，家长从当前社会就业"热点"出发，为子女填报了所谓好找工作又挣钱多，或相对较轻松的专业，事实上学生本人对家长选定的专业并无兴趣；还有些学生则是受考试成绩的限制，只能服从分配，不具备选择专业的条件。心理学认为，兴趣是力求认识、探究某种事物的心理倾向，是一个人对某事物所抱的积极态度，如果一个人对所学专业没有兴趣，必然就不会有学好它的积极态度。

（3）错误归因。归因是个体对他人或自己的行为进行分析、推论出这些行为内在原因的过程。心理学根据个体在进行归因时常涉及的能力、努力、任务难度和机遇等几方面的问题把归因分为4种：第一，内归因，把成败归结为自己的努力程度与能力水平；第二，外归因，把成败归结为任务的难度和机遇；第三，稳定性归因，把成败归结为任务的难度和自身能力不够；第四，非稳定性归因，把成败归结为机遇和努力。不同归因的大学生对学习成败的理解不同，从而影响到他们的学习动机、兴趣和态度。例如当考试未通过时，做内部归因的大学生会认为是自己努力不够，今后还需要付出更大的努力。这样，每一次学习活动，不论成功与否，都能增强学习动力。而做外部归因的学生则不同，他们会认为失败是由于运气不好，考题太难或老师教学无方等，从而把失败的原因归结于他人，就不可能增加学习的动力。

2. 缺少外部支持

除了上述内因外，大学生学习动力缺乏还和外部影响有关，即所谓的外因。具体地说，外因是指来自社会、学校和家庭等方面的原因。有的家庭急功近利，更多地考虑什么专业挣钱多、好找工作就让子女学什么专业，而不考虑学生对这些专业是否有兴趣、是否适合等。这些因素都对学生造成不良影响，甚至成为大学生中途退学的隐性原因。

（三）对策建议

1. 强化学习动机

学习动机是学生学习活动的主观意图，是推动学生进行学习的内在力量。苏联心理学家列昂捷夫说："学习的自觉性是和动机分不开的。事实上，有正确学习动机的学生才有主动性，学习劲头大，能克服困难，提高学习效果。"学习动机虽不是提高学习效果的唯一心理因素，但却是极其重要的因素。有的心理学家提出，学习动机正确还是不正确，要以时代的道德标准来判断。一切从自私的、利己的目的出发的学习动机是不正确的；一切从集体、社会、国家利益出发的学习动机是正确的。在与社会需要相适应的动机的促使下，学生就会产生学习的自觉性，激发起强烈的求知欲、稳定的兴趣和高度的社会责任感，因而能专心致志、勤奋学习、刻苦钻研。因此，学校有关部门和老师应启发学生对社会需要、社会期望的正确认识，并创造条件以利于学生自我定向、自我定位，这样才能激发学生正确的学习动机。

2. 培养学习兴趣

大学生要想在学习中发挥积极性和创造性，就要对自己所学的知识培养浓厚兴趣，才会心向神往，保持积极的学习态度。学习兴趣，是可以在学习过程中逐步培养的。学习是学生深入而创造性的领会和掌握科学技术，为未来从事某项事业的必要条件，也是智能开发的主要前提。爱因斯坦曾经说过，我认为对一切来说，只有兴趣和爱好是最好的老师，它远远超过责任感。可以通过多种方式，如通过具体事例，从克服困难中唤起好奇心等，从而可以改变由于"没兴趣"而缺乏学习动力的状况。

3. 端正学习态度

学习态度是指学生对学习的较为持久的肯定或否定的内在反应倾向，通常可以从学生对待学习的注意状况、情绪倾向与意志状态等方面来加以判定和说明，如喜欢还是厌倦、积极还是消极等情绪情感。学习态度受学习动机的制约，是影响学习效果的一个重要因素。端正学习态度根本的是要有正确的学习目标。

高尔基曾说过，一个人追求的目标越高，他的才能就发展得越快，对社会就越有益。在我们确立奋斗目标时，不妨看得高远一点，从而全力以赴，这样的学习才能显示出强有力的动力。

4. 改善学习的外部条件

针对学生学习动力缺乏的外部问题，应通过多方面的努力改善外部环境和条件。如创造良好的学习氛围和环境，宣传呼吁有关部门切实注意提高知识分子的社会地位和经济待遇，落实知识分子政策，提高教学质量，注意更新知识，严肃学校纪律和奖惩条例等。

二、学习焦虑严重

学习焦虑是指大学生由于不能达到预期的目标或不能克服障碍的威胁，致使自尊心、自信心受挫，或失败感、内疚感增加而形成的一种紧张不安、带有恐惧的情绪状态。心理学研究表明，学生在学习过程中，保持适当的焦虑是必要的，有一定的紧迫感，可以增强学习的效果。但过度的学习焦虑会对学习产生非常不利的影响。

（一）主要表现

1. 对学习产生厌烦情绪、精神高度紧张

在学习上会表现为敷衍、厌烦监督、抱怨，对自己学业过分苛责，对自己没信心等；在情绪上表现为容易沮丧低落，经常显得不耐烦，暴躁、易怒；说话冷言冷语，对自己、他人的评价以及对事情的描述都有消极倾向。

2. 学习效率下降

思维迟钝、记忆减退、注意力不集中；听课反应慢，容易走神；课后复习慢，没有头绪；作业完成慢，影响睡眠；考试答题慢，影响成绩。

3. 害怕考试

在考试前后精神紧张恐惧，心烦意乱、无精打采、肠胃不适，有的学生考试怯场，在考试时情绪过分激动、恐慌、心跳加快、呼吸急促、出汗、头晕、烦躁、记忆受阻、尿急、思维迟钝等，严重者全身发抖，两眼发黑，甚至晕倒。

（二）原因分析

1. 未适应大学学习方式

大学阶段的学习特点是探索性、专业性、创造性比中学大大增强，因此对大学生提出了更高的要求和挑战。在此情况下，部分学生仍然保持中学的心态和学习方式，就容易出现学习适应问题，从而导致出现学习焦虑。

2. 自信心不足，兴趣爱好过于单一

有些大学生在环境的影响下，把学习的好坏与自己的尊严、形象联系得过于紧密，千方百计想通过学习来保护自己的自尊心不受伤害，可在强者云集的大学校园里却发现自己学习能力和兴趣特长都比不上同学们，自信心不足，造成巨大的学习压力，从而产生严重的焦虑情绪。

3. 思想负担重，家庭和自我期望过高

有些从农村出来的学生，带着改变家庭命运的重负来到大学校园。可在校园里，他们却发现大学没有想象得光鲜和美好，自己也不再是班级的骄傲，就容易变得失落，从而引发焦虑。

4. 偏科

对平时喜欢和学得好的课程表现得胸有成竹，而对那些不感兴趣或学得不好的课程表现得过分担忧，焦虑状态高，考场上易出现怯场情况。

5. 学习疲劳

如果长时间持续进行学习，不注意科学用脑、劳逸结合，学习过分紧张，学习的内容单调乏味，缺乏学习的兴趣，睡眠不足，在异常的气温、湿度、噪声和光线不足等环境下学习，就会在生理、心理方面感觉劳累，致使学习效率下降，甚至出现健康方面问题，使之不能继续学习。学习疲劳是一种保护性抑制，经过适当休息即可得到恢复，这是合乎心理生理规律的。但是如果长期处于疲劳状态，使大脑有关部位持续保持兴奋，就会导致大脑兴奋和抑制过程失调，严重者会引起神经衰弱。

【知识链接】

快速消除疲劳的 5 种方法

（1）把嘴唇撇成"八"字形，下唇尽量往下撇。这动作可刺激唾液的分泌，有助于恢复精力。

（2）扇动鼻子：集中精力不停地扇动鼻翼，可以刺激神经，加强呼吸运动。

（3）不断伸缩脖子：伸脖子时，尽量使脖子向上伸，下巴后收，同时两肩尽量下垂，然后还原成原来的姿势，连续做 30 次。接着做缩脖子动作，具体做法与伸脖子动作相反，连续做 30 次。

（4）双手不停地做握拳和松开的动作，可以使手部和血液畅通。

（5）用"内八字"快步走。这时，尽量把脚尖向内弯，能有效地消除腿部肌肉疲劳。

（三）对策建议

管理好时间，安排好学习，保持好情绪，锻炼好身体都将对学习产生积极的影响。

1. 学会学习，让自己适应大学的学习方式

大学生在学校里不仅仅是学习书本知识，更重要的是掌握学习知识的方法，也就是要学会学习。作为已经具有独立自我管理能力的大学生，应培养自己制订实施计划与监控学习的能力，且在学习过程中摸索学习规律，找到正确的学习方法，同时还应该学会自我调适，正确认识到环境的变化及其对心理影响，学习时注意循序渐进，能够及时进行心理上的积极反馈和主动调节。

2. 正确评价自我，确立适当的学习目标

应该学会正确认识自己，实事求是地看到自己的不足，善于发现自己的长处，根据自己的特点和水平确立适合自己的学习目标。在这样的过程中，学习压力就会转化为动力，而原有的高学习焦虑也会减轻。

3. 正确看待挫折，培养自信心，减轻学习焦虑

在学习的过程中，大学生难免会遇到学习上的挫折和失败，有的会导致学习上的高度焦虑。此时首先要学会正确面对和认识挫折，树立合理的观念。挫折本身不是导致学习焦虑的直接原因，人们对挫折的看法、解释和信念才是引起焦虑的直接原因。因而要学会正视学习中的挫折和失败，把挫折和失败看成是自己在大学生活中的磨炼学习意志的机会。其次是分析挫折原因，不断完善自我。实事求是地认识和分析失败的原因，从而用切实的行动去促使挫折情境改变。最后是培养自信心，优化学习品质。不要盲目与他人攀比，而应学会与自己的过去相比，通过自身努力后看到自己的进步，增强自信心，以良好的心态去继续学习。

4. 积极参加户外运动，强身健体

体育锻炼不仅可以使学生具有良好的体质和充沛的精力，而且还能促进学生智力发展。体育锻炼能提高人体大脑皮层的综合分析能力，改善中枢神经系统的协调性，为学生更好地掌握知识，完成学习任务创造有利条件。此外，积极运动还能带来更加积极的心理状态。运动可以舒展身心，有助于安眠及消除工作和学习带来的压力；可以增加自信心，建立自我形象；可以增加社会支持，在运动中与同学和朋友分享乐趣、增加感情。

三、创新学习能力不足

1998年我国颁布的《高等教育法》明确指出："高等教育的任务是培养具有创新精神和实践能力的高级人才。"创新能力指个人提出新理论、新概念或发明新技术、新产品的能力。就表现形式来说，创新能力就是发明和发现，就是人类创造性的操作化。可是在高校的教育教学活动中，有调查发现，现代大学生创新能力普遍降低，总体评价结果为创新能力较差。

（一）主要表现

1. 缺乏创新的观念和创新欲望

创新能力的发展与创新行为的实施，都是建立在创新观念和创新欲望的基础之上的。没有创新观念和创新欲望，一个人就不会去开发自己的创新潜能，也无意进行创新探索。多数学生虽然表现出对现状的不满，但往往只是牢骚满腹、唉声叹气，但对于自己缺乏行动信心，缺乏强烈的创新精神。

2. 缺乏创新性思维能力

大学生创新思维能力总体评价"较差"，表现为缺乏深层次思考、另辟蹊径的自我总结和学习能力；考虑问题和处理问题的方法常常千篇一律，没有新意和突破；最明显地表现为缺乏新意的发言、作业、试卷、论文比比皆是。

3. 缺乏创新的兴趣

兴趣是人对事物带有积极情绪色彩的认知活动倾向，是个体行动的巨大动力。调查显示，在兴趣的广度方面，认为自己"兴趣广泛"的学生只有19%；在兴趣深度方面，68%的学生认为自己"对兴趣的犹如程度不够"；在兴趣稳定性上，45.8%的学生回答"自己的兴趣是随着时间、环境、心情经常变化的"；在兴趣效能上，39%的学生"只是口头讲讲，很少采取具体行动"。

4. 缺乏创新的毅力

毅力是人类自觉确定目标，并根据目标来支配、调节自己的行动，克服各种困难，坚持实现自己目标的心理过程，是意识能动性和个体积极性的集中体现。虽然大学生都能意识到毅力在创新活动中的重要性，但在实际学习中往往虎头蛇尾，放弃追求。

（二）原因分析

1. 传统教育的不足

传统的教育方式注重知识灌输，以考试为手段，以高分为目标，自觉或不自觉地制造同一种思维模式下的思维统一,习惯于让学生去寻求"唯一正确"的答案,而不是让学生探索存在多种答案的可能性。在这固定的思维模式下,学生不再寻求不同,创新也就只能是空谈。在传统观念中,教师执行教的任务,教是主导。学生处于被动地位,只知一味地接受。教师则大包大揽了一切。教学过程中"一言堂"模式掩盖了学生不同学习特点和认知差异,压抑了学生个性,导致学生创新能力低下。

2. 学生自身的惰性和人文素质差

学生缺乏学习主动性和积极思考问题习惯,是创新精神整体低下的内因。传统教育模式看重考分,以至于培养出一批应付考试的高手,但是实践应用能力却不强。而且奋战高考中形成的考分代表一切的思想,更加助长了人骨子里的"惰"性:懒于思考,一切依照书本。同时,在那样庞大的群落竞争中,学生习惯了被老师计划,失去了自主学习的兴趣,以至于进入了相对宽松的大学校园后,就更加丧失了学习的主动性,也使创新活动走入了低谷。

3. 缺乏完善的人格和良好的心理素质

在创新的道路上,有很多非智力因素在影响着最终的结果。比如,一个人的智商并不是取得成功的关键,一个智商很高的人并不一定是一个创新能力很强的人,因为他可能依赖性很强,性格很脆弱,缺乏毅力,等等。人在社会中需要承受来自方方面面的压力,而创新比常规解决问题有着更大更多的艰难险阻。在排难除险的过程中,个体需要充满热情,坚持主张,敢于牺牲,能够锐意进取,锲而不舍,拥有这些包含积极情感体验和意志表现的非智力品质,对大学生创新精神的培养大有裨益。

(三)对策建议

1. 进行思维训练

(1)训练聚合思维与发散思维。

聚合思维以逻辑思维为基础,十分强调事物之间的相互关系,试图形成对外界事物理解的种种模式,追求解决问题的唯一正确答案。它是依据已有信息和各种设想,朝着问题解决的方向,求得最佳方案和结果的思维操作过程。聚合思维一般包括演绎思维和归纳思维两种方法。发散思维以形象思维为基础,不强调事物之间的相互关系,也不追求问题解决的唯一正确答案。它试图就同一问题以不同角度思考,得出不同的答案。发散思维一般包括逆向思维、曲解思维、头脑风暴、夸张思维等方法。

【趣味训练】

发散性思维——猪怎么过河?
问题:有一头400斤的猪,一座桥仅能承重200斤,猪怎么过桥?
条件:
(1)猪是活猪,任何解决方案都不得切割猪;
(2)故事发生在猪王国,不要引入人的因素;
(3)是过桥,不是过河,不要说是游泳过去;
(4)桥是承重200斤的桥,把桥挪到平地上抑或过另一座承重超过400斤的桥都属改变性状；

（5）不是文字游戏，不要说"猪晕过去了"。

（2）训练辩证思维和批判思维。

辩证思维泛指个人能够辩证地评估、判断某一事物和现象好坏、利弊的能力。辩证思维是按对立统一的矛盾运动形式来反映客观事物的思维活动，是人类思维发展的最高形式。辩证思维可包括积极进取、欣赏困境及和谐冲突等方法。批判思维泛指个人对某一事物和现象长短、利弊的评断，它要求人对周围的人和事物不断形成独立的见解。其中，激发念头可谓批判思维的关键，激发念头并不一定要寻求正确，而是要激发人们对同一事物（现象）采取不同的认识。就创造思维而言，批判思维是促使人们不断破除其思想认识中种种功能固着和思维惯性的关键。

2. 培养利于创新的人格特征。

人格泛指一个人具有一定倾向性心理特征的总和，这些特征通常表现为个性特质。中外大量的研究表明，创新不仅是能力开发，也是特质培养。换言之，要提高一个人的创新能力，也需要培养与创新有关的个性特质，这主要包括意志力、观察力、乐观、独立、幽默、富于社会责任感等人格品质。心理学研究表明，在智力因素相近的情况下，人格因素可能成为创造力的关键因素。耶鲁大学心理学家斯坦伯格发现，个性中的兴趣和动机是人们从事创造性活动的驱动力。兴趣源于对事物的好奇心，是个体从事创造思维的内驱力。兴趣和动机可以驱使个体集中注意所从事的创造性活动。美国心理学家托伦斯在对创造性学生行为特征的研究中也发现，他们的特征是拥有好奇心，不断地提问；思维和行动的创造性；思维和行为的独立性，个人主义；想象力丰富，喜欢叙述；不随大流，不过多依赖集体的意志；主意多；喜欢搞实验，顽强、坚韧；喜欢虚构，富于幻想。

3. 掌握创新性学习方法。

（1）进行研究性学习。

与研究性学习相对应的是维持性学习，维持性学习注重对现有知识和经验的学习，侧重继承和模仿已有知识成果。而现代社会要求教育更应着重培养的是使学生具有对未来社会的应变能力，具有独立思考、大胆求索的精神。学习的任务不仅仅是满足于获取某一结论性内容，而是要把重点放在思维过程和思维方法上，这就要求树立一种全新的自主创新性学习观，着力培养学生的自主创新学习能力，由维持性学习向研究性学习转变。根据所学的知识善于发现生产、生活中的深层次问题，提出问题，再独立地思考解决问题，这种寻求解决问题的方法，实际就是一种研究学习，将知识转化为问题，通过问题的解决获取更多的知识，再去发现问题，形成一种良性循环，不断加大知识的深度和广度，培养看问题的新视角和创造力。

（2）进行协作式学习。

建立学习小组，自由阅读或由教师指定参考和阅读书目，并写出读后感，或就当前经济管理实践中的热点问题，结合所学的知识进行分析讨论，彼此交流学习的体会，相互启发，从而获得群体合作学习的协同效应。更重要的是，学生在人格平等的环境里学习，有利于开动脑筋，发挥想象力与创造力，更能体现个人价值，从而更自觉地承担自己学习的责任，从被动地接受知识，变为主动地获取知识，并为学生毕业后具有合作和配合精神打下良好的基础。

(3) 进行体验式学习。

积极参加社会实践，把所学的知识应用到实践中去，充分认识到目前的学习对未来生活和工作的重要性，检验自己所学的知识、技能能否用来解决实际问题，在实践中使自己得到社会的承认和认可，获得学习成就感，同时，也能发现自身的不足，不断地调整自己的知识结构，补充新的知识和技能。

【心灵拓展】

心理分享

学会学习、学会时间管理

（节选自《李开复给中国学生的第四封信》）

大学是人生的关键阶段。因为，这是你一生中最后一次有机会系统性地接受教育。这是你最后一次能够全心建立你的知识基础。这可能是你最后一次可以将大段时间用于学习的人生阶段，也可能是最后一次可以拥有较高的可塑性、集中精力充实自我的成长历程。这也许是你最后一次能在相对宽容的、可以置身其中学习为人处世之道的理想环境。

自修之道：从举一反三到无师自通

我们不能保证大学里所教的任何一项技术在四年以后仍然管用，我们也不能保证学生可以学会每一种技术和工具。我们能保证的是，你的孩子将学会思考，并掌握学习的方法，这样，无论四年以后出现什么样的新技术或新工具，你的孩子都能游刃有余。

上中学时，老师会一次又一次地重复每一课里的关键内容。但进了大学以后，老师只会充当引路人的角色，学生必须自主地学习、探索和实践。走上工作岗位后，自学能力就显得更为重要了。微软公司曾做过一个统计：在每一名微软员工所掌握的知识内容里，只有大约10%是员工在过去的学习和工作中积累得到的，其他知识都是在加入微软后重新学习的。这一数据充分表明，一个缺乏自学能力的人是难以在微软这样的现代企业中立足的。

自学能力必须在大学期间开始培养。许多同学总是抱怨老师教得不好，懂得不多，学校的课程安排也不合理。我通常会劝这些学生说："与其诅咒黑暗，不如点亮蜡烛"。大学生不应该只会跟在老师的身后亦步亦趋，而应当主动走在老师的前面。例如，大学老师在一个课时里通常要涵盖课本中几十页的信息内容，仅仅通过课堂听讲是无法把所有知识学通、学透的。最好的学习方法是在老师讲课之前就把课本中的相关问题琢磨清楚，然后在课堂上对照老师的讲解弥补自己在理解和认识上的不足之处。

有些同学曾告诉我说，他们很羡慕我在读书时能有一位获得过图灵奖的大师传道授业。其实，虽然我非常推崇我的老师，但他在大学期间并没有教给我多少专业知识。他只是给我指明了大方向，让我分享他的经验，给我提供研究的资源，并教我做人的方法。他没有时间也没有必要指导我学习具体的专业知识。我在大学期间积累的专业知识都是通过自学获得的。刚入门时，我曾多次红着脸向我的师兄请教最基本的知识内容，开会讨论时我曾问过不少肤浅的问题，课余时间我还主动与同学探讨、切磋。"三人行必有我师"，大学生的周围到处是良师益友。只要珍惜这些难得的机会，大胆发问，经常切磋，我们就能学到最有用的知识和方法。

大学生应该充分利用图书馆和互联网，培养独立学习和研究的本领，为适应今后的工作或进一步的深造做准备。首先，除了学习老师规定的课程以外，大学生一定要学会查找书籍和文献，以便接触更广泛的知识和研究成果。例如，当我们在一门课上发现了自己感兴趣的课题，就应当积极去图书馆查阅相关文献，了解这个课题的来龙去脉和目前的研究动态。熟练和充分地使用图书馆资源，这是大学生特别是那些有志于科学研究的大学生的必备技能之一。读书时，应尽量多读一些英文原版教材。有些原版教材写得深入浅出，附有大量实例，比中文教材还适于自学。其次，在书本之外，互联网也是一个巨大的资源库，大学生们可以借助搜索引擎在网上查找各类信息。"开复学生网"开通半年以来，我发现很多同学其实并没有很好地掌握互联网的搜索技巧，有时他们提出的问题只要在搜索引擎中简单检索一下，就能轻易找到答案。还有些同学很容易相信网上的谣言，而不会利用搜索引擎自己查考、求证。除了搜索引擎以外，网上还有许多网站和社区也是很好的学习园地。

自学时，不要因为达到了学校的要求就沾沾自喜，也不要认为自己在大学里功课好就足够了。在二十一世纪的今天，人才已经变成了一个国际化的概念。总之，善于举一反三，学会无师自通，这是大学四年中你可以送给自己的最好的礼物。

基础知识：数学、英语、计算机、互联网

如果说大学是一个学习和进步的平台，那么，这个平台的地基就是大学里的基础课程。在大学期间，同学们一定要学好基础知识其中包括数学、英语、计算机和互联网的使用，以及本专业要求的基础课程（如商学院的财务、经济等课程）。在科技发展日新月异的今天，应用领域里很多看似高深的技术在几年后就会被新的技术或工具取代。只有对基础知识的学习才可以受用终身。另一方面，如果没有打下好的基础，大学生们也很难真正理解高深的应用技术。最后，在许多的中国大学里，教授对基础课程也比对最新技术有更丰富的教学经验。

虽然我一向鼓励大家追寻自己的兴趣，但在这里仍需强调，生活中有些事情即便不感兴趣也是必须要做的。例如，打好基础，学好数学、英语和计算机的使用就是这一类必须做的事情。如果你对数学、英语和计算机有兴趣，那你是幸运儿，可以享受学习的乐趣；但就算你没有兴趣，你也必须把这些基础打好。打基础是苦功夫，不愿吃苦是不能修得正果的。

无论学习何种专业、何种课程，如果能在学习中努力实践，做到融会贯通，我们就可以更深入地理解知识体系，可以牢牢地记住学过的知识。因此，我建议同学们多选些与实践相关的专业课。实践时，最好是几个同学合作，这样，既可经过实践理解专业知识，也可以学会如何与人合作，培养团队精神。如果有机会在老师手下做些实际的项目，或者走出校门打工，只要不影响课业，这些做法都是值得鼓励的。外出打工或做项目时，不要只看重薪酬待遇（除非生活上确实有困难），有时候，即便待遇不满意，但有许多培训和实践的机会，我们也值得一试。

培养兴趣：开阔视野，立定志向

孔子说："知之者不如好之者，好之者不如乐之者。"我在"给中国学生的第三封信"中曾深入论述了快乐和兴趣是一个人成功的关键。如果你对某个领域充满激情，你就有可能在该领域中发挥自己所有的潜力，甚至为它而废寝忘食。

这时候，你已经不是为了成功而学习，而是为了"享受"而学习了。在"第三封信"中，我也曾谈到我自己是如何在大学期间放弃了我不感兴趣的法律专业而进入我所热爱的计算机专业学习的。

有些同学问我，如何像我一样能找到自己的兴趣呢？我觉得，首先要客观地评估和寻找自己的兴趣所在：不要把社会、家人或朋友认可和看重的事当作自己的爱好；不要以为有趣的事就是自己的兴趣所在，而是要亲身体验它并用自己的头脑做出判断；不要以为有兴趣的事情就可以成为自己的职业，例如，喜欢玩网络游戏并不代表你会喜欢或有能力开发网络游戏；不要以为有兴趣就意味着自己有这方面的天赋，不过，你可以尽量寻找天赋和兴趣的最佳结合点，例如，如果你对数学有天赋但又喜欢计算机专业，那么你完全可以做计算机理论方面的研究工作。

最好的寻找兴趣点的方法是开阔自己的视野，接触众多的领域。唯有接触你才能尝试，唯有尝试你才能找到自己的最爱。而大学正是这样一个可以让你接触并尝试众多领域的独一无二的场所。因此，大学生应当更好地把握在校时间，充分利用学校的资源，通过使用图书馆资源、旁听课程、搜索网络、听讲座、打工、参加社团活动、与朋友交流、使用电子邮件和电子论坛等不同方式接触更多的领域、更多的工作类型和更多的专家学者。当年，如果我只是乖乖地到法律系上课，而不去尝试旁听计算机系的课程，我就不会去计算机中心打工，也不去找计算机系的助教切磋，就更不会发现自己对计算机的浓厚兴趣。

通过开阔视野和接触尝试，如果你发现了自己真正的兴趣爱好，这时就可以去尝试转系的可能性、尝试课外学习、选修或旁听相关课程；你也可以去找一些打工或假期实习的机会，进一步理解相关行业的工作性质；或者，努力去考自己感兴趣专业的研究生，重新进行一次专业选择。其实，本科读什么专业并不能完全决定毕业后的工作方向，正如我所强调的那样，大学期间的学习过程培养的是你的学习能力，只要具备了这种能力，即使从事的是全新的工作，你也能在边做边学的过程中获取足够的知识和经验。

除了"选你所爱"，大家也不妨试试"爱你所选"。有些同学后悔自己在入学时选错了专业，以至于对所学的专业缺乏兴趣，没有学习动力；有些同学则因为追寻兴趣而"走火入魔"，毕业后才发现荒废了本专业的课程；另一些同学因为在学习上遇到了困难或对本专业抱有偏见，就以兴趣为借口，不愿意面对自己的专业。这些做法都是不正确的。在大学中，转系可能并不容易，所以，大家首先应尽力试着把本专业的知识学好，并在学习过程中逐渐培养自己对本专业的兴趣。此外，一个专业里可能有很多不同的领域，也许你对专业里的某一个领域会有兴趣。现在，有很多专业发展了交叉学科，两个专业的结合往往是新的增长点。因此，只要多接触、多尝试，你也许就会碰到自己真正感兴趣的方向。"数字笔"的发明人王坚博士在微软亚洲研究院负责用户界面的研究，可是谁又能想到他从本科到博士所学的都是心理学专业，而用户界面又正是计算机和心理学专业的最佳结合点。另一方面，就算你毕业后要从事其他的行业，你依然可以把自己的专业知识学好，这同样能成为你在新行业中的优势。例如，有一位同学不喜欢读工科，想毕业后进入服务业发展，我就建议他先把工科知识学好，将来可以在服务业中以精通技术作为自己的特长。

积极主动：果断负责，创造机遇

创立"开复学生网"时，我的初衷是"帮助学生帮助自己"。但让我很惊讶的是，更多的学生希望我直接帮他们做出决定，甚至仅在简短的几句自我介绍后就直接对我说："只有你能告诉我，我该怎么做"。

难道一个陌生人会比你更知道自己该怎么做吗？我慢慢认识到，这种被动的思维方式是从小在中国的教育环境中培养出来的。被动的人总是习惯性地认为他们现在的境况是他人和环境造成的，如果别人不指点，环境不改变，自己就只有消极地生活下去。持有这种态度的人，事业还没有开始，自己就已经被击败，我从来没见过这样消极的人可以取得持续的成功。

从大学的第一天开始，你就必须从被动转向主动，你必须成为自己未来的主人，你必须积极地管理自己的学业和将来的事业，理由很简单：因为没有人比你更在乎你自己的工作与生活。"让大学生活对自己有价值"是你的责任。许多同学到了大四才开始做人生和职业规划，而一个主动的学生应该从进入大学时就开始规划自己的未来。

积极主动的第一步是要有积极的态度。大家可以用我在"第三封信"里推荐的方法，积极规划自己的人生目标，追寻兴趣并尝试新的知识和领域。纳粹德国某集中营的一位幸存者维克托·弗兰克尔曾说过："在任何特定的环境中，人们还有一种最后的自由，就是选择自己的态度。"

积极主动的第二步是对自己的一切负责，勇敢面对人生。不要把不确定的或困难的事情一味搁置起来。比如说，有些同学认为英语重要，但学校不考试就不学英语；或者，有些同学觉得自己需要参加社团磨炼人际关系，但是因为害羞就不积极报名。但是，我们必须认识到，不去解决也是一种解决，不做决定也是一个决定，这样的解决和决定将使你面前的机会丧失殆尽。对于这种消极、胆怯的作风，你终有一天会付出代价的。

积极主动的第三步是要做好充分的准备：事事用心，事事尽力，不要等机遇上门，要把握住机遇，创造机遇。中国科技大学校长朱清时院士在大三时被分配到青海做铸造工人。但他不像其他同学那样放弃学习，整天打扑克、喝酒。他依然终日钻研数理化和英语。六年后，中国科学院要在青海做一个重要的项目，这时朱校长就脱颖而出，开始了他辉煌的事业。很多人可能说他运气好，被分配到缺乏人才的青海，才有这机会。但是，如果他没有努力学习，也无法抓住这个机遇。所以，做好充分的准备，当机遇来临时，你才能抓住它。

积极主动的第四步是"以终为始"，积极地规划大学四年。任何规划都将成为你某个阶段的终点，也将成为你下一个阶段的起点，而你的志向和兴趣将为你提供方向和动力。如果不知道自己的志向和兴趣，你应该马上做一个发掘志向和兴趣的计划；如果不知道毕业后要做什么，你应该马上制定一个尝试新领域的计划；如果不知道自己最欠缺什么，你应该马上写一份简历，找你的老师、朋友打分，或自己审阅，看看哪里需要改进；如果毕业后想出国读博士，你应该想想如何让自己在申请出国前有具体的研究经验和学术论文；如果毕业后想进入某个公司工作，你应该收集该公司的招聘广告，以便和你自己的履历对比，看自己还欠缺哪些经验。只要认真制定、管理、评估和调整自己的人生规划，你就会离你自己的目标越来越近。

掌控时间：事分轻重缓急，人应自控自觉

除了积极主动的态度，大学生还要学会安排自己的时间，管理自己的事务。一位同学是这么描述大学生活的：

"大学和高中相比似乎没有什么太大的区别,每天依旧是学习,每次考试后依旧是担心考试成绩……不同的只是大学里上网的时间和睡觉的时间多了很多,压力也小了很多。"

这位同学并不明白,"时间多了很多"正是大学与高中之间巨大的差别。时间多了,就需要自己安排时间、计划时间、管理时间。

安排时间除了做一个时间表外,更重要的是"事分轻重缓急"。在《高效能人士的七个习惯》一书中,作者史蒂芬·柯维提出,"重要事"和"紧急事"的差别是人们浪费时间的最大理由之一。因为人的惯性是先做最紧急的事,但这么做会导致一些重要的事被荒废掉。例如,我认为这篇文章里谈到的各种学习都是"重要的",但它们不见得都是老师布置的必修课业,采纳我的建议的同学们依然会因为考试、交作业等紧急的事情而荒废了打好基础、学习做人等重要的事情。因此,每天管理时间的一种好方法是,早上确定今天要做的紧急事和重要事,睡前回顾一下,这一天有没有做到两者的平衡。

每个人都有许多"紧急事"和"重要事",想把每件事都做到最好是不切实际的。我建议大家把"必须做的事"和"尽量做的事"分开。必须做的事要做到最好,但尽量做的事尽力而为即可。建议大家用良好的态度和宽广的胸怀接受那些你暂时不能改变的事情,多关注那些你能够改变的事情。此外,还要注意生物钟的运行规律,按时作息,劳逸结合,这样才能在学习时有最好的状态。

第四章

我的情绪我做主——大学生情绪管理

写在篇前

我们的生活充满着情绪，有时欣喜若狂，有时焦虑不安，有时孤独恐惧，有时满腔怒火，有时悲痛欲绝，有时舒适愉快。这一切使我们的生活时而阳光灿烂，时而阴霾密布，时而晦涩呆板，并形成了一个五彩缤纷、层次丰富的心理世界。情绪的多样性说明它是一个极其复杂的心理现象，有独特的心理过程，也有生理唤醒、主观体验和外部表现。个体情绪的变化是伴随着个体心理活动过程产生的，也就是说，个体情绪的起伏和变化是有原因的。当一个人达到了追求的目标时，会感到成功的喜悦；而失去了已有的东西和权力时，会感到失败的痛苦。从心理学的角度看，情绪既是人的心理活动中动力机制的重要组成部分，也是个性形成的重要方面。

心理格言

怒中之言，必有泄露。 ——冯梦龙
能控制好自己情绪的人，比能拿下一座城池的将军更伟大。 ——（法）拿破仑
愉快的笑声，是精神健康的可靠标志。 ——（法）契诃夫

知识导航

第一节 情绪的概述

一、什么是情绪

人类在变革现实的过程中，必然会遇到得失、顺逆、荣辱、美丑等各种情境，因此会时

而感到高兴和喜悦，时而感到气愤和憎恶，时而感到悲伤和忧虑，时而感到爱慕和钦佩，等等。这些喜、怒、哀、乐、忧、愤、憎等都是情绪的不同表现形式。情绪是人对客观事物的态度体验及相应的行为反应。它是基于人的需要而产生的。当客观事物符合主体的需要和愿望时，就能引起积极的、肯定的情绪，如生活中遇到知己就会感到欣慰，找到互相爱慕的伴侣会感到幸福等。当客观事物或情境不符合主体的需要和愿望时，就会产生消极、否定的情绪，如失去亲人会感到悲痛，无端遭到攻击会产生愤怒，工作失败会出现内疚和苦恼等。所以，情绪是个体与环境间某种关系的维持或改变。

研究表明，情绪具有遗传性，人的恐惧、愤怒、欢乐、悲哀等基本情绪及其表现方式是生来就有的、不学自会的，但成人的复杂情绪则是后天习得的。情绪在形式上以心理特质的方式蕴含在人格结构之中，在内涵上是主体主观需要同客观环境（包括周围人）整合的产物。面对如此复杂的情绪现象，心理学家把情绪结构归结为3个方面，这也是任何情绪都具备的3要素：一是生理唤醒；二是独特的主观体验；三是情绪的外在表现。

（一）生理唤醒

生理唤醒即情绪产生时各系统器官都会发生生理变化和物理反应，尤其是脑和神经系统，该系统为情绪发生和持续提供了能量。其生理机制是大脑皮层的不同神经元产生兴奋，皮下中枢，包括海马、丘脑和脑干网状结构不断传递反馈信息，协调和支持脑的激活水平和情绪状态。不同情绪的生理反应模式是不一样的，如满意、愉快时心跳节律正常；恐惧或暴怒时，心跳加速、血压升高、呼吸频率增加，甚至出现间歇或停顿；痛苦时血管容积缩小等。

（二）独特的主观体验

简单地说，独特的主观体验就是个体对不同情绪的自我感受。每种情绪都有不同的主观体验，它们代表了人们不同的感受，构成了情绪的心理内容。主观体验是人脑对客观环境和客观现实的重要反应形式之一。这种反应形式不同于感觉、知觉和思维反应形式，即情绪活动不同于认知活动，它不是对客观事物本身实质的反应，而是带有主观色彩的对于主体需要的反应。

（三）情绪的外在表现

外在的情绪表现即表情，具体指面部表情、姿态表情和语调表情。面部表情是通过眼部肌肉、颜面肌肉和口部肌肉来表现的，如高兴时"眉开眼笑""嘴角上翘"，悲伤时"两眼无关""蹙眉愁苦"。面部表情模式能精细地表达不同性质的情绪，因此是鉴别情绪的主要标志（图4-1）。姿态表情是指面部表情以外的身体其他部分的表情动作，包括手势、身体姿势等，如人在痛苦时捶胸顿足，愤怒时摩拳擦掌等。语调也是表达情绪的一种重要形式。语调表情是通过言语的声调、节奏和速度等方面的变化来表达的，如高兴时语调激昂，节奏轻快；痛苦时语调低沉，节奏缓慢，声音断续且高低差别很少；愤怒时语言生硬，态度凶狠。表情在情绪活动中具有独特的作用，是情绪本身不可分割的发生机制，也是传递情绪信息的外在表现。

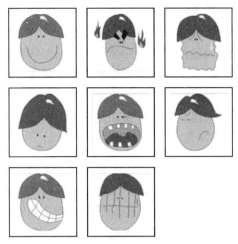

图 4-1 情绪"万花筒"

【知识链接】

我能读懂你的表情

艾科曼和弗里森是面部表情研究领域的卓越研究者。他们来到位于新几内亚东南部的高原为他们的研究寻找受试者。在那里生活的弗尔族（Fore）人与世隔绝，其社会状态仍处于石器时代。很多当地居民几乎没有接触过西方或东方的现代文化。因此，除了自己的面部表情外，他们还没有接触过来自其他文化的表现情绪的面部表情。艾科曼和弗里森选择的受试者从未看过电影，不会说英语或洋泾浜英语（一种掺杂了当地语言的英语），从未和西方人一起工作过，并且也不住在西方人在当地的居住区内。这次研究中，共有189名成人和130名儿童被选为受试者。对照组则选取了通过看电影、上教会学校等方式接触过西方文化的23名成人。

研究者用男人、女人、男孩、女孩共24人的40张照片，作为6种情绪表现的样片。每张照片在被作为某种情绪的代表之前，至少需经70%接触东西方两种文明的受试者的判定。结果发现，在正确识别照片所代表的情绪的能力上既不存在性别差异，也不存在成人与儿童之间的差异。将受西方文化影响的受试者（即对照组）与未受西方文化影响的成人受试者比较，他们在正确匹配照片与故事的比例上不存在显著差异。所以根据所获数据，艾科曼和弗里森便毫不犹豫且非常自信地下结论说："对成人和儿童的研究结果都明确地支持了我们的假设，即特定的面部行为与特定的情绪之间存在普遍的联系。"

二、情绪的功能

（一）适应功能

有机体在生存和发展的过程中，有多种适应方式。情绪和情感是有机体适应生存和发展的一种重要方式。如动物遇到危险时产生畏惧害怕的呼叫，就是动物求生的一种手段。

情绪是人类早期赖以生存的手段。婴儿出生时，还不具备独立的维持生存的能力，这时主要依赖情绪来传递信息，与成人进行交流，得到成人的抚养。成人也正是通过婴儿的情绪反应，及时为婴儿提供各种生活条件。在成人的生活中，情绪直接地反映人们生存的状况，是人们心理活动的晴雨计，如通过愉快表示处境良好，通过痛苦表示处境困难。人们还通过情绪进行社会适应，如用微笑表示友好；通过移情维护人际关系，通过察言观色了解对方的情绪状况，以便采取适当的、相应的措施或对策等。人们通过各种情绪了解自身或他人的处境与状况，适应社会的需要，求得更好的生存和发展。

（二）动机功能

情绪是动机的源泉之一，是动机系统的一个基本成分。情绪能激励人的活动，提高人的活动效率。适度的情绪兴奋，可以使身心处于活动的最佳状态，进而推进人们有效地完成工作任务。研究表明，适度的紧张和焦虑能促使人积极地思考和解决问题。同时，情绪对于生理内驱力也具有放大信号的作用，成为驱使人们行为的强大动力。如人们在缺氧的情况下，产生了补充氧气的生理需要，这种生理驱力可能没有足够的力量去激励行为，但是，这时人们产生的恐慌感和急迫感就会放大和增强内驱力，使之成为行为的强大动力。

（三）信号功能

情绪在人际间具有传递信息，沟通思想的功能。这种功能是通过情绪的外部表现，即表情来实现的。表情是思想的信号，在许多场合，只能通过表情来传递信息，如用微笑表示赞赏，用点头表示默认等。表情也是言语交流的重要补充，如手势、语调等能使言语信息表达得更加明确或确定。从信息交流的发生上看，表情的交流比言语交流要早得多，例如在前言语阶段，婴儿与成人相互交流的唯一手段就是情绪，情绪的信号功能也正是通过信号交流作用来实现的。

三、情绪状态的分类

情绪状态是指在某种事件或情境的影响下，在一定时间内所产生的某种情绪，其中较典型的情绪状态有心境、激情和应激3种。

（一）心境

心境是指人比较平静而持久的情绪状态，通常叫作心情。心境并不是对某一事件的特定体验，而是以同样的态度对待所有事件，让所遇到的各种事件都具有当时心境性质。心境具有弥漫性，愉快的心境使人轻松愉快，看待周围的事物都带上愉快色彩，动作也显得比平时敏捷。不愉快的心境使人沉重，易激惹，对什么事情都不感兴趣，心境所持续的时间短的只有几小时，长的可到几周、几个月，甚至更长时间。一种心境的持续时间依赖于引起心境的客观刺激的性质，如失去亲人往往使人产生较长时间的郁闷心境。一个人取得了重大的成就（如报考研究生被录取，实验取得成功，作品得以发表等），在一段时间内会使人处于积极、愉快的心境中。人格特质也能影响心境的持续时间，同一件事对某些人的心境影响较小，而对另一些人的影响则较大。性格开朗的人往往事过境迁，而性格内向的人则容易耿耿于怀。因此，心境持续时间长短，与人的气质、性格有一定关系。

心境对人的生活、工作和健康会产生重要的影响，积极乐观的心境会提高人的活动效率，增强克服困难的信心，有益于健康；消极悲观的心境会降低人活动的效率，使人消沉，长期的焦虑会有损健康。

（二）激情

激情是一种强烈的、爆发性的、为时短促的情绪状态。这种情绪状态通常是由对个人有重大意义的事件引起的。重大成功之后的狂喜、惨遭失败后的绝望、亲人突然死亡引起的极度悲哀、突如其来的危险所带来的异常恐惧等等，都是激情状态。

激情状态往往伴随着生理变化和明显的外部行为表现，例如，盛怒时全身肌肉紧张，双目怒视，怒发冲冠，咬牙切齿，紧握双拳，等等；狂喜时眉开眼笑，手舞足蹈；极度恐惧、悲痛和愤怒之后，可能导致精神错乱、晕倒、发呆，甚至出现所谓的激情休克现象，有时表现为过度兴奋、言语紊乱、动作失调。

激情状态下人往往出现"意识狭窄"现象，即认识活动的范围缩小，理智分析能力受到抑制，自我控制能力减弱，进而使人的行为失去控制，甚至做出一些鲁莽的行为或动作。有人用激情爆发来原谅自己的错误，认为"激情时完全失去理智，自己无法控制"，这种说法是不对的。人能够意识到自己的激情状态，也能够有意识地调节和控制它。因此，任何人对在激情状态下的失控行为所造成的不良后果都是要负责任的。

（三）应激

应激是指人对某种意外的环境刺激所做出的适应性反应。例如，人们遇到某种意外危险或面临某种突然事变时，必须集中自己的智慧和经验，动员自己的全部力量，迅速作出选择，采取有效行动，此时人的身心处于高度紧张状态，即为应激状态。例如，飞机在飞行中，发动机突然发生故障，驾驶员紧急与地面联系着陆；正常行驶的汽车意外遇到故障时，司机紧急刹车；战士排除定时炸弹时的紧张而又小心的行为，等等。在这些情况下人们所产生的一种特殊紧张的情绪体验，就是应激。

应激源既有躯体性的，如高温或低温、强烈噪声、辐射或疾病等；也有社会性的，如重大的生活事件、难以适应的社会变革或文化冲击，以及工作中的应激事件等。个体对应激时所作出的反应叫应激反应，包括生理反应和心理反应。生理反应可以包括身体各系统和器官的生理反应；心理反应包括认知、情绪和自我防御反应，例如出现认知障碍、焦虑、恐惧、抑郁，或采取某种行动以减轻应激给自己带来的紧张。强烈和持久的应激反应会降低人的工作效能，还会造成对许多疾病或障碍的易感状态，与其他致病因素的共同作用下使人患病。

【知识链接】

情绪与健康

美国生理学家爱尔马做过一个实验，他把人在不同情绪状态下呼出的气收集起来，通过特殊的方式处理凝结成水，结果发现，人在心平气和时呼出的气是无杂质无色，悲痛时呼出的气有白色沉淀，生气时呼出的气有紫色沉淀，把有紫色沉淀的水注射到大白鼠身上，大白鼠几分钟内就死亡了。可见人在产生负性情绪的同时，身体会释放各种毒素。我国中医早就提出"情志致病""怒伤肝、喜伤心、思伤脾、忧伤肺、恐伤肾"，喜、怒、忧、思、悲、恐等情志变化达到一定强度，或持续很长时间，超过了人体正常的生理承受范围，会使人体气机紊乱，脏腑阴阳气血失调，导致疾病。

情绪既致病，也能治病。心身医学、医学心理学和健康心理学的研究都表明，稳定、适度、调节得当的情绪是心身健康的重要保证，长期保持愉快、乐观的心情有利于人体各系统的良性循环，有助于消除疲劳，摆脱烦恼，振奋精神。

第二节　几种特殊的情绪

【心理案例】

吴迪（化名）是一名令人很难忘怀的学生。他是一个身材修长、招人喜欢的年轻人，坐在教室后排靠门的地方。他为人友善、口齿清晰善于表达，而且学习欲望强。只要他在，都会在课堂上积极发言，不过他的出勤率并不稳定。在学期末的考试当天，吴迪给任课的邹教授打电话，说他病得很重，没办法参加考试。吴迪听上去真是病得很厉害，因此邹教授同意给他一次补考的机会。但在补考和交论文的那两天又发生了同样的事。最后，邹教授把他叫到自己的办公室，她希望能了解吴迪为什么会缺课和不交作业。

一、焦虑

对于大多数学生而言，就像吴迪一样，考试焦虑是一种很常见的现象。他可能对考试感到非常焦虑，他可能会怀疑是否考试本身使他生病，他害怕告诉邹教授自己有好几次不能按时交上作业。那么考试焦虑是会帮助你更好地学习，还是会妨碍你的表现呢？这在很大程度上取决于个人和情绪。一般来说，焦虑和考试表现之间的关系呈倒"U"型曲线，即焦虑水平低时，我们没有什么动机，只会在简单的任务上表现良好；中等焦虑水平会提高我们的表现，直至达到某个点；但高度焦虑时，人们会变得心烦意乱、注意力不集中，因此考试表现会越来越差。同时，人们的最佳焦虑水平有很大的个体差异。焦虑水平相对较低的人通常只能在面临挑战时，例如在竞争激烈的情况下才能做到最好。而焦虑水平偏高的人在压力较少情况下表现得更好，至少对困难的任务而言是这样。

焦虑是十分常见的现象，是一种类似担忧的反应或是自尊心受到潜在威胁时产生担忧的反应倾向，是个体主观上预料将会有某种不良后果产生的不安感，是紧张、害怕、担忧混合的情绪体验。焦虑是大学生常见的情绪问题，当学习、工作、生活各方面遇到挫折或担心需要付出巨大努力的事情来临时，便会产生这种体验。焦虑对大学生的影响是复杂的，既可以成为大学生成才的内驱力，起促进作用，也可能起阻碍作用。

大学生常见的焦虑有自我形象焦虑、学习焦虑和情感焦虑。自我形象焦虑是担心自己不够漂亮、没有吸引力、身材不好等，也有的因为粉刺、雀斑等影响自我形象而引起的焦虑。这类焦虑主要与自我认知有关，需要通过调整自我认知重新接纳自我，建立新的自我形象。在学生情绪反映中最为强烈和常见的是考试焦虑，考试焦虑是由考试的紧张感、自信心的缺乏、认知障碍以及生理反应等因素造成的。考试焦虑的性别差异显著：女大学生比男大学生的考试焦虑高，特别是"对考试的紧张感"和"生理变化"的表现更为明显。男大学生有对考试嫌恶和批判的因素，女生则没有。从时间上看，女生对考试的焦虑比男生出现得早，考试前的不安比男生强烈；而男生在考试中的紧张感更强烈；对考试的结果，女生更为重视。情感焦虑多数是因恋爱受挫而引发的自我否定,认为自己不具备爱人与被爱的能力,因而过度担心引起焦虑。

尽管焦虑是一种令人不愉快的情绪,但它可以用作一种情绪警告信号,让我们警惕威胁或危险。当威胁是真实的并且可以确定时,例如错过考试的危险,焦虑会促使我们采取必要措施来避免这类不幸的发生。遗憾的是,当实际并不存在危险时,例如作演讲或看牙医时,我们通常会感到焦虑。倾向于长期焦虑,或"无缘无故"地感到忧虑的人容易对充满压力的情境反应过度,因此情况越来越糟。高度焦虑会扭曲我们的知觉和思维,从而损害我们的表现。焦虑使我们不停地采取不需要的行动,致使所有的精力都被消耗光。它使我们变得非常紧张和疲惫,从而剥夺了很多生活乐趣。

【心理测评】

焦虑自评量表(SAS)

焦虑是一种比较普遍的精神体验,长期存在焦虑反应的人易发展为焦虑症。本量表包含20个项目,分为4级评分,请您仔细阅读以下内容,根据最近一星期的情况如实回答。

填表说明:所有题目均共用答案,请在 A、B、C、D 下画"√",每题限选一个答案。

姓名_____　　　　　性别:□男　□女

自评题目:

答案:A 没有或很少时间;B 小部分时间;C 相当多时间;D 绝大部分或全部时间。

(1) 我觉得比平时容易紧张或着急　　　A　B　C　D
(2) 我无缘无故地感到害怕　　　A　B　C　D
(3) 我容易心里烦乱或感到惊恐　　　A　B　C　D
(4) 我觉得我可能将要发疯　　　A　B　C　D
(5)* 我觉得一切都很好　　　A　B　C　D
(6) 我手脚发抖　　　A　B　C　D
(7) 我因为头痛、颈痛和背痛而苦恼　　　A　B　C　D
(8) 我觉得容易衰弱和疲乏　　　A　B　C　D
(9)* 我觉得心平气和,并且容易安静地坐着　　　A　B　C　D
(10) 我觉得心跳得很快　　　A　B　C　D
(11) 我因为一阵阵头晕而苦恼　　　A　B　C　D
(12) 我有晕倒发作,或觉得要晕倒似的　　　A　B　C　D
(13)* 我吸气呼气都感到很容易　　　A　B　C　D
(14) 我的手脚麻木和刺痛　　　A　B　C　D
(15) 我因为胃痛和消化不良而苦恼　　　A　B　C　D
(16) 我常常要小便　　　A　B　C　D
(17)* 我的手脚常常是干燥温暖的　　　A　B　C　D
(18) 我脸红发热　　　A　B　C　D
(19)* 我容易入睡并且一夜睡得很好　　　A　B　C　D

(20) 我做噩梦　　　　　　　　　　　　A　B　C　D

评分标准：正向计分题 A、B、C、D 按 1、2、3、4 分计；反向计分题（标注 * 的题目）按 4、3、2、1 计分。总分乘以 1.25 后取整数，即得标准分。低于 50 分者为正常；50~60 分者为轻度焦虑；61~70 分者为中度焦虑，70 分以上者为重度焦虑。

二、愤怒

愤怒是由于客观事物与人的主观愿望相违背或因主观愿望无法实现时，人们内心产生的一种激烈的消极情绪反应。吴迪的室友取笑他是疑病症患者，由于吴迪真的感到不适，所以他大发脾气。在一个有争议的裁决后，篮球教练对裁判大声叫骂。一个十几岁的女孩对母亲大喊"不、不、不"。在农民工讨要工钱的谈判过程中，一个面红耳赤的工人用拳头猛捶桌子来加强自己的观点。上述这些人都在发泄愤怒——对不当待遇的不满或愤恨之情。

愤怒是大学生常见的一种消极情绪。处于精力充沛、血气方刚的青年时期的大学生，在情绪情感发展上往往具有好激动、易动怒的特点。如有的大学生因一句刺耳的话或一件不顺心的小事而暴跳如雷，有的人因人际协调受阻而怒不可遏、恶语伤人，有的因暂时的挫折或失败而悲观失望，痛不欲生。心理学家曾研究发泄怒气和压抑怒气哪一种更有用。大众普遍认为让怒火全部发泄出来会比较健康，压抑怒火会导致各种问题：高血压、增加心脏病发作的风险、抑郁甚至自杀。事实究竟是怎样的呢？心理学研究表明，当愤怒发生时，可能导致人体心跳加快、心律失常、高血压等躯体性疾病。同时还会使人的自制力减弱甚至丧失，思维受阻、行为冲动，干出一些事后后悔不迭的蠢事或造成不可挽回的损失。心理学家已经发现一类名为 A 型人格的综合征。A 型个体具有竞争性、好辩性、时间紧迫感、权力欲望，缺乏耐性并充满敌意，他们就是第一流的"工作狂"。A 型人患冠心病的概率是其他类型人的两倍。

多年来心理学家一直认为，所有的 A 型行为使得这些人比悠闲随和的 B 型人更容易患心脏病。研究发现，敌意是导致 A 型人患冠心病的主要因素。此外，A 型行为在儿童时期也有所表现，其形式为愤怒、焦虑和抑郁。

有许多证据证明，我们能够学会有效控制愤怒的情绪，能够学习如何与他人相处的社会技能。如果我们不知道怎样对他人作出适当的反应，则我们有时会情绪失控。社会技能培训帮助人们找到解决惹人恼火的事件的其他方法。这类培训通常在仅仅几个小时后就能看到成效。想要发怒时，可以让自己马上离开使自己动怒的环境，提醒自己"要制怒""三思而后行"，或暗示自己"要冷静、别发火"，也可以尝试说话之前先将舌头在口腔内转上 10 圈，加强自我克制。

三、嫉妒

从根本上说，嫉妒是一种复杂的情绪，当我们害怕失去与他人的亲密关系或已经失去这种亲密关系时就会产生嫉妒。嫉妒的特点是害怕失去、不信任、焦虑和愤怒。在爱情和性爱关系中特别容易出现嫉妒情绪，因此常被称为浪漫嫉妒。嫉妒和羡慕有一定的差异，前者的特征是自卑、渴望、怨恨和非难等感情。

嫉妒是可以克服的，可以从以下3个方面着手。首先，应该对嫉妒有一个正确的认识，偶尔嫉妒是人之常情，并不是见不得光的情绪，它提示你在某一方面与别人存在一定差异，这时应对自己说"他行我也行"，尽快走出嫉妒，使之转化为欣赏的眼光和奋起直追的行为动力，而不要一味沉溺于嫉妒情绪之中。其次，要建立正确的自我意识和客观的自我评价体系。嫉妒的产生从某种程度上来说是基于个体自我中心主义的倾向，即无论什么事，总是从自我的角度出发，以自我为中心考虑，先想到自身的利弊得失。如果能适当祛除自我中心的思想，正确认识自己，清楚自己的优劣在哪些方面，知道自己要达成一个什么样的目标，将来要成为一个什么样的人时，就不容易做盲目的比较，拿着别人的长处和自己的短处比较，也不会那么以自我为中心，要比的话也最好是和自己的过去比较。

四、抑郁

在竞争激烈的现代社会，抑郁是一种常见的情绪。曾经流行于大学生中的"郁闷""好烦""不爽"等口头禅都是抑郁的代名词。简单来说，抑郁就是一种情绪低落的状态，缺乏愉悦感，丧失了获得快乐的能力，同时伴有以下某些表现：兴趣缺失，对很多事情都缺乏兴趣，即使是平时很热衷的活动；记忆力和注意力下降，无法集中注意力做一些日常的事情，如看书、做作业，记忆力变得很差，容易遗忘；价值感缺乏，自我感觉差，自视毫无价值、满身缺点，对未来也悲观失望；精力下降，很容易疲倦，懒于行动，做很多事情都感觉费力；不想和人交往，将自己窝在寝室，避免与人接触；生理表现为食欲明显下降，体重减轻；睡眠不好，难以入睡或易醒。

抑郁并不是性格弱点或意志薄弱的表现，而是人性的常态，偶尔的抑郁几乎是所有人都会经历的一种体验。从某种意义上来说，抑郁是一种自我保护机制，它是身体需要休息或调整的信号。所以，出现轻度抑郁时，不必自责或强迫自己振作起来，可以暂时从繁重的学习或工作中解脱出来，以一种适合自己的方式，放松身心，让身心短暂地得以休整。同时，对抑郁情绪进行积极的疏导、宣泄，防止其严重化。

但是，如果抑郁情绪持续两周以上，而且各种表现的强度有所增强，对正常的学习、生活造成了较大影响，则表明抑郁已严重到一定程度，就需要引起重视，及时寻求心理咨询或其他帮助。

五、快乐

我们有时候会对某些特定的事件（如一笔意外之财或者某种成功）产生一种强烈的、兴奋的情绪体验，我们将这种情绪称为快乐。当人们觉得快乐时，他们会做什么？他们会表现得更乐观。他们与其他人交往会比平时更大胆，他们会更多地进行尝试，对威胁的反应也会比平常更弱一些。当一项任务看上去不可能完成时，他们会适时地放弃并转移目标。这些复杂的行为很有趣，但是它们是很难被测量的。最容易测量的与快乐有关的行为是微笑。我们有一种非常可靠的方式判断一个微笑的人是因为确实感到开心，还是仅仅出于礼貌。探讨情绪面部表达的研究者已经识别出一类特殊的微笑——饱满的"杜氏微笑"（图4-2A），它包含了脸颊鼓起、眼角出现皱纹、嘴巴微翘等面部要素，这通常传达的是"真正的"积极情绪。

图4-2 "杜氏微笑"和"非杜氏微笑"
A. 杜氏微笑；B. 非杜氏微笑

自主的微笑通常如图4-2B所示。不过图4-2B所示的微笑也可以被视作中等程度的快乐或愉悦的真实表现。

由于在"杜氏微笑"中眼部肌肉活动很难被自主控制，所以几乎没有人可以"仿冒"。必须强调的是，并非所有的情绪性微笑都是杜氏微笑（尤其是观察你的亲人的时候）。观察人员已经发现，年幼儿童对任何愉快事件的反应通常先是一个"非杜氏微笑"。并且对成人来说，真挚的但不够强烈的微笑往往也达不到"杜氏微笑"的标准。对这类现象的一种理想的解释是："杜氏微笑"表达的几乎总是真正的快乐，但是"非杜氏微笑"有时也可以表达出快乐。"杜氏微笑"已被证明是一种非常有用的测量快乐的手段——它是积极情绪研究中最有力、最可信的测量方法之一。以一项出色的研究为例，研究的对象是女性在数十年前拍摄大学年鉴照片时微笑的方式。这项研究表明，在个人照片中展示出较强的"杜氏微笑"的女性，她们的婚姻生活更幸福，离婚的可能性很小。而且在几十年之后，她们对自己的竞争性和社交活跃性的评价比那些笑得比较"礼貌"或者根本没有笑容的女性要更高。很显然，我们的微笑表达了某些与我们接触世界的方式有重要联系的信息。

第三节 大学生的情绪管理

一、情绪管理的内涵

情绪管理是对影响情绪变化的内部（包括个体自身的情绪反应）和外部因素进行动态调整的过程。

（一）学习体验情绪

情绪是我们内心世界的晴雨表，给予我们自身投入和与他人关系的直观认识。一方面，强烈的情绪告诉我们，我们的生活极大地受到其他人或事的影响，并促使我们做出相应的行动。另一方面，当我们在某个特定情境中感到很少或没有感到任何情绪时，则说明我们的需求、目标或价值观没有受到影响，即我们没有"感情投入"。这就是为什么我们总是询问彼此,"你对此有何感觉"或者"你对此有什么反应"。但是这些并非总是很容易说清楚。首先,一个主要的原因是当事情发生时我们通常很难辨别自己的感觉,更不用说找到正确的字眼来表达。其次,我们的情绪常处于持续波动或变化的状态,我们可能在上一刻觉得兴奋,在下一刻又感到苦恼。再者,我们的感觉通常是各种情绪的混合体,因此要归类识别并不容易,多种主要情绪或基本情绪混合,就产生了次级情绪。

尽管对于存在多少种主要情绪的问题,心理学家们至今还没有一致的答案,但有心理学家将人们的情绪主要分为8种:喜悦、接受、恐惧、惊奇、悲伤、厌恶、愤怒和期待。对这些情绪的不同强度的体验产生了其他的情绪。例如,当你对某人感到强烈的厌恶时,你会体验到憎恶的感觉;当你对某人只是略感厌恶时,你会体验到厌烦的感觉。此外,还有研究表明,我们大部分人的情绪是沿着两个维度分布的,即愉快和不愉快,以及强烈唤醒和微弱唤醒。因此,满意、快乐和爱的情绪归于愉快情绪一类,而愤怒、厌恶和悲伤就归于不愉快情绪一类。在强度维度上,暴怒的强度要大于愤怒,而愤怒的强度又大于烦恼。对于伴随着各种情绪出现的面部表情,不同文化的解释却是一样的。

虽然情绪是我们的一种内心体验,但并不是每一个人都能很好地觉察到自己即时产生的情绪。心理学家克劳德·史坦纳认为每个人对情绪感知的程度各不相同,从低到高可分为8个等级,如表4-1所示。

表4-1 情绪感知等级

等级	情绪感知	说明
1	麻木	麻木无感情,不知道感觉或情绪
2	身体感觉	感觉到身体生理变化,即躯体化
3	原始经验	感觉到强烈恼人的骚动却无法了解和形容
4	语言障碍	感觉到却无法表达和谈论
5	分辨	能分辨不同的情绪及其强度,并能表达
6	起因	了解引发情绪的事件和原因
7	同理心	领略或洞察他人情绪的直觉和判断能力
8	互动	了解了我的情绪并能预测情绪如何互动

对照表4-1,看看自己的情绪感知处于何种水平。1-4级的情绪感知能力是急需改善的,可以尝试以下方法。

1. 探索自己当下的各种情绪

找一个独处的时间和一个安全的空间,大声把内心的感觉毫无保留、不加限制地说出来。你甚至可以尝试用戏剧化的方式夸大情绪,将其表现出来。

根据完形治疗学派的观点,对自我的觉察可以从外在领域、内在领域和中间领域3个方面进行。首先觉察外在领域。所谓外在领域就是通过我们的视、听、触、昧、嗅等感官,去观察外在环境,然后,直接以"我感觉到……"或"我觉察到……"的句子描述出来,不作任何的解释或说明。然后觉察内在领域。内在领域是指我们身体各个部分的感受。我们知道情绪体验总是伴随着一定的生理反应,若能敏锐地觉察到各种身体的唤起和感受,如

"我感到血一下子都涌到大脑,大脑像火焰一般滚烫,无法控制",就容易进一步觉察到自己的情绪状态。最后觉察中间领域。中间领域不是来自感觉器官的信息,而是通过抽象化过程来解释信息,包括思考、分析、计划、假设、判断、担心、想象等,其描述形式通常为"我想……""我猜……""我认为……""我相信……"等。

通过对外在、内在和中间领域的探索,你觉察到的也许并不都是内心的情绪体验,而更多是以句子为单位的陈述,情绪体验则隐含在其中,你需要将它提炼出来。一般来说,情绪体验的形式是能独立存在的词语,如表4-2所示。

表4-2 陈述中隐含的情绪

陈述	隐含的情绪
看到他说话的样子我心里就不爽	厌恶、反感、烦躁
看到他说话的样子我心里就不爽,就想过去揍他一顿!	厌恶、反感、烦躁、愤怒
看到他说话的样子我心里就不爽,就想跑过去揍他一顿才痛快!	厌恶、反感、烦躁、愤怒、压抑

在作这种探索的时候,也许你会发现自己的情绪词汇较匮乏,对各种情绪的确切含义似乎也很模糊,那么这个情绪表格也许会有所帮助,如表4-3所示。

表4-3 各种情绪的核心相关主题

情绪	核心相关主题
愤怒	冒犯、贬低我和我的东西
焦虑	面对存在的不确定威胁
惊恐	面对具体的、突如其来的、势不可挡的、身体上的危险
内疚	触犯了一个道德戒律
羞愧	未能达到理想的自我
悲伤	经历了无可挽回的损失
羡慕	想要别人所拥有的东西
嫉妒	因失去或威胁与另一方的情感而憎恨第三方
厌恶	接受一个难以理解的客体或主意(隐喻的说法)或与该客体(或主意)的距离太接近
快乐	朝向目标的实现取得的进步
自豪	通过对有价值的客体或成就感到荣耀来提升个人的自我认同,这种成就可以是我们自己的,也可以是我们认识的某个人或组织的
放松	令人苦恼的或与目标不相容的情况已经好转或过去
期望	担心最差的情况而又向往更好的
爱	渴望或参与爱,但却没有必要回报
同情	为他人的痛苦所打动,想要给予帮助

我们可以在探索自身情绪的过程中不断丰富表 4-3，同时，我们的情绪感知能力也会随之提高。

2. 接纳产生的任何情绪

对于觉察到的情绪，尤其是负面情绪，我们有时会闪过"我怎么能这么想""我不应该有这种念头"的想法，这其实是对自身情绪的否定、回避、责备。恰当的做法是抱着"存在即合理"的态度，允许并接纳这些情绪的存在。当我们能直面自己的负面情绪，并能允许自己去认识、体验这些情绪，我们的内心就已经得到了一定程度的释放。在此基础上，我们才能做到对这些情绪的主动调控。

（二）学会表达情绪

情绪不但驱使我们去行动或逃避，也是我们和其他人交流的主要方式。一部分人认为与别人分享内心感受并不总是安全的，分享自己的感受有风险，使自己容易受到别人的评判，而且害怕他们的内心感受，所以他们无法体验欢乐或悲伤时更深层的情绪，更不用说表达了。另一部分人对自己的情绪有较多的了解，也更愿意透露自己的感觉，无论是愤怒还是爱意。在生活中，无论偏向于哪种方式，最重要的是在感觉表达和感觉控制之间找到觉得舒适的平衡点。

充分表达负性情绪可以使你好受很多，这样的说法是不准确的。研究发现，对恐惧和生气的强烈表达并不能够稳定地减少情绪，反而会助长情绪。例如，使用发泄的方法来处理负面情绪的个体在人际关系上往往表现得更为焦虑。人们在看悲剧的时候放开去哭往往会比抑制泪水的人在最后感觉更差。而且，尽管和别人聊聊自己难受的事情确实能够帮助我们释放情绪，但是如果总是喋喋不休就会事与愿违了（就像用药，正确适当的剂量可以起到作用，过量就会有害）。沉思是不间断地去长时间考虑问题，关注情境的负性方面，而不是解决问题的方法。过度沉思常常是抑郁症的前兆，而且会加重抑郁症状。

当然这并不是建议我们要压制所有对负性情绪的思考或分析。第一，避开引发负性情绪的话题意味着认为此事太糟糕或者太羞耻，以至于你无法谈论它。第二，因为你不去讲这件事情，你将无法听到别人是如何处理这样的事情或者阻止此事再次发生的建议。第三，试图压制思考往往只会使情绪更加高涨。

通常我们可能需要几个星期甚至几个月来转移自己对情绪的注意，但是当你专注地不去思考的时候，你却反而会突然满脑子都是各种想法。研究发现，当人们试着避开对事情所有的想法时，周围的一切很快又会将它包围。压制会花费人们很大精力，使得人们不能专心于其他事情。所以，建议大家不要总是停留在不开心的体验和情绪上，但是也不能总是不去考虑这种情绪，我们需要通过某种方法来达到这两个极端中间的状态。

【知识链接】

在一项实验中，研究者要求试验组的大学生在 3~5 天中每天花半小时写出自己非常难受经历的最深刻的想法和体验，而被随机选入对照组的学生则每天写一些与情绪无关的内容，比如朋友或者亲人的去世、药物滥用以及过多的性生活。在整个实验结束时，受试者可以毁掉自己所写的，也可以交给我们，但是没有人会和他们讨论这些记录。所以，在这个研究中，学生只是和自己交流，做自己的心理治疗师。

研究者询问学生对书写过程的感受。尽管在书写过程中有时会非常难受，甚至会哭，但是所有人都报告这是非常有价值的经历。在这项研究的后续研究发现，与对照组相比，试验组受试者平均得病较少、饮酒较少、成绩较高。通过考虑压力事件和可能的解决办法，人们也可以受益匪浅。

与纯粹的情绪表达相比，为什么上述的书写过程会有如此正面的作用？进一步的研究显示，最容易从经历中获益的是常常通过书写来帮助自己理解压力事件以及对压力事件产生反应的人。更多使用"因为、原因、认识到、指导、理解"之类的词语的人也会在健康、学业以及整体上收获更多。也就是说，书写能够起作用并非因为人们表达了情绪，而是因为在书写过程中人们对困扰的事情作出了决定或者妥协。

二、合理情绪理论

（一）合理情绪理论

合理情绪理论是由美国临床心理学家阿尔伯特·艾利斯于20世纪60年代创立的一种心理治疗体系，他认为人有其固有本性，人的先天倾向中有积极的取向，也有消极的本性。换句话说，人有趋向于成长和自我实现这样的内在倾向，同时也具有非理性的不利于生存发展的生活态度倾向，而且艾利斯更强调后一种倾向，他认为正是这种非理性的生活态度导致心理失调。艾利斯认为人的情绪来自人对所遇到的事情的信念、评价、解释或哲学观点，而非来自事情本身。情绪和行为受制于认知。认知是人心理活动的"牛鼻子"，把认知这个"牛鼻子"拉正了，情绪和行为的困扰就会在很大程度上得到改善。艾利斯将以上观点概括称为情绪ABC理论。其基本观点是：人的情绪不是由某一诱发性事件本身所引起的，而是由经历了这一事件的人对这一事件的解释和评价所引起的。其中A（Activating Event）指诱发事件，B（Belief）指个体在遇到诱发事件之后产生的信念，C（Consequence）指特定情景下，个体的情绪及行为的结果。如果由事件发生后产生的信念是不合理的，个体就会体验到不愉快的情绪。而合理情绪疗法就是要通过引导来访者与不合理信念进行辩论（Disputing Intervention，DI）达到一定的效果（Effect，E）而使来访者产生新的感觉（New Feeling，简称F）。ABC理论包括一套通过认识不合理信念到改变不合理信念，进而调整情绪和行为的步骤和阶段。它始终强调现在，重视人的理性力量，相信人最终通过自我调节而顺应环境，把人的主动性提高到一个重要位置。

在艾利斯的理论中不合理的信念有3个特征：要求绝对化，过分概括化，糟糕至极。

1. 要求绝对化

总的来说，这类信念常与"必须""应该"等字眼连在一起。常见的想法有"我必须获得成功""别人必须很好地对我"等等。事实上，客观世界，以及我们自己的身体与心理，都有一定的规律，不可能以某一个人的意志为转移。对于某个人来说，他不可能在每一件事上都获得成功，他周围的人或事物的表现及发展也不会依他的意愿来改变。因此，当某些事物的发展与一个人对事物的绝对化要求相悖时，他就会感到难以接受和适应，从而极易陷入情绪困扰之中。

2. 过分概括化

这是一种过分以偏概全，盲目的从部分推广到整体的不合理思维方式。常见的有"这个人一无是处""我一点用都没有""学习不好就什么也不好"等。

在这个世界上，没有人可以达到完美的境界。要接受自己的错误，也要接受别人的错误。不要用放大镜看别人，更不能用显微镜看自己。

3. 糟糕至极

这是一种充分夸大不良后果的心态，认为如果一件不好的事情发生，那将是非常可怕的。例如，"我没考上研究生，一切都完了"。这种想法是非理性的，因为对任何一件事情来说，都会有比之更坏的情况发生，所以没有一件事情可以被定义为糟糕至极。但如果一个人坚持这种"糟糕"的观念，那么当他遇到他所谓的百分之百糟糕的事时，他就会陷入不良的情绪体验之中，从而一蹶不振。

（二）基于 ABC 理论的合理情绪疗法

合理情绪疗法是 20 世纪 50 年代由埃利斯在美国创立，它是认知疗法的一种，因此采用了行为治疗的一些方法，故又被称为认知行为疗法。合理情绪疗法的基本理论主要是 ABC 理论，这一理论又是建立在艾利斯对人的基本看法之上的。

埃利斯对人的本性的看法可归纳为以下几点。

（1）人既可以是有理性的、合理的，也可以是无理性的、不合理的。当人们按照理性去思维、去行动时，他们就会很愉快，富有竞争精神及行动有成效。

（2）情绪是伴随人们的思维而产生的，情绪上或心理上的困扰是由于不合理的、不合逻辑的思维造成的。

（3）人具有一种生物学和社会学的倾向性，倾向有理性的合理思维和无理性的不合理思维，即任何人都不可避免地具有或多或少的不合理思维与信念。

（4）人是有语言的动物，思维借助于语言而进行，不断地用内化语言重复某种不合理的信念，这将导致无法排解情绪困扰。

为此，埃利斯宣称：人的情绪不是由某一诱发性事件的本身所引起的，而是由经历了这一事件的人对这一事件的解释和评价引起的。这就成了 ABC 理论的基本观点。在 ABC 理论模式中，A 是指诱发性事件；B 是指个体在遇到诱发事件之后相应而生的信念，即他对这一事件的看法、解释和评价；C 是指特定情景下，个体的情绪及行为的结果。

通常人们会认为，人情绪和行为反应是直接由诱发性事件 A 引起的，即 A 引起了 C。ABC 理论则指出，诱发性事件 A 只是引起情绪及行为反应的间接原因，而人们用诱发性事件所持的信念、看法，去解释 B 才是引起人的情绪及行为反应的更直接的原因。

例如，两个人一起在街上闲逛，迎面碰到他们的领导，但对方没有与他们打招呼，径直走过去了。这两个人中的一个对此是这样想的："他可能正在想别的事情，没有注意到我们。即使是看到我们而没理睬，也可能有什么特殊的原因。"而另一个人却可能有不同的想法："是不是上次顶撞了他一句，他就故意不理我了，下一步可能就要故意找我的岔子了。"

两种不同的想法就会导致两种不同的情绪和行为反应。前者可能觉得无所谓，该干什么仍继续干什么；而后者则可能忧心忡忡，以至无法冷静下来做好自己的工作。从这个简单的例子中可以看出，人的情绪及行为反应与人们对事物的想法、看法有直接关系。在这些想法和看法背后，有着人们对一类事物的共同看法，这就是信念。这两个人的信念，前者在合理情绪疗法中称之为合理的信念,而后者则被称之为不合理的信念。合理的信念会引起人们对事物适当、适度的情绪和行为反应,而不合理的信念则相反,往往会导致不适当的情绪和行为反应。当人们坚持某些不合理的信念,长期处于不良的情绪状态之中时,最终将导致情绪障碍的产生。

【案例分析】

情绪 ABC 理论的案例分析

有一个年轻人失恋了,一直摆脱不了事实的打击,情绪低落,已经影响到了他的正常生活,他没办法专心工作,因为无法集中精力,头脑中想到的就是前女友的薄情寡义。他认为自己在感情上付出了,却没有收到回报,自己很傻、很不幸。于是,他找到了心理医生。

心理医生告诉他,其实他的处境并没有那么糟,只是他把自己想象得太糟糕了。在给他做了放松训练,减少了他的紧张情绪之后,心理医生给他举了个例子。"假如有一天,你到公园的长凳上休息,把你最心爱的一本书放在长凳上,这时候径直走过来一个人,坐在椅子上,把你的书压坏了。你会怎么想?"

"我一定很气愤,他怎么可以这样随便损坏别人的东西呢!太没有礼貌了!"年轻人说。"那我现在告诉你,他是个盲人,你又会怎么想呢?"心理医生接着耐心地继续问。"哦——原来是个盲人。他肯定不知道长凳上放有东西!"年轻人摸摸头,想了一下,接着说,"谢天谢地,好在只是放了一本书,要是油漆,或是什么尖锐的东西,他就惨了!""那你还会对他愤怒吗?"心理医生问。"当然不会,他是不小心压坏的嘛,盲人也很不容易。我甚至有些同情他了。"

心理医生会心一笑:"同样的一件事情——他压坏了你的书,但是前后你的情绪反应却截然不同。你知道是为什么吗?""可能是因为我对事情的看法不同吧!"对事情不同的看法,能引起自身不同的情绪。很显然,让我们难过和痛苦的,不是事件本身,而是对事情的不正确的解释和评价。这就是心理学上的情绪 ABC 理论的观点。情绪 ABC 理论的创始者埃利斯认为:正是由于我们常有的一些不合理的信念,才使我们产生情绪困扰。如果这些不合理的信念日积月累,还会引起情绪障碍。

情绪 ABC 理论中,A 表示诱发事件;B 表示个体针对此诱发事件产生的一些信念,即对这件事的看法和解释;C 表示个体产生的情绪和行为结果。通常人们会认为诱发事件 A 直接导致了人的情绪和行为结果 C,发生了什么事就引起了什么情绪体验。然而,同一件事,人们的看法不同,情绪体验也不同。

比如,同样是失恋了,有的人放得下,认为未必不是一件好事,而有的人却伤心欲绝,认为自己今生可能都不会有爱了。再比如,在找工作面试失败后,有的人可能会认为,这次面试只是试一试,没被录用也没关系,下次可以再来;有的人则可能会想,我精心准备了那么长时间,竟然没被录用,是不是我太笨了,我还有什么用啊,人家会怎么评价我。这两类人因为对事情的评价不同,他们的情绪体验当然不同。

对于上面这个失恋的年轻人来说,失恋只是一个诱发事件 A,结果 C 是他情绪低落,生活受到影响,无法专心工作;而导致这个结果的,正是他的认知 B——他认为自己付出了一定要收到对方的回报,自己太傻了,太不幸了。假如他换个想法——她这样不懂爱的女孩不值得自己去珍惜,现在她离开可能避免了以后她对自己造成更大的伤害,那么他的情绪体验显然就不会像现在这么糟糕了。

三、有效处理情绪的方式

一个人的情绪状态的整体基调如何,并不取决于他遇到的负面情绪的多少,而是与他对待这些情绪的态度,以及他是否能有效应对这些情绪有关。

(一)放松法

不良情绪往往伴随着身体不适感,通过消除身体紧张感,使身体放松,心理也会随之松弛。尝试按照下面的指导语进行自我放松。

"闭上眼睛,以一个舒适的姿势坐着,把注意力集中在你的呼吸上,用鼻子把空气吸进去、再吸,感觉整个腹部都被空气充满了,腹部鼓起来了,再慢慢地把气从口里呼出来图4-3所示,缓缓地、均匀地呼出来(图4-3)。想象你自己正漫步在公园,两边都是葱郁的树木,高大、浓密。近有散落在地上的小草。翠绿、纤细,轻盈地摇摆着。一边走着。你能闻到泥土的芬芳,能闻到花草的香甜,暖暖的太阳照在你身上,暖和极了,舒服极了。你感到自己的身体越来越沉重,有一种往下沉的感觉。"

图4-3 自我放松

需要指出的是,能让每个人心情平静和放松的场景可能不一样,可能是波涛拍打的大海,也可能是幽静的山谷,还可能是他自己喜欢的某幅画,或者是他喜爱的一个游戏场景……在对自我进行放松时,可以选择适合自己的放松场景。

除了想象放松,还可以通过音乐来放松。下面根据不同情绪提供一些有助于放松的乐曲。焦虑时:《塞上曲》、圣桑的《天鹅》、韩德尔的组曲《焰火音乐》。急躁时:海顿的《皇家焰火音乐》、罗西尼的《威廉·退尔》、鲍罗廷的《勒超人的舞》。失眠时:莫扎特的《催眠曲》、门德尔松的《仲夏夜之梦》、德彪西的钢琴协奏曲《梦》。疲劳时:《天鹅》《一个梦》《夏日圣地》《圣母玛利亚》《抚摸》《小夜曲》《蓝色的爱》《献给爱丽丝》《圣母的珠宝石》。

(二)锻炼

多项研究反复证明,锻炼身体是防止抑郁发生的可靠方法。长期锻炼也可以防止焦虑的产生。需要注意的是持续锻炼才能够使我们获益,而不是单次锻炼。所以,适量锻炼能够改善情绪,过量的锻炼却会使情绪变得更糟(图4-4)。

为什么持续、适量、稳定的锻炼能够改善心境?

(1)锻炼可以减少压力的能量。虽然任何消遣都可以用来应对压力,比如听音乐或看电视,但是这些方法在大多数情况下都不是最有效的。而各种消遣方式是否有效往往取决于引发压力的刺激物。如果压力源完全不在你的控制中,那么消遣一下会是一个好的方法。

图 4-4 锻炼身体

(2) 锻炼全面促进了健康。与身体较差的个体相比,健康状况良好的个体对充满压力的事件会表现出更少的紧张和自动唤起。肌肉紧张和自动唤起能够在某种程度上表现出对压力的主观感受。

(3) 任何压力都会使身体为"战斗"或"逃跑"做好准备,即使某充满压力的情景并不需要身体做出任何反应。一旦刺激激发身体产生活动,压力就会减少。研究表明,实验室中的啮齿类动物在接触压力源后如果被放在转轮活动,肾上腺对压力的反应就会减小。

(4) 一种名为内啡肽的神经递质在剧烈的身体锻炼中能够发挥作用。这些化学物质关乎身体的自然减痛系统,而镇静活动与情绪改善大大相关。

【心灵拓展】

一、心理测试:情商的测量

自从人类行为学专家、情感智能理论的创始人戴聂尔·苟勒门博士向高智商导致成功的传统理论提出挑战以来,已有越来越多的专家开始认识到:在人的成才过程中,不是智商而是情商在起着更为重要的作用。

要想知道你的情商有多高,请完成以下测验,每道题选同意得 1 分,选不同意得 0 分。然后将你所得分累加起来。

(1) 与你的恋人或爱人发生争吵后,你能在他人面前掩饰住你的沮丧。
(2) 当工作进行得不顺利时,你认为这是对未来的一个警告。
(3) 你最好的朋友开口说话以前,你就能分辨出他(她)处于何种情绪状态。
(4) 当你担忧某件事时,你在夜里几个小时难以入睡。
(5) 你认为大多数人必须更加努力而不要轻易放弃。
(6) 与你最好的朋友告诉你一些好消息相比,你更易受一部浪漫影片的感染。
(7) 当你的情况不妙时,你认为到了你该改变的时候了。
(8) 你经常想知道别人是怎么看待你的。
(9) 你对自己几乎能使每个人高兴起来而感到自豪。

(10) 你厌烦讨价还价，尽管你知道讨价还价能使你少花 20 元钱。

(11) 你十分相信直率的说话，而且认为这样能使一切事物变得更为容易。

(12) 尽管你知道自己是正确的，你也会转换这一话题，而不愿进行一场争论。

(13) 你在工作中作出一个决定后，会担心它是否正确。

(14) 你不会担心环境的变化。

(15) 你似乎是这样一个人：对于周末去干什么，你总能够提出很有趣的设想。

(16) 假如你有一根魔棒的话，你将挥动他来改变你的外貌和个性。

(17) 不管工作多么尽心尽力，你的老板似乎总催着你。

(18) 你认为你的恋人或爱人对你寄予厚望。

(19) 你认为一点小小的压力不会伤害任何人。

(20) 你会把任何事情都告诉你最好的朋友，即使是个人隐私。

16 分或 16 分以上。

你对你的能力很是自信和放心，因此，当处于强烈情感边缘时，你不会被击垮。即使你在愤怒时，你也能进行有效的自我控制，保持彬彬有礼的君子风度。在控制你的情感方面，你是出类拔萃的，与他人相处得也很融洽。但是，你太依赖社交技巧而忽略成功所需要的其他重要因素，例如艰苦奋斗的作风和好的主意。

7 到 15 分。

你意识到自己和他人的情感，但有时忽视它们，不知道这对你的幸福是多么重要。你对下一步的提升和买一幢更漂亮的房子等诸如此类事情的关心支配着你的生活。然而，无论实现多少物质目标，你仍然感到不满足。试着去分析和理解你的情感，并且按照它去行动，你会更幸福。记住，人们可能压制你，使你暂时消沉，但是，你总是能够从挫折中吸取教训，重新发挥你的优势。

6 分或者 6 分以下。

你对别人的关心必须多一点，少注重自己。你喜欢打破社会常规，并且不会担心通过疏远别人来取得自己想得到的东西。你可能在短期内就会取得一定成果，但人们不久就将开始抱怨你。控制住你易冲动的天性，不是以粗鲁的方式，而是试着去通过迎合他人来得到你想要的一切。如果你得分不高，不要沮丧。你要学会去控制你的消极情感，充分利用你的积极情感。

二、团体活动：走出情绪圈

在外圈写上你感到最愉快、喜悦或高兴的时刻或事件，中圈写上你最难受或烦躁的时刻或事件，内圈写上你经常出现的三种情绪。写好后，5~8 人一个小组分享自己写的内容。对外圈内容，可讨论你产生该情绪的原因；对中圈内容，除讨论情绪产生的原因之外，还可以看看是否有其他应对方式；对内圈内容，应作具体描述，其他成员可以提出自己的看法或建议。

第五章

搭建心灵的桥梁——大学生人际交往

写在篇前

俗话说：独木难成林。在成长的过程中，没有人能够独立于社会之外。心理学家的实验也证实了这一点：没有一个人能在自我闭锁的孤独状态下快乐生活！与人交往和沟通，建立良好的人际关系，是每个人的基本社会需要，也是一个人健康成长的必备条件。人际关系直接影响着一个人的身心健康。良好的人际关系是人的心理正常发展、个性完整健全、生活幸福美满的前提和基础。因此，掌握人际交往的基本规律和技巧，提高人际交往能力，建立良好的人际关系，是大学生心理健康教育的重要内容。

心理格言

一个人的成功，百分之十五靠专业知识，百分之八十五靠人际交往。
——（美）戴尔·卡耐基

人类的心理适应，最主要的就是人际关系的适应，所以人类的心理病态，主要是由于人际关系的失败而来。
——丁瓒

人是最合群的动物，离群索居者不是野兽，便是神灵。 ——（古希腊）亚里士多德

知识导航

第一节　人际交往概述

一、人际交往的含义

（一）人际交往的含义

人们在社会生活和社会实践中总要同他人发生这样或那样的联系，这些联系必须通过人

与人之间的交往来完成,这种为了满足人们需要而相互沟通信息、交流思想、表达情感、协调行为的互动过程称为人际交往。人际交往既是人类所特有的高级活动形式,又是人类共同活动的一种特殊形式。说它是高级活动形式,是因为我们把人际交往同自然界的一切动物相比较而言的;说它是特殊活动形式,是因为人际交往必须是两人或两人以上通过一定的方式发生某种沟通和交流的活动。

大学生的人际交往大都是在学习生活基础上发展起来的,其主要形式有同学之间交往、师生交往以及家庭和社会交往,其交往随时代的发展而注入不同的内容,交往形式不断丰富并且越来越多样化。

【知识链接】

神奇的"六度空间"

1967年,哈佛大学的社会心理学家米尔格兰姆(Stanley Milgram)设计了一个"连锁信"实验。他将一套连锁信件随机发送给居住在内布拉斯加州奥马哈市的160个人,信中放了一个波士顿股票经纪人的名字,信中要求每个收信人将这套信寄给自己认为是比较接近那个股票经纪人的朋友。朋友收信后照此办理。最终,大部分信在经过五六个步骤后都抵达该股票经纪人那里。"六度空间"的概念由此而来,米尔格兰姆也将它称为"六度分割"(Six Degrees of Separation)理论。简单来说,"六度空间"就是在这个社会里,任何两个人之间建立一种联系,最多需要6个人(不包含这两个人在内)。无论这两个人是否认识,生活在地球上任何偏僻的地方,他们之间只有"六度分割"。这个连锁实验,体现了一个似乎很普遍的客观规律:社会化的现代人类社会成员之间,都可能通过"六度空间"而联系起来,绝对没有联系的A和B是不存在的。这是一个典型、深刻而且普遍的自然现象。

(二)人际交往、人际关系与人际情感

杨中芳教授对中国人的人际关系意义经过系统的分析思考后,对人际关系及相关的人际交往和人际情感等3个概念作了具体的分析,认为这3个概念之间既存在紧密联系又不等同。她对这3个概念界定如下。①"人际交往"是指人与人(两人)接触时所进行的心理及行为的交流活动,它通常是在一个特定的(社会既定的)社交场合中进行的,因此遵循该场合所蕴含的交往法则及规范,从而使双方产生对对方的交往行为的愿望,并用此期望来决定双方交往的质量及满意程度。②"人际关系"是指两人在连续的、有意义的交往过程中,在某一个时间点上的综合交往状况,人们通常用"好/不好""近/不近""铁/不铁",或某一关系类别、称谓,如"普通朋友"来概括形容。③"人际情感"则是指内含于两人关系之中的情感元素,这种情感源于交往双方相互关照及相处所建立的情感,它是针对对方而存在的。

(三)人际交往的交互分析

有人说,这个世界上有两个人,不是好人和坏人,也不是男人和女人,而是自己和别人,也就是"我"和"你",你我之间交往互相肯定对方的价值,关照彼此的需要,就是"我好,你也好"。这是幸福快乐、良性互动、双赢的一种建设性的交往状态。与之相反的,是下面3种状态。

"我好，你不好"（希特勒状态）——自恃权威的人（抬高自己，否定别人）。就像希特勒打压犹太人而宣扬日耳曼人是优等民族一样，持这种心态的人总觉得自己比别人优秀，认为自己是对的、强的、大的，别人是错的、弱得、小的，所以会自大，指责或者指导别人，不管别人愿不愿意，因此无法与他人建立真正平等良好的关系。

"我不好，你好"（游坦之状态）——自卑的人、自我否定的人。金庸小说《天龙八部》中游坦之对阿紫万般顺从与乞求，甚至不惜性命。这种状态中的人觉得别人是强的、好的、对的，自己是不够好的，应该对别人满意，按照别人要求来规划自己，这种状态永远是一种未长大的对别人依恋的孩子状态，同样也无法建立起真正让双方都舒服的人际关系。

"我不好，你也不好"（马加爵状态）——施害的人、否定别人（表面上否定别人，骨子里否定自己）。曾引起全国轰动的马加爵，无法接纳自己的不足和过错，也无法接纳别人的不足和过错，认为生命失去了意义，用绝望的态度毁灭了双方，这是最具破坏性的状态。

人际交往中，这3种状态都或多或少地存在，其中"我好，你也好"状态占的比例越大，我们就会越快乐，充满了建设性的正能量和幸福感，后面的2种状态占得越多，自己就越会被牵绊，内心无法达到真正的和谐幸福。

二、人际交往的功能与规律

（一）人际交往的功能

1. 获得信息的功能

人际交往，可以相互传递、交流信息和成果，丰富自己的经验，增长见识，开阔视野，活跃思维，启迪思想。英国作家萧伯纳说："如果你有一种思想，我有一种思想，彼此交换，每个人都有了两种甚至多于两种的思想。"

2. 自知、知人的功能

首先，交往可以"自知"。以他人为衡量自己的尺子和鉴别自己的镜子，在与别人交往中进行比较，认识自己与他人的关系及自己的社会角色和在集体中的位置，发现自己的长处和不足，选择更恰当的行为。其次，交往可以"知人"。人际交往范围越大，接触的人越多，也就越能了解更多人的品行。知己知彼方能百战不殆，人生的许多经验就是在人际交往过程中积累和丰富起来的。

3. 人际协调的功能

一个现代人要想取得事业的成功，拥有组织、协调的力量，调动各方面的智慧，就离不开人际交往，就要学会善于与他人合作。人际交往可以使单独的、孤立无援的个体，结成一个强有力的集体，能协调人们的行动，避免冲突，提高活动效率。

4. 心理保健的功能

人际交往可以增进了解，沟通感情，加深友谊，使心情舒畅，精神愉快，增强幸福感，较少产生不良情绪。即使有了不良情绪，也能通过向知心朋友倾诉，得到理解、宽慰，化解生活矛盾，消除不良情绪，减轻心理压力，保持心理健康。反之，缺乏人际交往，情感难以沟通，容易产生误解，引发矛盾，导致人际关系紧张。若长期大量不良情绪郁积于心，最终可能产生心理障碍。

【心理实验】

交往剥夺实验

美国心理学家沙赫特在1959年做过这样一个实验：他以每小时15美元的酬金雇人到一个小房间去。这个小房间与外界完全隔绝，里面除了有一把桌子，一把椅子，一张床，一个马桶，一盏灯之外，没有报纸、电话和信件，也没有其他物品，更不让其他人进去，甚至连身上的钱包也不让带。三餐有人送，但不和里面的人接触。有5个人应征参加实验。其中1人在小房间只待了2个小时就出来了，3个人待了2天，另1个待了8天。这个待了8天的人出来后说："如果让我再在里面待1分钟，我就要发疯了。"

在衣食无忧而且还有可观报酬的情况下，这几个人为什么要放弃实验呢？一个人单独待在封闭空间里如此令人难受吗？

因为人是社会动物，是很难长时间与他人隔绝的。这就是我们需要交往、需要朋友的原因。

5. 社会化的功能

一个人的成长过程，是与他人的交往过程，也是逐步实现社会化的过程。青少年在与人交往的过程中，学习各种社会生活准则和社会角色行为，逐步掌握了社会规范，认识到自身的价值，明确自己在社会、集体中的地位和责任，学会与他人公平竞争与真诚合作，逐步由一个自然人变成社会人。

（二）人际交往的规律

1. 临近律

人们生活空间距离上的接近使得相处的机会和时间增多，相互之间便更容易熟悉对方，双方往往容易因这种接近而相识，最终建立友谊，成为知己。俗话说"远亲不如近邻"，实际上就是说明了人们彼此间在时空上的接近是建立友谊的重要因素。

2. 一致律

研究表明，个性、职业、背景、年龄等越相似的人，互相之间的吸引力就越大，因为相似的因素使得交往的双方更容易找到共同的语言，这样就缩短了距离而产生相互吸引。"物以类聚，人以群分"所表达的就是这个意思。特别指出，相似性小但最有吸引力的情况大概是态度和价值观的一致性。有时即使其他方面差别很大，但态度和价值观一致，仍会产生很大的吸引力，这就是"志同道合"的力量。

3. 互补律

人际吸引的互补律是指人际互动的双方需要成为互补关系时，会产生强烈的互相吸引力。简言之，当一方所具有的品质和表现出的行为正好可以满足另一方的心理需求时，前者就会对后者产生吸引力。

在日常生活中，我们不难发现，相似与互补看起来很矛盾。实际上则不然，两者在不同的情况下有着不同的地位。当两人有着不同的角色，且双方的地位完全平等时，相似性成为人际吸引的主导因素；当两人拥有不同的角色，且双方地位不完全平等时，互补性则成为主导因素。

4. 对等律

人人都愿意被别人所肯定、赞美和接纳,一个人付出努力得不到别人的认可,和付出努力得到别人认可结果是不一样的。同样的付出得到了同样的回报时又会怎样呢?显然,付出努力得到认可,对形成良好的人际关系更为有利,这就是常说的"对等吸引"。"对等吸引"指的是人们都喜欢那些同样喜欢自己的人。人们在交往过程中都是希望得到积极反馈的。当得不到反馈或者得到的是负面反馈时,就会产生消极的情绪,阻碍良好人际关系的形成和发展。对不同的人来说,由他人的喜欢和认可所激发出来的对别人的喜欢和认可并不完全等同。例如,自尊心强、自信的人对别人的评价不是很在意,他人喜欢与否对自己来说影响也不大。但是自卑或者遭受挫折的人对他人的喜欢与排斥则相对敏感,因为这样的人往往需要从别人那里得到肯定,以别人的态度和评价来确定自己的地位和价值。

三、人际关系的建立与破裂

(一)人际关系的建立过程

建立和发展良好的人际关系,通常需要经过以下 4 个阶段。

1. 定向阶段

定向阶段包含对交往对象的注意、抉择和初步沟通等多方面的心理活动。大千世界里,只有那些能够激起你兴趣的人才会引起你的特别注意。初步的沟通后明确可否与对方有更进一步的交往定向。人际关系的定向阶段,其时间跨度随情况的不同而不同。偶然相遇而相见恨晚的人,定向阶段会在第一次见面时很快完成,而对于可能有经常的接触机会而彼此又都有较强自我防卫倾向的人,此阶段要经历很长时间才能实现。

2. 情感探索阶段

随着此阶段中双方共同情感领域的发现,双方的沟通也会越来越广泛,自我暴露的深度与广度也逐渐增加。但在这一阶段,话题应避免触及别人私密性的领域,自我暴露也不应涉及自己的隐私。

3. 感情交流阶段

此阶段交往双方产生的好感,信任感、安全感已经得到确立。双方的交往会日益频繁和密切。交往中,由于相互帮助、相互体贴,彼此感到十分充实、愉快,谈话也广泛涉及自我的许多方面,渐渐无话不说,并有一种强烈的情感依恋。由于双方相互启发、相互影响,对现实事物的态度、价值取向和行为方式也渐趋相似,因此彼此能进行真诚的赞赏和批评,在认知、情感和行为上均达到相当的一致性。

4. 稳定交往阶段

此阶段交往双方心理上的相容性进一步增加,自我暴露更为广泛和深刻,彼此已经可以允许对方进入自己高度私密性的个人领域,因而关系比较稳定。双方能求同存异、化解矛盾,亲密互惠的关系依靠双方来维护。

(二)人际关系的破裂过程

人际关系的本质是情感的相互联系以及相互拥有,它的基础是关系的双方必须有共同的情感。共同情感存在,彼此关系就存在;共同情感消失,彼此关系就破裂。一般来说,人际关系从融洽的状态走向终结，通常要经历以下 5 个阶段。

1. 分歧阶段

此阶段人际关系双方的不同点扩大，心理距离增加，彼此的接纳性下降。双方在知觉和理解上都朝着不利于双方关系的方面倾斜，双方情感的融洽程度下降了，开始对对方的情感和动机状态没有把握，不能准确地判断对方。

2. 收敛阶段

此阶段分歧没有得到较快解决就会导致双方较长时期都以收敛的方式交往，使关系进一步恶化。双方总的沟通量下降，自然的情感融洽度降低。此时双方谈话应高度注意、高度选择，尽量减少彼此的紧张和不一致。当然，双方关系的发展还没有足以使人们明确表示对彼此的关系不再有兴趣，情感上的拒绝水平也还较低，在表面上仍试图维持关系状态良好的印象。

3. 冷漠阶段

此阶段交往双方开始放弃增进沟通的努力，已经不太愿意进行直接谈话，而是多用非语词方式来实现必要的沟通和协调。但许多人会把关系在这一阶段上维持很长时间。原因有两个方面：一是期望关系仍然能朝好的方向发展，因而不愿意一下子就明确终止关系；二是考虑到自身的利益，很难一下子适应突然失去某种关系的支持。这就会促使人们即使勉强，也需要在一定程度上维持某种关系。

4. 逃避阶段

此阶段交往双方会尽可能地相互回避，特别是避免只有两个人在一起时无所适从的窘境。关系恶化到这一阶段，人们往往感到彼此很难判断对方的情感状态和预知对方的行为反应，通常避免直接询问、提出要求等，在知觉和理解上，这一阶段很容易发生纯粹主观的误解。在这种状态下，人们都有强烈的自我保护倾向，对许多本来正常的人际行为都会有过敏的反应。

5. 终止阶段

关系的终止是前几个阶段关系恶化的自然延续。关系的终止可能是立即完成的，也可能拖延很久，方式也各种各样。随着彼此相互交往的隔断，或彼此利益依存关系的解脱，冷漠和逃避的关系状态会转变为关系的最后终结。经历了人际关系恶化终止是相互情感卷入、连带的消失。

四、大学生人际交往的影响因素

人际交往是一种非常复杂的社会心理现象。在大学生群体中，人与人之间交往的程度或深度往往有很大的差别，有的一见如故；有的"鸡犬之声相闻，老死不相往来"；有的情同手足，形影不离；有的时冷时热，若即若离。大学生的人际交往受多方面因素的影响，主要有以下几个方面。

（一）外表与个性特征

爱美之心，人皆有之。人们常常把外貌有吸引力的人视为拥有较多优良人格特征的人，一个人的长相、穿着、仪表、体态，往往是构成人际吸引的重要因素。个性本身更是引人注意与令人欣赏的重要条件。

1. 长相因素

相貌漂亮者往往容易引起别人注意，也容易成为一部分人的交往对象，尤其在素昧平生的初次交往中更是如此。外貌美对人（尤其是异性）会有一种天然的吸引力，特别是在人际交往初期，外貌对人际关系所起的推动作用是不可低估的。当然，人的美除了有外在美之外，还有更重要的内在美。因此，每个大学生都应加强自身修养，培养高雅的气质，在交往中施展内在美的魅力。

2. 性格因素

人们对乐观开朗、助人为乐、富于幽默感、有进取精神的人非常倾慕，因为与这种人相处，能给人带来欢乐。

心理学家安德森在1968年所进行的一项研究中，将555个描绘个性品质的形容词列成表格，让大学生受试者按照喜欢程度由高到低排列。结果显示，大学生最喜爱的排在前十位的个性品质是真诚、诚实、理解、忠诚、真实、可信、聪慧、可依赖、有头脑、体贴，最厌恶的品质排前十位是古怪、不友好、敌意、饶舌、自私、狭隘、粗鲁、自负、贪婪、不真诚。尽管安德森的研究是在20世纪60年代末，但他的发现与当代人的选择倾向仍有高度的一致性，并且对当代中国的大学生也有重要的启发意义。

3. 能力因素

人们都比较喜欢聪明能干的人，觉得与能力强的人结交是一种幸福并感到自豪。为此，不少人常与有某种特殊才能的人结为良师益友。

但研究发现，群体中最有能力的成员，往往不是最受喜爱的人。可以看出，才能与被人喜欢的程度，在一定限度内存在正比关系。如果一个人超凡的才能超出一定范围，使他人可望而不可即的时候，其才能所造成的压力就成了主要的作用因素，人们就会感到一种压力，并倾向于逃避或拒绝与这个人交往。因为任何一个人，无论如何都不会去选择一个总是提醒自己无能和低劣的对象做朋友。因此，有研究显示，一个很有才华而又有小缺点或过错的人，反而使一般人更喜欢接近他，比那些有才华又完美无缺的人更具有吸引力。

4. 沟通技巧与语言因素

缺乏沟通技巧或能力、沟通不畅、沟通失效、语言障碍等都是影响建立良好人际关系的因素。例如，有人口齿不清，语言表达不准确，常常词不达意，别人不能准确理解其意或者容易引起误会；也有人说话的语调不当，很少用商量的语调，而习惯用命令式语调，因而引起对方反感；还有些人存在偏见或歧视，不能正确看待和认识他人，目空一切。这些因素都会妨碍良好人际关系的建立。

（二）时空的邻近性

俗话说：远亲不如近邻，近邻不如对门儿。这说明时空距离是形成密切的人际关系的一个重要条件。

心理学调查表明，人际间所处的空间距离也是影响人们选择交往对象的因素之一，居住距离越近，彼此间希望交往的愿望越强烈，进行交往的可能性就越大。例如同班、同桌、同室的人，交往频率高，因接触机会多而相识，因相识而彼此吸引，因彼此吸引而容易形成共同的经验、共同的话题、共同的机会、共同的兴趣以及共同的利益，从而建立友谊。相邻的人会有较大的交往吸引力，往往是由于3种需要。第一是互助的需要。一个人遇到自己无法解决的困难时往往求助于最为邻近的同学、室友,这种求助所激发的交往热情,是人际交往的强大动力。第二是安全的需要。为了自身安全,人们都有同周围的人搞好关系的心愿,它是促使彼此间进行交往的内在动力。第三是情感的需要。每个人都希望生活在愉快的环境中,彼此间能亲密友好相处的情感需要也是促使交往的内在动力。

时空邻近性是密切人际关系的重要条件,但也不是绝对的。有的时候,时空过于接近,交往过于频繁,更易了解对方的缺点,反而容易造成摩擦和冲突,甚至可能日久生厌。

另外,时间上的接近,如同龄、同期入学、同期毕业等,也易于在感情上相互接近,产生相互吸引。

(三)态度的相似性

有句成语"惺惺相惜",指的是才智相近的人会彼此珍惜。人们倾向于喜欢与自己相似的人,包括思想、信念、价值观、道德评价的一致或相似,兴趣、爱好的一致,以及民族、年龄、学历、社会地位、职业、修养等方面的相似性,这些都会促进彼此间关系的融洽,容易产生共鸣、同情、理解、支持、信任、合作,从而形成密切的关系。

这种因为两人之间有很多相似点而彼此吸引的现象,说明了相似性是建立良好人际关系的基础。"物以类聚,人以群分",它言简意赅地表明了人际吸引中的相似性作用。

美国心理学家纽科姆(Newcomb)曾在密执安大学做过一个实验,实验对象是17名大学生。实验者为他们免费提供住宿4个月,交换条件是要求他们定期接受谈话和测验。在受试者进入宿舍前先测定他们关于政治、经济、审美、社会福利等方面的态度和价值观以及他们的人格特征,然后将那些态度、价值观和人格特征相似和不相似的学生混合安排在几个房间里一起生活4个月,定期测定他们对上述问题的看法和态度,让他们相互评定室内的人,喜欢谁不喜欢谁。实验结果表明,在相处的初期,空间距离的邻近性决定人与人之间的吸引;到了后期,相互吸引发生了变化,彼此间的态度和价值观越相似的人,相互间的吸引力越强。心理学家的进一步研究还发现,只要对方和自己的态度相似,哪怕在其他方面有缺陷,同样也会对自己产生很大吸引力。

(四)需要的互补性

需要和满足需要的期望是推动人们相互交往的根本原因,也是人际关系的动机和目的。当双方的需要和对对方的期望正好互补时,就能形成强烈的吸引力,双方之间的喜欢程度也会大大增加。良好人际关系的形成取决于交往双方彼此满足需要的方式和程度。有句成语"刚柔相济",指的是两个性情极端不同的人,却能和谐相处。像这种两人之间的彼此吸引,被称为互补性。人们重视虽与自己不同,但能与自己互补的朋友,因为彼此可以取长补短。在恋爱与婚姻中,人们有时候喜欢与自己在某些方面互补的人。

苏联的一些心理学家,对气质相同的人的合作效果和气质不同的人的合作效果进行了比较研究。结果发现,两个强气质的学生组成的学习小组,常常因为对一些问题各执己见、争执不下而影响团结;两个弱气质的学生组成的学习小组,又常常缺乏主见,面面相觑,无可奈何。只有两个气质不同的学生组成的小组,团结搞得最好,学习效果也最显著。

(五)熟悉程度

心理学家扎琼克进行的一系列研究结果发现,熟悉本身就可以增加一个人对于某种对象的喜欢。一个人的照片被呈现的次数越多，受试者对其越熟悉，他们也越倾向于喜欢照片上的人。在生活中你还会发现，一些并未有意注意的对象重复出现也可以使你产生更为积极的体验。例如，经常一起听公选课的同学，尽管你完全不知道其姓名，也容易对其产生亲切感。需要注意的是，对于人来说，熟悉不是影响喜欢的唯一因素，人们接触对象的性质也影响着人们喜欢的程度。例如当别人对某一事物的态度与你不相同，则熟悉并不会使你增加喜欢的程度。这就是为什么有些长期生活在一起的人，有时也会形同陌路的原因。

（六）交往的频率

交往频率是指人们在单位时间内相互接触的次数。一般来说，人们彼此之间交往的频率越高，越容易形成共同的经验，有共同的话题和共同的感受等，越容易形成较密切的关系。交往频率过少，可能会产生冷落感，以致感情疏远。不过，交往过于频繁，也可能破坏对方的工作和生活秩序，反而引起反感。

第二节 大学生人际交往常见的问题

一、大学生人际交往的特点

大学生处于成年初期阶段，虽然已经脱离孩子的群体，但还不能履行成人的责任和义务。因此常被排斥于成人行列之外，处于"边缘地位"。他们既渴求深厚的友情、丰富多彩的交往活动，又时常甘愿享受孤独。

（一）交往愿望迫切

大学生思想比较单纯，精力充沛，兴趣广泛，活泼好动，对人际交往的需要比成人和中学生更加强烈，他们希望通过交往去获得同学的认可、接受、尊重、信任。同时，自主选择也使他们迫切想与人沟通，多了解他人和社会，多方面获得信息，满足自己多方面的需求。因此，大学生对于人际关系的建立抱有积极良好的愿望和迫切的心态。

（二）平等意识强

大学生的交往对象主要是同龄人，由于大学生个人经历、社会经验、认知能力、思想观念都大致相同，比较容易产生平等的心理和意识，加上大学生自我意识的逐渐增强，对独立自尊要求高，也就对交往的平等性要求越来越高。另外，大学生之间是同学关系，谁也不依赖谁，不存在较大的利益冲突，且具有共同的学习任务和比较一致的学习目的，加之学校和老师对他们提出的要求、给予的机会都是平等的，这就使得每个大学生在学校或班级中都是平等的一员，因而，他们的人际关系是比较稳定的，友谊是比较长久的。

（三）注重情感需求

大学生的人际关系比较注重情感需求，比较纯洁、真诚，他们交往动机中功利性少，情感性多。在一项关于大学生交朋友的原因调查中，有51%的人认为交朋友是因为谈得来，42%的人认为是因为有感情，只有5%的人认为是用得着。他们崇尚高雅、真诚、纯洁的友谊，注重情感的沟通和交流，交往的主要目的是为了获得情感需要的满足。这种满足既表现为了消除孤独，寻求友谊，在同性中找到情感交流的对象，也表现为通过与异性的交往来满足友谊和爱情的需求。

（四）交往范围大、内容丰富

同学交往已经不局限于同班同学，而是发展到同级、同学院甚至同校的可认识的所有同学。交往中，除了寻求友谊、交流学习体会外，还常常在一起探讨人生，传递各种信息等，并参加各种社会活动，关注各种社会现象，使得交往范围越来越广泛。特别是网络通信技术的应用使得信息传递快捷，社会生活节奏加快，身份隐蔽，可以随意表达思想情感的网络交往已成为大学生普遍的人际交往方式，他们的人际交往内容变得更加丰富和多样化。

（五）与异性交往愿望强烈

随着青春期的到来，性心理逐步趋于成熟，大学生的心理也有了许多变化，如自我意识增强、情绪容易波动、爱慕异性、兴趣易转移等。渴望在与异性的接触和交往中获得心理上的满足。男女间的正常交往可以满足大学生的心理需求，达到心理平衡，有利于增进心理健康。虽然渴望与异性接触，但大学生在实际交往中往往表现为拘谨，不知所措，不知该如何打开交往局面，甚至因为担心他人的闲言碎语而制约了男女间的正常交往。

二、大学生人际交往类型

（一）同学交往

同学是大学生人际交往最基本的对象，同学交往是大学生人际交往的主要内容。大学生学习、生活的环境决定了他们的交往对象是以同龄人为主的。众多的交往机会、相似的人生经历、共同的学习任务，使得大学生在选择交往对象时更多地选择同宿舍、同班、同学院、同社团、同校等相似背景的同学。同学关系最普遍也最复杂，主要有班级人际关系、宿舍人际关系、社团人际关系等。

1. 班级人际交往

同班级的同学，由于专业学习都在一起进行，因此有很多机会进行沟通，为良好人际关系的建立提供了便利条件，这是大学中最常见的人际交往，持续时间最长，也最牢靠。同时，由于专业的原因，与同系科或专业的同学也很容易形成共同的话题，并时常打破年龄和年级界限，进行正式或非正式的学术交流，从而形成一种结构比较松散的人际关系，这是班级人际交往的扩展。

2. 宿舍人际交往

宿舍对每一个大学生来说，都是非常重要的日常生活和人际交往的场所，室友则是整个四年大学生活期间都要朝夕相处的人，每个人都无法避免。大学生宿舍人际交往的基本类型有友好关系型、淡漠关系型和对立关系型。友好关系型的宿舍人际交往特点是同宿舍同学之间彼此富有吸引力，相互信任，融洽相处；淡漠关系型的宿舍人际交往特点是同宿舍同学之间表面上还能和睦相处，但感情上冷漠，思想上彼此不交流，相互不关心；对立关系型的宿舍人际交往特点是同宿舍同学之间分为若干小群体，而小群体之间呈现对立排斥状态。

3. 社团人际交往

大学生精力旺盛、兴趣广泛，往往会与情趣相投的同学建立起一些社会活动团体或协会，从而形成以兴趣爱好为主导的人际交往关系。由于大学里社会团体活动的普遍开展，与兴趣爱好相同的同学有更多的机会在一起交流，容易形成较为稳定的人际关系。

（二）同乡交往

大学生来自全国各地，由于远离家乡，来自同一省份或同一市、县的同学因入学前的共同居住地、语言、风俗而产生人际交往和情感交流。中国自古就非常看重老乡之间的交往，把"他乡遇故知"看作人生四喜之一，"老乡见老乡，两眼泪汪汪"，特别是在大学一年级，对很多方面不熟悉，非常注重老乡之间的互相帮助，新生入学，校园里就有老乡广告，有高年级的老乡自动组织迎接新老乡，带领新生熟悉校园、办理各种手续。老乡会、同乡会等非正式组织，以乡情为感情维系，定期或不定期组织活动。但随着时间的延续，纯粹老乡之间的交往会逐渐减少并被其他人际交往所取代。

（三）师生交往

教师与学生是大学校园里两大基本群体。教师是学生人际交往的重要对象，师生关系是学生人际关系的重要内容。当前大学生的师生交往，主要指大学生与在校的任课老师、班主任、学院辅导员、实习指导老师等之间的师生交往。师生关系直接影响学生的学习、成长。一般情况下，多数班主任、辅导员和学生的关系比较融洽，任课老师只在其授课时间与学生接触，课外时间师生交往不多，一般是单纯的教学关系。所以，由于学生主动性的不同，师生关系会有所差别，往往主动接近老师的学生，其师生关系比较好，而不主动接触老师的学生的师生关系一般。

（四）网络人际交往

随着信息社会的来临、计算机网络的飞速发展、现代化通信工具的普遍应用，以电脑和手机构成的网际空间包罗万象，功能也越来越智能化。无论什么人，都可以足不出户，随时随地满足获取和发布信息、购物、游戏、娱乐等需求。人们还可以通过网络社交软件进行聊天、交友等网络人际交往。网络人际交往已经成为大学生一种重要的人际交往方式，为大学生缓解压力、寻求解脱、满足好奇心、寻求角色转换提供了一个巨大的人际交往空间。

大学生作为新兴科技的天然"敏感者"，必然会热衷于体验和尝试这种新的人际交往形式。据中国互联网络信息中心发布的统计报告，目前学生在中国的网络用户中占21%，是上网用户比例最大的一个群体。网络人际交往在大学生的交往活动中所占的比例正在逐渐上升，网络人际交往给大学生的生活方式、价值观念带来了前所未有的挑战和改变。网络人际交往给大学生带来了正面的影响。网络使大学生们的人际交往范围扩大，实现了"海内存知己，天涯若比邻"；交往形式多样，每个人形成了不同的社交圈子；而且交往实现了互动的即时性，使大学生获得了宣泄和关注的满足感。然而，网络是一把"双刃剑"，网络交往也不可避免给大学生带来了负面影响。有的同学过分依赖网络交往，沉湎于虚拟的人际关系，忽视了与身边同学、老师的交往，网上数千好友，而身边无一人能听见他的心声；网上口若悬河、妙语连珠，实际生活中却数日不开金口，开口则词不达意；更有人沉湎于网络而无力自拔，每日在网络游戏里快意恩仇、行侠仗义，而导致学习挂科，面临降级退学的后果。

（五）其他交往

大学生身心发展逐渐成熟，希望能尽早了解社会、融入社会，为将来走向社会需要不断地作见习、实习和实践的尝试，从而把交往的范围扩大到社会。如参加各种志愿服务公益活动、勤工俭学、促销营销、做家教、当服务员、参加娱乐演出等，与社会人士都有广泛交往。这有利于大学生的社会化，有利于积累社会经验，促进个性健康发展。但过多与社会交往，会不同程度地影响学业，因而大学生应理智地把握好学习与社会人员交往的"度"。

三、大学生交往常见的问题及调适

大学是人际关系走向社会化的一个重要转折时期，和谐良好的人际关系是大学生学习生活的基本内容之一，是大学生心理健康，拥有持续幸福感的外在条件。

（一）大学生存在人际交往问题的原因

1. 家庭因素

现在的大学生大多数是独生子女，家庭环境中亲人给予大学生过多的关注，总是担心孩子在外面会受欺负，会吃亏，慢慢地就养成孩子以自我为中心，只为自己考虑的自私心理。父母是孩子的第一任教师，所以父母的行为会对孩子产生全方位的影响，因此家长应当学会放手，让孩子自己去闯，接受一些挫折教育，让他们在实践当中去了解社会，感知社会，体会人情冷暖。

2. 学校因素

应试教育体制使得许多学校、老师和家长更多关心的是学生的考试分数，把学生的学习成绩放在第一位，却忽视了无法用分数衡量的内在素质的培养。很多大学生缺乏基本的交际知识和交往技巧，根本不知道如何与他人沟通和交往。很多学生在公开场合说话、演讲时，或求职面试的时候面红耳赤、羞羞答答。学校教育的失策，使得很多学生不能更好地适应社会。

3. 社会的影响

市场经济的发展，助长了一些功利思想的膨胀，也影响了大学生的处世理念和行为方式。市场经济大潮下的人情冷漠，无形中影响着大学生的人际认知，他们从不敢相信人到不愿相信人。做事总是先为自己考虑的人际现状，也使一些大学生对人际关系产生失望的情绪，使他们对他人总是充满戒心，不能敞开心扉坦诚待人。随着网络的普及与发展，许多大学生沉溺于网络交往，参加现实人际交往时间逐渐减少，导致其现实人际交往的勇气和能力得不到应有的锻炼与培养。所以社会大环境的改变，如大力宣传人性的回归，让社会充满爱，将有利于大学生人际关系的顺利开展。

4. 个人因素

像"小皇帝"一样被呵护长大的大学生，被寄予厚望，家长"望子成龙"的期盼，对自家"独苗"的呵护，成为培育"一切为我"的温床。所以当大学生远离家庭，进入陌生的环境，独立地进行集体生活，与他人相处时，自小养成的"以自我为中心"的自私心理就暴露无遗。

（二）大学生人际交往中存在的问题与调适

在大学生人际交往问题形成因素中，缺乏自信与自卑是阻碍大学生进行交往的首要因素。研究发现，在自卑与缺乏自信、交往不主动方面，女生受的影响大于男生，在担心别人不愿意与自己交往、不善于言谈方面，男生受的影响则比女生大。

1. 以自我为中心

（1）以自我为中心的心理特点。

人际交往的目的在于满足交往双方的需要，是在互谅互让、互相尊重、以诚相见的基础上得以实现的。如果大学生在人际交往中更多关注他人，而不是以自我为中心，处处为自己着想，固执己见，唯我独尊，只关心自己的需要和切身的利益，强调自己的感受，漠视他人的想法和利益，那么在与他人相处时，就不会不看场合，不管他人的想法和情绪，高兴时高谈阔论，滔滔不绝，不高兴时唉声叹气，或乱发脾气，不顾他人的处境和感受。因而对自己有正确认识的人，会与他人建立深厚的、良好的人际关系。

（2）以自我为中心的形成原因。

①教养方式：童年期娇生惯养，家长过分溺爱，孩子的要求不管是否正当都很少不被满足，一有不满足情况就通过哭闹得到满足，慢慢形成只为自己着想，不会关心别人，以自我为中心的个性特点。

②环境因素：在自我意识没有完全成熟之前，受环境和社会因素的影响，青少年较容易效仿他人，尤其是同龄人的言行，在潜移默化的过程中逐渐形成以自我为中心的性格特点。

③不良经历：过去经历中受到过刺激或伤害，自我保护意识过于强烈，不信任任何人，只相信自己。

（3）以自我为中心的心理调适。

学会与人平等相处，不去苛责，不要瞧不起，也不要冷眼看人。人生而平等，剔除掉心中莫名的优越感，多关注别人身上的闪光点，学会去体察他人的情感和心绪。在与人交往过程中注意自我的"淡化"，不要事事以"我"为出发点，尽量放眼于外部的世界，心目中自我的地位放低了，也就不会过多地去计较他人的言行，慢慢地就会接受他人的意见和建议。学会心平气和地接受他人的批评、意见和建议，只有勇于承认自己的错误，接受他人正确的意见，才能够正视自己的不足和缺点，充分认识到人无完人的道理，公正地评价自己和他人，只有这样才有可能改变唯我独尊的意识。加强学习，通过加强自身的学识和修养来走出狭隘的自我，使自己的心胸慢慢变得宽广，就不会为一点小事儿斤斤计较了，从而得到他人的认可和接纳。

2. 冲动及爱面子心理

（1）冲动及爱面子的心理特点及形成原因。

爱面子是大学生的一大特色，加上大学生处于特定的心理发展期，自制能力相对较弱，遇到事情容易冲动，感情用事。大学生的许多人际冲突，都是发生在没有什么原则问题的小事情上，是很难断定谁是谁非的，双方谦让一下就相安无事了。即使自己有理，如果能忍让一点，冷静处理，也能相安无事。然而大学生往往意气用事，一时冲动，出言不逊，结果争吵起来，甚至发展为流血事件，事后往往后悔不已。双方都在用不适当的方法维护自尊，冲动之下，使得事情向着严重甚至是无法收场的地步发展，于人于己都造成不好的影响，破坏了自己的人格魅力。

（2）冲动及爱面子的心理调适。

过分顾及面子而冲动易怒，往往是因为局限于自我意识之中不能突破，只看到眼前的状况或利益,或急于证明自己,而使情绪失控。遇事多站在对方的立场上考虑问题,或学会冷处理,事后再去分辨是非,则有利于事情向好的方向发展,有利于良好人际关系的建立和维护。

3. 羞涩与自我闭锁心理

(1) 羞涩与自我闭锁心理特点。

羞涩与自我闭锁心理是人际关系障碍的重要形成因素。大学生渴望交往,渴望友谊。但有些大学生在与别人交往时,不愿意向别人说出自己的真实思想和情感,缺乏交往的勇气和行动。一是自卑性羞涩,对自己的现状悲观失望,担心被人看不起,总觉得自己无能或不得志而怕与人交往;二是敏感性羞涩,走进人群中就觉得不自在、紧张,总感到别人在注意、挑剔、轻视或敌视自己,担心被别人否定;三是挫折性羞涩,曾主动交往却被人冷遇,担心会有类似情况发生;四是习惯性羞涩,因从小养成了羞涩习惯,怕与人交往。

(2) 羞涩与自我闭锁心理形成原因。

个性过于孤僻,不喜欢或不知道如何与人交往,愿意一人独处,而独处往往带来严重的孤独感,通常伴随较重的自卑心理。

成长环境较为闭塞,缺乏与人交流沟通的外部环境,缺少必要的人际交流和文化生活,人际交往技巧匮乏,导致不知如何向他人敞开心扉,而自我封闭起来。

新环境带来的不适感,使得大学生对周围产生不信任的内心体验,自觉难以找到知心朋友,内心感情难以倾诉,于是变得独来独往,不愿与他人交往。

(3) 羞涩与自我闭锁心理调适。

自我闭锁型的人有时候虽然也愿意与他人交往,但由于个性原因却无法让别人了解自己,所以要想建立人际关系,首先应学会自我开放。心理学上称这种对人开放自我的心理历程为"自我表露",而表露的程度决定了人际关系的深度。因此这样的大学生应学会尽量把眼光放在外部世界,尽快适应环境,学习交往技巧,加强实践和锻炼,学会表达自己的思想和想法,只有这样才有利于良好人际关系的形成。

4. 猜疑心理

(1) 猜疑心理特点。

猜疑是一种完全由主观猜测产生的不信任心理,是人性的弱点之一,是害人害己的祸根。猜疑作为一种不良心理品质,一旦产生,必然带来许多危害。爱猜疑的大学生以一种假想目标为出发点进行封闭性思考,并且很容易接受暗示,总觉得别人在背后算计自己,议论自己,对人缺乏信任,胡乱猜忌。这样的人往往心胸狭窄,爱计较,严重的还会导致心理疾病的发生。

(2) 猜疑的形成原因。

由于对自己缺乏信心,所以总觉得自己是他人议论的对象。不良个性特征引起思维偏差,加上环境或他人因素的误导,易导致产生猜疑心理。曾经遭受的挫折,使得其内心自我防卫意识过重,以怀疑的态度面对周围的一切。

(3) 猜疑的心理调适。

应改变自己的处事原则,培养豁达开阔的心胸;不斤斤计较,不拘泥于小事,能够以诚待人;学会辩证地看待问题;提高自己的认识水平,扩大知识面,开阔视野,学会冷静地看待问题，通过调查、了解找到真实的证据，辩证地分析判断，是消除猜疑心理的有效途径；要建立和谐的人际环境。相信自己，相信他人，是人际关系中消除猜疑心理的一个重要信念，也只有相互信任才能建立和谐健康的人际关系。

5. 妒忌与报复心理

（1）妒忌与报复心理特点及形成原因。

妒忌是一种扭曲了的不健康的心理状态。常有这种心态的人在不自觉地与周围人进行多方面的比较时，一旦觉得自己不如别人，就会产生羞愧、怨恨、愤怒等情绪相混合的复杂心理——妒忌心理。与妒忌心理相伴而生的报复心理表现为对别人不经意间伤及自己的言行耿耿于怀，甚至伺机报复造成人际关系恶化。妒忌心理有两个特性：一是指向性，妒忌的对象往往只局限于自己周围圈子里的那些比自己"能干"和"幸运"的人，表现为对他人的长处、成绩心怀不满，甚至心怀嫉恨；二是发泄性，除了轻微的妒忌表现为内心的怨恨外，绝大多数的妒忌都要经历从心境妒忌向行为妒忌的转变，而且只有发泄性行为的出现，才能使得妒忌者求得某种心理平衡，如言语的讥讽，恶意的诽谤，喜欢在他人面前说别人的坏话，不能与别人友好相处等。有的表现为攻击和损害，导致人际冲突和交往障碍。巴尔扎克曾说过："嫉妒潜伏在人心底如毒蛇潜在穴中，嫉妒者比任何不幸的人更为痛苦，别人的幸福和他自己的不幸都将使他痛苦万分"。妒忌心理往往在竞争或比较中受挫后产生，而虚荣心和不自信是产生嫉妒的温床。

（2）妒忌的心理调适。

纠正自己的认知偏差，认识到别人的成功是自身努力的结果，而不是对自己利益的侵占，学会以宽阔的胸怀包容别人。尺有所短，寸有所长，不能因为自己有所"短"，就要割别人之所"长"。

以正常的心态评价他人的是非功过。把不服气的心理引导到积极的方面，通过自身的不断努力，缩小与成功者之间的差距，从而达到心态的平衡。

学会欣赏别人的优点和长处，不要用显微镜看自己的优点，看别人的短处。学会悦纳他人，才会被他人接纳。

不断丰富自己的知识，扩大自己的视野，充实自己的生活。当注意力转移之后，就不再有时间去妒忌别人，有时也要学会对自己优点的充分认可，常看到自身的优点，会使原先失衡的心理获得新的平衡，让自己精神愉悦，那么妒忌心理自然就会消失。

6. 自卑心理

（1）自卑心理的特点。

自卑是一种因过多地自我否定而产生的自惭形秽的情绪体验，是一种过低的自我评价。自卑的浅层感受是别人看不起自己，而深层的体验是自己看不起自己。有自卑心理的大学生在交往中常常表现出缺乏自信，对自己的能力、品质等自身因素评价过低，畏首畏尾，心理承受能力脆弱，遇到一点挫折，便怨天尤人。实际上，自卑并不一定是能力低下，主要是对自己缺乏全方位的了解，没发现自己的优点和长处，或者总拿别人的长处和自己的短处相比，而感觉自不如人；有时是对自己期望值过高，在交往中总想把自己的形象理想化，害怕出丑，害怕被他人拒绝与耻笑。因此自卑者在交往中常感到不安，并会因此把交往圈子限制在狭小的范围内，导致人际交往障碍。

(2) 自卑心理形成原因。

五官、容貌、身材、体质等任何方面的明显缺陷，都会引起"自惭形秽"的心理。若受到他人的嘲弄、冷遇，更觉无地自容。一些身材矮小，相貌丑陋，身体有残疾的学生，他们常常体验的是不能与常人相比的失望与痛苦，容易产生自轻自贱的情绪，产生严重的自卑情绪。

能力相对弱者，在学习与集体活动中经常处于落后地位，往往会在能力强的人面前感到自愧不如。加上自卑心理使弱者面对来到身边的锻炼机会不能及时把握，或者鼓足勇气抓住机会却因一次失败而永远望而生畏，于是他们自怨自艾，甚至自暴自弃，自卑心理也愈来愈严重。

家庭条件较差，父母社会地位低微，经济境况困窘或单亲家庭等原因，也容易使大学生产生自卑心理。

一些大学生对自己缺乏全面的认识，总是过低地估计自己，拿自己的短处与他人的长处相比，或者过高地估计自己的能力，当想象和现实出现严重落差时，就会产生失落感，同时潜伏在内心深处的自卑感也会随之萌发。

有的大学生因平时做事成功率不高，或曾经历过很多挫折，缺少成功经验，这都容易导致自卑心理的形成。而"我不行"的消极自我暗示也会抑制大学生的自信心，从而影响和限制其个人能力的正常发挥，导致社交的失败。长此以往形成恶性循环，造成自卑心理的形成。

(3) 自卑的心理调适。

自卑是心理暂时失去平衡的一种心理状态，因此可通过补偿的方法加以调适。重要的是要增强信心，正确对待失败，对过去的成绩做公正的分析，给自己正确的评价，逐渐树立"我能行"的信心。因为只有自己相信自己，乐观向上，并积极进取，才是消除自卑、促进成功的最有效的方法。同时大学生要修正理想自我，面对现实，改变不合理观念。

要正确认识自己。"金无足赤，人无完人"，每个人都有长处和短处，学会自我鼓励与肯定，给自己积极的心理暗示，看到自身的价值，使自身的优势得以发挥，当认识到自身的价值后，也就容易找到心理上的平衡点了。

学习各方面知识和沟通技巧，读的书和经历的事情多了，自然会形成个人独到的见解和沟通技巧，使沟通变得更加自然、轻松，从而慢慢消除自卑心理。

要勇于实践，勇于表达自己的观点。每个人都有自我保护的本能，都希望获得成功，但是不能因为害怕失败而畏缩不前，必须学会勇敢地表达自己内心的想法，并且学会勇敢地面对结果。

7. 社交恐惧

(1) 社交恐惧的心理特点。

社交恐惧心理是人在社交活动中产生的一种具有恐惧色彩的情感反应。在某些特定场合或者面对某些情景莫名的紧张、害怕，不敢见人，与人交往时说话紧张，面红耳赤，神经处于一种非常紧张的状态，严重者拒绝与任何人发生社交联系，自我孤立，往往抑郁消沉。

社交恐惧症往往表现出赤面恐惧、对视恐惧、表情恐惧、异性恐惧、口吃恐惧、书写痉挛恐惧、聚餐恐惧、会议发言恐惧等诸多症状。因而社交恐惧者会越来越退回到自己的世界中,不愿见人。

(2) 社交恐惧心理的形成原因。

理想自我过高导致自我认知偏差的大学生,如社交动机过强或倾向于控制别人对自己的印象或特别爱面子、追求完善印象等,一旦不能达到满意效果或严重受挫,自尊心就会受到极大刺激,由此产生恐惧心理。或生性孤僻的人,过于胆怯、谨小慎微,顾虑重重,也易产生社交恐惧。

(3) 社交恐惧的心理调适。

不否定自己,暗示自己"天生我材必有用";不苛求自己,只要尽自己所能,能做到什么程度就做到什么程度,不一定非要成功;对过去所遭遇的挫折不去回忆,把握住现在才是最重要的。

不要把注意力过多地放在自己身上,助人为快乐之本,多帮助他人,为他人做些力所能及的小事,在帮助他人时能把注意力转移到外部世界,在证明自己价值的同时可以忘掉自己的烦恼。

找到在以往交往中令自己恐惧的真正原因,遇到类似的人或场景时提前做好相应准备;或写下自己惧怕的一些场景,鼓励自己去面对;或故意到人多的地方去,对来往的人流报以微笑;或找个可信赖的人说出自己的烦恼和恐惧,发泄一下不良情绪,这些都有助于恐惧情绪的减轻和消除。如果自己实在无力解决,并影响了正常生活,就要寻求专业的帮助了。

第三节 培养成功交往能力

人人都希望自己能有良好的人际关系,都希望拥有更多的朋友。人际交往是人与人之间心理互动的过程,只要注意观察、体验,调整自己的认知结构,形成积极的、正确的人际交往观念,提高人际吸引力,掌握一定的人际交往技巧和规律,就能培养交往能力,提高交往素质。

一、提高人际吸引

(一) 优化形象,完善第一印象

美国学者伦纳德·曾宁博士在他所著的《接触:头四分钟》一书中指出,结交新认识的人时,前四分钟至关重要。为了给对方一个好的第一印象,他认为结交新朋友时,起码要高度集中精神于前四分钟,而不应一面与对方交谈,一面东张西望,或另有所思,或匆匆改变话题,这些都会使对方不悦。

为了塑造良好的第一印象,首先,应该注意仪表,衣服要整洁,服饰搭配要和谐得体;其次,应注意自己的言谈举止,锻炼和提高自己的交谈技巧,掌握适当的社交礼仪。

外貌仪表是引发"第一印象"的"窗口"。虽然"以貌取人,失之于人"的道理人人都懂,但是,外貌在人际交往,尤其是初次接触中,对人际吸引有着强烈的影响,这是事实。外貌是先天的,我们更重要的是给别人留下良好的整体印象,适度修饰自己非常必要。交往前,要根据自己的肤色、身材、年龄、交往情境适当打扮一下,保持干净、整洁、得体。在平常多摸索适合自己的风格,是对交往对象尊重的一种重要体现。

此外，微笑是一种最简单有效的打动人的方法。微笑传达着友善，暗示着自信，代表着乐观，是一种动态的形象。保持阳光般的微笑，可以为你营造出明朗的人际氛围。

（二）主动交往，提高熟悉程度

一般而言，人们有喜欢、亲近熟悉的人的倾向，这种对越熟悉的东西就越喜欢的现象，心理学上称为"多看效应"。例如，对于经常一起听选修课的同学，尽管你完全不知道他们的任何情况和名字，但你也倾向于对他们抱越来越积极的态度。在人际交往中，善于制造双方接触的机会，以提高彼此间的熟悉度，是增强人际吸引力的主要方法。接触越多，熟悉程度越高，人际关系越容易密切。正如常言所说"亲戚越走越亲，朋友越走越近"。亲密的人际关系形成以后，相互之间如果不再沟通交往，也会产生陌生感、疏离感，密切的人际关系也会趋向淡化。

因此，想要多交朋友，就要做人际交往的始动者，掌握人际交往的主动权。生人相遇，主动介绍自己；他人尴尬，主动调侃解围；同学身体欠佳，主动探望慰问；朋友见面，主动寒暄攀谈。这些行为都使你容易成为对方最熟悉的、最值得亲近的、最有人缘的朋友。

（三）寻找共性，赢得人际共鸣

"物以类聚，人以群分"。相似因素在人际吸引中非常重要，相似性程度大的人们容易在观点上达成一致，并相互理解。人们在年龄、经历、学历、籍贯、社会地位、经济收入、兴趣爱好、态度价值观等方面相似点越多，越能够方便沟通、加深理解、获得支持、达成共识、产生共鸣、密切关系。

大学生寻求友谊的过程，在某种程度上是寻找相似点的过程。用你的慧眼去"求同"，在对方身上发现相似点，用心珍惜相似点，你便容易引起人际共鸣。

（四）展示才智，引起敬佩之感

才智的高低不直接决定人际关系的和谐与否，但它决定人际吸引的强弱。才华、能力出众的人总是比一般人更有见解、更有办法、更有力量；有可能给他人提供更多建议、更多启迪、更多帮助。在其他条件相当的情况下，一个人越有能力、才华，人们就越尊重、钦佩、仰慕他。大学生尤其崇拜和羡慕有真才实学的人，"名人效应""追星现象"便是这一心理的直接反映。

"腹有诗书气自华"，充分挖掘并培养特长，使自己在学业、才艺、组织协调能力等方面出类拔萃、卓尔不群，是提高自身人际吸引力的重要方法。

当然，在发挥才能的吸引力时，也不要走入一个误区，即希望自己在每个方面都完美无缺。其实才能与吸引力的关系是呈倒"U"形曲线关系的，当一个人超凡的才能使人们可望而不可及时，人们就会感到一种压力。因此，当一个榜样被描绘成在才能和人格完善方面都达到了普通人不可企及的地步时，人们就只好敬而远之了。所以大家不必对自己的某些弱点耿耿于怀。

（五）涵养个性，拥有持久魅力

外貌、仪表是人的外在素质，它一般在人际交往的初期对人际交往作用明显。个性品质、能力是人的内在素质，它们对人际交往的影响更持久、稳定和深刻，尤其是个性品质，往往是人们选择朋友的首要因素。吸引朋友最重要的个性品质有真诚、自信、幽默等。

1. 真诚

一般人总把真诚作为选择朋友的首要要求，真诚是友谊的灵魂和核心。1968年美国社会心理学家安德森曾设计555个描写人品的形容词。其中，大学生最喜欢、评价最高的品质是真诚；在8个评价最高的形容词中，6个和真诚有关，即真诚、诚实、忠诚、真实、信赖和可靠。

在人际交往中，要言行一致，遵守诺言，讲究信用；不说大话、假话，不轻易许诺；答应别人的事，竭尽全力、及时回应。如此，就容易赢得推心置腹、肝胆相照的良朋知己，拥有轻松愉快、稳固长久的社交圈子。相反，"逢人只说三分话，未可全抛一片心"的结果只能使自己最多拥有点头之交的普通朋友，而不可能拥有知心朋友。

2. 自信

"在人际适应不良者背后，往往会找到一个缩小的或者夸大的、虚幻的自我"。自卑和自负是人际关系的大敌。自卑者一般妄自菲薄、过低评价自己，在交往中往往羞怯胆小、局促不安、畏首畏尾、消极被动，或者人云亦云、回避退缩，严重的甚至自我封闭，拒绝交往。自负者常常自命清高，过高评价自己，在交往中往往骄傲自大、盛气凌人、颐指气使、自吹自擂，或者独断专行、大包大揽，严重的甚至自我膨胀、孤芳自赏。心理学家柯里说："如果一个人只看到自己比别人好，别人都比不上自己，这样就会产生盲目乐观情绪、自我欣赏、自以为是，就不能处理好人际关系……而且还会遇到社会挫折，产生苦闷的情绪。"

恰当的自我意识是良好人际关系的基础，正确认识自我、拥有自信，才能开展成功的人际交往。要想协调好人际关系，让别人接纳和喜欢自己，就要悦纳自己，就要善于发现自己的优点和长处。只有这样，才能对自己有一个客观公正、符合实际的自我认识与评价，才能在交往中不亢不卑、沉着镇定、轻松自在、潇洒乐观，既关照他人，也不委屈自己。

3. 幽默

美国一位心理学家说过："幽默是一种最有趣、最有感染力、最具有普遍意义的传递艺术。"幽默是一种集智慧、机智、诙谐、乐观、自信、宽容于一体的个性品质。在人际交往中，运用幽默语言，能化解紧张的气氛、扭转尴尬的局面、润滑微妙的关系，使在场的人轻松自在，使人际关系变得更加顺畅自然。

总之，人际吸引力的影响因素有外在形象、内在素质和交往技巧等。优化外在形象，涵养内在素质，讲究交往技巧是提高大学生人际吸引力的主要途径。

二、提升人际交往技巧

（一）学会沟通，掌握语言艺术

1. 说话得体

俗话说："良言一句三冬暖，恶语伤人六月寒。"说出来的话要合乎情理和礼仪，让人听后有被尊重的感觉，感觉到自己存在的价值，才会对对方产生信任感。我们应该有这样的体会：一个人对自己的感情认知，大部分是从别人对自己所抱有的感情延伸来的。如果听到的话尽是些不礼貌的、刺耳的，甚至是嫌弃的话，那么在内心难受的同时，对自己的评价也会降低。

称呼得体。称呼反映出人们之间心理关系的密切程度。恰当得体的称呼，使对方感到亲切，获得一种心理满足，交往便有了良好的气氛。所以，在交往过程中，要根据对方的年龄、身份、职业等具体情况及交往的场合、双方关系的亲疏远近来决定对方的称呼。

说话注意礼貌。表达清楚，尽量做到生动、准确，最好不用土语和方言，切忌啰唆、含含糊糊；语音、语调、语速要恰当；讲笑话注意对象、场合、分寸；适度称赞对方，每个人都希望听到别人对自己的赞美。如果能够发掘对方的优点，进行赞美，对方会很乐意与你交往。但是赞美应本着真诚、适度的原则，而不是曲意逢迎；尽量避免争论，青年人好冲动，往往互不服输，最终争得面红耳赤，甚至可能演化成人身攻击。这显然不利于人际关系的维持和发展，因此大学生要尽量避免冲突的发生，尤其是公开场合的争论。

尊重对方。只有尊重别人，别人才会尊重你。如果你用心去关心别人，别人也会关心你，这是人类最原始淳朴的人际关系。在我们的生活、学习、工作中，都要学会尊重对方，只有彼此尊重，两者之间才有更深层次发展交往的机会。相互尊重了，说话就客气了，关系就和睦了，办起事情来也就更顺畅了。

2. 说话讲究方式方法

要考虑听者的情绪。不能用率真作借口，随口说出自己的评价和感受，这往往会给他人带来伤害。比如说，一个同学不小心把心爱的东西摔破了，正在心疼，你却说："旧的不去，新的不来。"他虽然也明白这个道理，但心里仍不会痛快，认为你是在幸灾乐祸。再如，一个同学穿了件新衣服，自以为物美价廉，你却说衣服买贵了，他听了心里必然会不舒服。所以，我们在评价他人时，要考虑到他人的情绪。

说话要适时、适量、适度，该说时说，该止时止，这叫适时，如见面时及时问候，分手时及时告别，失礼时及时道歉等。另外，还要学会适可而止，在喜庆的气氛中不去诉说自己的不幸，在别人悲伤忧愁时不嘻嘻哈哈地开玩笑，在别人心绪不安时不去滔滔不绝地发表宏论等。适量主要指声音大小适量。大庭广众之中说话音量宜大一点，私人拜访音量适中，小声则可以表现亲密无间的关系，给人一种亲切感。适度是指根据不同的交往对象，掌握言谈的深浅度，区分不同场合，使自己言谈得体，并且要学会根据自己的身份掌握好谈话的分寸。这些都是在人际交往中与人交谈应该掌握的技巧。

说话时要注意时间、地点和场合。比如看望病人的时候不能说你的病如何严重，而要劝他配合医生积极治疗，安心养病，这并不是违反真诚的原则，而是因时制宜，有利于病人的康复。再如，在别人忙着招呼其他人或做其他事情时，尽量不去插话或打扰，否则只会受到冷遇。而且说话也要注意场合，在人际交往中，有些话孤立地看是对的，但在特定的时间、场合就让人接受不了。所以，说话时要注意在什么样的时间、场合才能取得最佳效果。

不说对方忌讳的话。对方不愿说的事，不要刨根问底；对于他人不愿被人知道的隐私，不要揭短。像一些人的小名，一旦被人说出，就会感到受到侮辱。此外，开玩笑也要注意掌握分寸。

（二）善于倾听，关注对方所感

有人说上天只给我们一个嘴巴，却有两只耳朵，就是要我们多听少说。大学生在过往的生活环境中都是家庭的中心，想说的人多，认真听的人少，每个人肚子里都有酸甜苦辣、喜怒哀乐，都想说给别人听，而不是自己去听。所以在社交场合，不表现听的素质，就很难交到朋友。

善于倾听，显示了对对方人格的尊重、观点的重视，是赢得友谊的诀窍之一。聆听越多，你就会变得越聪明，就会被更多的人喜爱，就会成为更好的谈话伙伴。

善于倾听有两点基本要求：注意力集中和主动反馈。

听别人谈话时精力集中，富有耐心容易赢得对方好感。如果别人讲话时，你注意力不集中，表现得心烦气躁、似听非听，或者浏览报纸杂志，或做其他小动作，就会减弱或者抑制对方谈话的兴致，甚至招来不满与反感。如果是正式谈话最好记笔记，这样既有利于提神，也有利于归纳对方谈话的要点。

倾听的同时应主动反馈，用专注的目光、自然的微笑等方式表明自己对其谈话内容的兴趣，暗示你能理解他的感受、见解，并且表情随对方谈话内容有相应的变化，恰如其分地频频点头，鼓励对方更加自由、流畅地谈论他的感受、见解。没听懂的话可以适当提问，请求对方解释，切忌在聆听中频频打岔或表现出不耐烦的情绪。如果对方的观点与你相左，温和、委婉地质疑，软化的批评，对维护对方的尊严更有利，对方也更容易接受，切忌硬邦邦、直来直去地反驳、批评对方，以免伤害对方的自尊心，失去对方对你的好感。

（三）关心需要，走进对方心灵

人际交往过程实际上是交往双方寻求需要满足的过程。在交往中，如果你能够适度地满足对方的物质和精神需要，你对对方来说就会有较强的吸引力。交谈者设身处地以对方的角度和观点分析问题，就容易产生共鸣、实现沟通。自以为是、一味指责对方，都是沟通的大敌。与朋友相处，如果我们恪守"己欲立而立于人，己欲达而达于人；己所不欲，勿施于人"的原则，去体悟对方之所欲、之所不欲，才能成为一个善解人意、走进对方心灵的人。

学会共情。共情是一种理解和体验他人情绪的能力。情感的沟通越充分，双方共同拥有的心理空间领域就越大，人际关系就越亲密。因此，只有具备了共情的能力，人们才能进入对方的思想和情感世界，以对方的眼光去看对方的世界，以对方的心情去体会对方的情绪，以对方的思想去推理对方的行为。

（四）由衷赞美，拨动情感之弦

威廉·詹姆斯指出："人性中最为根深蒂固的本性就是渴望受到赞赏。"赞美是人际交往的润滑剂，每个人都处在一种饥饿状态，他们渴望得到一种东西而又得不到的，那就是来自他人对自己的真诚赞美。每个人都有其不足，每个人也都有其所长。而恰到好处的赞扬能释放一个人身上的潜能，调动人的积极性。最有效的赞赏是发掘他人身上那些并不显而易见的优点和长处。比如你赞赏一个容貌出众的女同学漂亮，可能她只是一笑置之，因为对这种赞美她已经习以为常；如果你说她很聪明，或很大方，她可能会非常高兴。

"赞扬能使羸弱的身体变得强壮，能给恐怖的内心以平静与依赖，能让受伤的神经得到休息和力量，能给身处逆境的人以务求成功的决心。"有报载，一位欧洲妇女出门旅行，她学会了用数国语言说"谢谢你""你真好""你真是太棒了"等，所到之处，都受到热情接待。一句由衷的赞美能使我们的生活充满阳光。同学交往中，普通的几句"你真会关心人""你太有责任心了""你很亲和"以及"你好勤奋"等都会使对方听后心情舒畅，快乐自信。真心真意、适时适度的赞扬能够增进彼此的吸引力，能够帮你打开人际融合的大门。

(五）消除误会，有效沟通

同一屋檐下，朝夕相处，人与人之间有矛盾在所难免。最不利于大学生沟通的认知因素是彼此都以为我们已经相处这么长时间了，对方应该或者一定非常了解自己了，所以应该知道我想要的是什么，不想要的是什么，但是结果却大相径庭，最终导致一些误解的发生或关系的冷淡。其实，两个人的相互了解是个永远做不完的课题，只有经常沟通，才能增进彼此之间的友谊。在矛盾产生或遭到误解时，更需要适时的沟通，主观臆测只会使事情向着不可预知的违背我们心愿的方向发展。所以遇事先要冷静对待，想想自己有没有责任，了解彼此的真实想法，才有利于矛盾的解决。

（六）调整对他人的期望水平，切忌自我投射

大学生容易将人与人之间关系理想化、完美化，认为人与人之间应该赤诚相待，不应该有丝毫虚伪、自私和隐瞒。其实每个人都是独立的，都有自己的隐私，尤其是随着成人意识的增强，大学生对独立性的要求更强烈，所以大学生在交往过程中，要尊重别人，向对方提出合理的要求。如果发现别人有事隐瞒了你，只要不妨碍自己的利益，就要充分地理解对方，宽容地接纳对方的做法。

以己度人，自己想做的事情，认为他人也会愿意做，无形中就会给自己设立竞争对手，造成不必要的压力。自己不愿意做的事情觉得他人也不会感兴趣，会使自己丧失许多机会。而认为他人和自己的想法一样，好的越看越好，坏的无可救药，就会造成过度赞美或过度伤害。一旦对他人有看法，就认为他人对自己也有意见等，结果就是不能对他人的情感、意向做出正确判断和评价，造成人际交往障碍。所以，在人际交往过程中切忌自我投射，对别人的言行不要轻易下结论，不要完全以自己的标准去衡量和推断他人，学会换位思考，了解他人的真实想法和意愿，才有利于良好人际关系的形成。

三、懂得人际交往的心理效应

在生活的空间中，我们每天都需要与人进行交流，在交流的同时形成了这样或那样的印象。我们形成的印象往往与真实情况有所差别。那是什么原因呢？其实是一些"效应"在作怪。了解这些交往心理学知识，了解印象形成的一些"效应"，我们可以学会怎样留给他人一个好印象，同时也可以帮助我们克服这些效应的消极作用。

（一）首因效应

首因效应由美国心理学家洛钦斯（A. S. Lochins）首先提出，也叫首次效应、优先效应或第一印象效应，是指人们初次接触时各自对交往对象的直觉观察和归因判断。

实验心理学研究表明，外界信息输入大脑时的顺序，在决定认知效果的作用上是不容忽视的。最先输入的信息作用最大，最后输入的信息也起较大作用。大脑处理信息的这种特点是形成首因效应的内在原因。首因效应本质上是一种优先效应，当不同的信息结合在一起的时候，人们总是倾向于重视前面的信息。即使人们同样重视了后面的信息，也会认为后面的信息是非本质的、偶然的，人们习惯于按照前面的信息解释后面的信息，即使后面的信息与前面的信息不一致，也会屈从于前面的信息，以形成整体一致的印象。当不同的信息结合在一起的时候，人们总是倾向于重视前面的信息。

在现实生活中，首因效应所形成的第一印象往往很深刻，直接影响我们对他人的评价和看法，影响到今后的交往。第一印象好，继续交往的积极性就高，就有可能"一回生，二回熟，三回成朋友"，在朋友的基础上还可能发展成至交；反之，第一印象不好，继续交往的积极性就不高，路人仍是路人，友情难以产生。因此，我们应该重视与人交往时留给他人的第一印象，在交友、招聘、求职等社交活动中，注意仪表，衣着整洁、得体，同时应注意自己的言谈举止，提高自己的交谈技巧，掌握恰当的社交礼仪，尽量给别人留下良好的第一印象，为日后交流打下好的基础。

（二）近因效应

近因效应是指当人们识记一系列事物时对末尾部分项目的记忆效果优于中间部分项目的现象。

与首因效应相反，在多种刺激相继出现的时候，印象的形成主要取决于后来出现的刺激，即在交往过程中，我们对他人最近、最新的认识占据了主导地位，掩盖了以往形成的对他人的评价，该效应主要产生于熟人之间，因此，也称为"新颖效应"。第一印象产生的"首因效应"，一般处于交往初期，即双方生疏的阶段，而在双方已经十分熟悉的情况下，近因效应开始发挥作用。也就是说在与陌生人交往时，首因效应起的作用较大，而与熟人交往时，近因效应的作用则较为明显，原因在于前面的信息在记忆中逐渐模糊，从而使近期信息在短时记忆中更清晰。比如平时两个人关系很好，因为一件小事，就反目成仇，觉得对方一无是处，平时积累下来的深厚友谊早已被抛在九霄云外。而多年不见的朋友，在自己的脑海中印象最深的，往往是临别时的情景。另外，个性特点也影响近因效应或首因效应的产生，一般心理上开放、灵活的人容易受近因效应的影响；而心理上保持高度一致，具有稳定倾向的人，容易受首因效应的影响。

近因效应提示我们，在人际交往过程中，要认真对待每一次交往，重视好的结尾，否则再好的第一印象也会功亏一篑。我们还可以用近因效应扭转、提升自身形象。比如，在与曾有矛盾的人分手的时候，主动向对方表示歉意；在与朋友分别时，给他送上美好的祝福，这都有利于人际关系的缓和和进一步加深。

（三）晕轮效应

晕轮效应是指我们在对别人作评价的时候，常喜欢从或好或坏的局部印象出发，扩散出全部好、全部坏的整体印象，从局部信息形成一个完整的印象，即根据极少量的情况对他人得出全部的结论。就像月晕（或光环）一样，从一个中心点逐渐向外扩散成为一个越来越大的圆圈，所以有时也称为月晕效应或光环效应。从认知角度讲，晕轮效应仅仅抓住并根据事物的个别特征，而对事物的本质或全部特征下结论。这是很片面的，本质上是一种以偏概全的认知上的错误。像"情人眼里出西施""一俊遮百丑"，就是典型的晕轮效应。

在人际交往中，我们要注意克服晕轮效应的消极作用，尤其要防止喜欢一个人的某一点便认为他一切都好，讨厌一个人的某一点便认为他一切都不好的现象发生。在日常生活中，由于晕轮效应的影响，常常会产生很多人际交往的误区。例如，漂亮的人常常被认为一定是善良的、聪明的；热情的人一定是诚实的、友好的、慷慨的。因此，我们要有意识地训练自己从不同角度、不同方面去观察评价他人,力求做到实事求是、客观公正,尽可能纠正晕轮效应造成的认知偏差。在克服晕轮效应消极作用的同时,还要学会利用晕轮效应的积极作用,例如塑造良好的外在形象,优化自己的言谈举止,突出自己的优势、特长等,以便给他人留下美好的整体印象。

(四) 刻板效应

刻板效应是指社会上对于某一类事物或人物产生的比较固定、概括而笼统的看法,以至于在人们的头脑中存在着关于某一类人的固定形象。例如,老年人是保守的,年轻人是爱冲动的;北方人是豪爽的,南方人是善于经商的;英国人是保守的,美国人是热情的;农民是质朴的,商人是精细的,等等。

在人际交往中,人们往往习惯于依据经验机械地将交往对象归于某一类群体中,不管他是否表现出该类群体特征,都把对该类群体的评价强加于他,从而影响正常的认知。刻板效应在人际交往中既有积极作用,又有消极作用,积极作用在于它简化了我们的认知过程,因为当我们知道某类人的特征时,常根据该人所属的人群特征来推测他的其他典型特征。但刻板效应更多地带来的是消极作用,往往会形成偏见,忽略个体差异性。《三国演义》中曾与诸葛亮齐名的庞统去拜见孙权,"权见其人浓眉掀鼻,黑面短髯、形容古怪,心中不喜";庞统又见刘备,"玄德见统貌陋,心中不悦"。这实际上都是刻板效应的负面影响在发生作用。

(五) 定势效应

定势效应是指有准备的心理状态能影响后继活动的趋向、程度以及方式,是人们在认知活动中用"老眼光"——已有的知识经验来看待当前的问题的一种心理反应倾向,也叫思维定势或心向。仪表、相貌的定势效应主要表现为刻板效应和晕轮效应。

在人际交往中,定势效应表现在人们会由于偏见或道听途说而对某一群体的某些特征形成固定印象,而后再与属于这个群体的人进行交往时,往往倾向于认为他身上一定也有这些特征,即将自己对某一群体的一贯印象强加到与自己交往的人身上。

有这样一个故事:一个农夫丢失了一把斧头,怀疑是邻居的儿子偷走的。于是农夫观察邻居儿子走路的样子,脸上的表情,感到言行举止就像偷斧头的贼。后来农夫找到了丢失的斧头,他再看邻居的儿子,竟觉得他的言行举止没有一点偷斧头的模样了。这则故事描述了农夫在思维定势作用下的心理活动过程。思维定势效应带来的偏见或成见,会阻碍我们正确地认识和评价他人。了解定势效应的负面影响,我们就不应一味地用老眼光来看人处事,而应学会以"士别三日,当刮目相看"的心态来对待他人。

(六) 投射效应

投射效应也叫自我投射效应,即在人际交往过程中,人们总愿意把自己的某些特性归到交往对象身上,假设他人与自己具有相同的属性、爱好或倾向等,常常认为别人理所当然地知道自己心中的想法,特别是在交往对象和自己年龄、职业相同的时候更是如此,结果对他人的情感、意向做出错误判断和评价,歪曲他人意图,造成人际交往障碍。简单地说,投射效应就是"以己论人"。"以小人之心度君子之腹"就是一种典型的投射效应。

投射效应有时虽有利于人们相互理解,但在人际交往中更多的是由于主观猜测造成的误会和矛盾,所以在交往中要顾及他人的感受,应学会辩证地、理性地分析问题,一分为二地看待自己和他人,尽量避免以自己的标准去判断他人。

【心灵拓展】

一、心理测试

人际关系综合量表

本量表共有28个题目,请根据自己的实际情况答"是"(打"√")或"否"(打"×")。

(1) 关于自己的烦恼有口难言。

(2) 和生人见面时感觉不自然。

(3) 过分地羡慕和妒忌别人。

(4) 与异性交往太少。

(5) 对连续不断的会谈感到困难。

(6) 在社交场合感到紧张。

(7) 时常伤害别人。

(8) 和异性交往感觉不自然。

(9) 与一大群朋友在一起,常感到孤寂和失落。

(10) 极易受窘。

(11) 经常和别人闹矛盾。

(12) 不知道如何与异性相处。

(13) 当不熟悉的人对自己倾诉其生平遭遇时,自己感到不自在。

(14) 担心别人对自己的印象不好。

(15) 总是尽力使别人赏识自己。

(16) 暗中思慕异性。

(17) 时常避免表达自己的感受。

(18) 对自己的仪表和容貌缺乏信心。

(19) 讨厌某人或被某人讨厌。

(20) 瞧不起异性。

(21) 不能专注地倾听。

(22) 自己的烦恼无处倾诉。

(23) 受别人排斥与冷落。

(24) 被异性瞧不起。

(25) 不能广泛地听取各种意见、看法。

(26) 自己常因受到伤害而暗自伤心。

(27) 常被别人谈论、愚弄。

(28) 和异性交往不知如何更好地相处。

1. 计分

人际关系综合量表评分表

题 目	(1)	(2)	(3)	(4)	(5)	(6)	(7)	小计
分 数								
题 目	(8)	(9)	(10)	(11)	(12)	(13)	(14)	小计
分 数								
题 目	(15)	(16)	(17)	(18)	(19)	(20)	(21)	小计
分 数								
题 目	(22)	(23)	(24)	(25)	(26)	(27)	(28)	小计
评分标准	打"√"算作1分，打"×"算作0分							
总 分								

2. 结果说明

如果得分为0~8分之间，可能自我人际关系比较融洽，和他人相处困扰较少；如果得分为9~14分，可能自我人缘比较一般，和他人相处存在一定程度的困扰；如果得分为15~20分，可能自我和他人相处存在比较严重的困扰；如果得分为20~28分，可能自我在人际交往心理和行为方面存在比较明显的障碍。

二、心理游戏

松鼠搬家

规则：参与者每3人为一组，其中2人双手举起，对掌搭成一个"小木屋"，另1个人扮成"小松鼠"，蹲在"小木屋"里。

(1) 根据主持人的口令进行变化，如：

"松鼠搬家"——"小松鼠"调换"小木屋"；

"樵夫砍柴"——搭建"小木屋"的2个人分开，寻找新的"樵夫"搭建新的"小木屋"；

"森林大火"——"小松鼠"可以变成"樵夫"，"樵夫"可以变成"小松鼠"。

(2) 主持人不断变化着发出口令，大家作出相应的变化。

(3) 在活动一开始安排2只无家可归的"小松鼠"充当竞争的角色，这样在变化中必然会有新的"小松鼠"或"樵夫"被淘汰出来。

(4) 集体分享活动的感悟。

(5) 温馨提示。

要有足够大的活动空间，便于"小松鼠""樵夫"跑动变化。本活动是参与人数越多效果越好，出现无家可归的"小松鼠"和没有"小松鼠"的"小木屋"均被认为是淘汰。主持人要关注多次被淘汰的"小松鼠"和"樵夫"，可以请他们表演节日或交流被淘汰的心理感受。

（6）活动小结。

"松鼠搬家"游戏是在快乐的笑声中进行的。激烈动荡的"森林大火"中，机灵的"小松鼠"很快找到了新家，勤劳的"樵夫"不仅搭好了新"屋"，还热情地呼唤"小松鼠"进"屋"，形成了和谐的"松鼠之家"。假如"小松鼠"和"樵夫"没有主动交往的意识，没有积极合作的态度，没有有效竞争的能力，被淘汰是必然的。

虽然游戏规则要求一间小木屋中住 1 只"小松鼠"。但出现了一屋住双"鼠"的情形，主持人不是否定而是肯定，欣赏这种突破规则、开放思路的态度，提倡这种"在竞争中合作，在合作中竞争"的精神。活动一方面让大家感受竞争的压力和淘汰的残酷，另一方面也让大家体验了合作的温馨与双赢的快乐。

第六章

拥有选择和经营的智慧——大学生恋爱与性心理

写在篇前

　　每当看到一些关于爱情的美好词句时,心中不免涌起对于美好爱情的向往。在诗歌世界里,爱情是永恒的主题;在我们每个人的生命里,爱情也是如此的不可或缺。美国著名心理学家格拉泽曾经指出,爱与被爱是人类的最基本需求。我们每个人都希望自己是可爱的,都希望能够有一个人全心全意地爱着自己,收获一份美丽的爱情。然而,却有无数人在爱情的世界里徘徊彷徨、茫然失措,有的不知爱情为何物,有的不知如何爱人,有的在爱情里过于理想主义,也有的在爱情中没能够很好地把握住自己,伤人更自伤……其实,恋爱和爱人也是一种能力,其中蕴含着许多心理学的道理。就让我们一起走进大学生的恋爱世界,用心理学让这个世界里多一些温暖甜蜜,少一些失意悲伤。

心理格言

　　人的爱不是生理上的一时冲动,而能在他们的精神上留下不可磨灭的影子。——谢觉哉

　　普通的花卉必须经过相当时间的栽培才会产生芬芳,爱情的花朵更不会突然开放,所以一见钟情的爱是靠不住的。　　　　　　　　　　　　　　　　　　——(法)莫泊桑

　　爱情的快乐不能在激情的拥抱中告终。爱,必须有恒久不变的特质,要爱自己,也要爱对方。　　　　　　　　　　　　　　　　　　　　　　　　　　　　——(美)波普

> 知识导航

第一节 爱情是什么

一、爱情的定义

在古希腊神话中，男女两性合为一体，圆如车轮，有四手、四足、一头和两面。走起路来，像车轮一样在地面滚动，快如风，瞬间就行走百里。这种变身的人类力大无穷，纵横天下，飞禽走兽都避而远之。他们在地球上横行霸道，还计划登上神殿和万神之主宙斯一决高下。宙斯得到这个紧急情报后苦思冥想，终于想出一条妙计："让我们把他们切割成两半，各成一体，性别分立。这样一来，他们的才智和体力也分割为二，他们供神的祭品也会多出一份，因为每个人都要按时拿香花酒食供养天神。这不是一举两得的好办法吗？"

众神均表示同意此办法。从此以后，就有了男女之别。男女两性刚刚分离时，才智与体力大为削弱，终日苦思，想合为一体，重温旧梦。这种刻骨铭心、海枯石烂的相思之苦，日渐消磨了他们与诸神争霸的雄心壮志，日渐耗尽了他们的精神与体力。这种两性间渴望合为一体的强烈欲望就是我们所谓的"爱情"。

从古至今，人们追寻爱情的脚步一直没有停止过，历代名人对爱情发表了很多自己的看法。很多人赞美爱情，如泰戈尔说："爱是亘古长明的灯塔，它定睛望着风暴却从不为所动，爱就是充实了的生命，正如盛满了酒的酒杯。"海明威说："爱你时，觉得地面都在移动"。狄更斯甚至把爱情看作呼吸一样重要，"只有在你的微笑里，我才有呼吸"。

当然，也有很多的名人看到爱情带来的苦恼。培根认为"就是神，在爱情中也难保持聪明"。拜伦说："恋爱是艰苦的，不能期待它像美梦一样出来。"塞涅卡说："不能摆脱是人生的苦恼根源之一，恋爱尤其如此。"

还有的人从爱情的内涵上来描述。莎士比亚说："爱情不是花荫下的甜言，不是桃花源中的蜜语，不是轻绵的眼泪，更不是死硬的强迫，爱情是建立在共同的基础上的。"车尔尼雪夫斯基认为，爱一个人意味着什么呢，这意味着为他的幸福而高兴，为使他能更幸福而去做需要做的一切，并从中得到快乐。罗兰说，假如你记不住你为了爱情而做出来的一件最傻的事，你就不算真正恋爱过；假如你不曾絮絮地讲你恋人的好处，使听的人不耐烦，你就不算真正恋爱过。

心理学家把爱情看作是人际交往内容中的一部分，他们从不同的角度来定义爱，试图从一个更正确的角度去描述爱情，测量爱情。

人本主义心理学家卡尔·罗杰斯（Carl Ranson Rogers）说："爱是深深的理解和接受。"马斯洛（Maslow）认为："爱的需要涉及给予和接受爱，我们必须懂得爱，必须能教会爱、创造爱、预测爱"。美国心理学家埃利希·弗洛姆强调爱情是一个人对另一个人的外貌和能力的积极的表达，爱情使一个人开始对另一个人的关注。爱情并不是把两人从其他人中独立出来，而是要求两人更多地去关注其他人和世界。

爱情作为人类情感的高级形式，是最为复杂和微妙的。心理学中对它的定义是"一对男女之间互相倾慕,渴望成为终身伴侣的强烈的、持久的、专一的感情"。

【知识链接】

爱（Love）的含义是什么?

爱情使者丘比特问爱神阿佛罗狄特:"Love 的真正含义是什么?"

爱神阿佛罗狄特说:

"L"代表着 Listen（倾听）,爱就是要无条件、无偏见地倾听对方的需要,并又给予协助;

"O"代表 Obligate（感恩）,爱需要不断地感恩和慰问,需要付出更多的爱,浇灌爱苗;

"V"代表 Valued（尊重）,爱就是展现你的尊重,表达体贴、真诚的鼓励,悦耳的赞美;

"E"代表 Excuse（宽恕）,爱就是仁慈地对待、宽恕对方的缺点和错误,维持优点和长处。

二、爱情的生物学解读

爱情是人性中的一种本能的部分。人类为了种族的生存和繁衍需要面对和解决各种各样的问题,比如,寻找配偶、维持配偶关系、抚养后代等,为了解决这些问题,人类逐步形成一些决策偏好。比如,男人在选择配偶的时候倾向于选择那些"漂亮"的。其实经过分析,这些"漂亮"的脸都有一个共同的特点——对称性强,而对称性强就意味着遗传基因良好,具备更好的遗传素质。而女性在选择配偶的时候,往往将男性的身高作为一个非常重要的衡量指标,那些高大威猛的男士更容易获得女性的青睐,这是因为,在远古时代身材高大意味着身体强壮,能够捕猎回更多的食物从而维持生存。虽然人类早已脱离刀耕火种的远古时代,但是这种在择偶过程中的"决策偏好"却并没有随着时代的发展而发生根本性的变化,反而作为一种"集体无意识"被保留了下来。但是,这种爱情的"决策偏好"是存在文化差异的。不同的种族和文化,甚至不同的自然和历史条件都会有不同的"吸引力"的标准。

海伦·费希尔认为爱情的产生有 3 种相关的动力系统,即性驱动、吸引、依恋。这 3 个系统的作用同神经中枢系统的兴奋有关。性驱力同睾丸激素的分泌相关,吸引与去甲肾上腺素和 5-羟色胺的分泌有关,而依恋则同催产素和抗利尿素的分泌相关。也就是说,我们之所以会对某位异性产生坠入爱河的感觉,是因为他（她）的出现刺激了我们身体内某种激素的分泌,而这种激素则会让我们的大脑产生恋爱的感觉。

三、爱情的心理学理论

作为探索人类自身思维和行动规律的重要学科的心理学,一直致力于从心理学的角度探究爱情的本质。美国著名的心理学家弗洛姆曾写出《爱的艺术》一书,他强调爱人之前首先要能爱己,并认为"真爱是给人自由,而非束缚",而真爱应该包括以下 4 项因素,即关心、责任心、尊重和了解。关于爱情的心理学的说法比较有影响力的主要有以下两种。

（一）罗伯特·斯滕伯格的爱情三角理论

罗伯特·斯滕伯格认为,爱情是由 3 部分构成的,即亲密、激情和承诺。亲密是指恋爱双方在爱情的关系中能够促进双方产生亲近、志同道合、不分彼此等感觉。激情则意味着恋爱的双方处于一种"强烈的渴望跟对方结合的状态",主要是欲望和需求的表达方式,表现为强烈的情绪唤醒状态和性吸引力。而承诺主要是指双方为了维系一段爱情关系的保证、投入、忠诚、义务感和责任心等。可以说,一段真心投入的爱情,亲密、激情、承诺三者缺一不可。

罗伯特·斯滕伯格的爱情模型是一个三角形(图6-1)。在这个三角形中,每个角都代表了爱情的一种成分,理想的爱情三角形应该是等边三角形,3种成分在爱情中占据的重要程度是一致的。另外,如果恋爱双方各自的爱情三角形是相同或者接近的,那么双方就比较匹配。当他们的模型不够匹配时,这段爱情关系可能就不会走得长远。比如在林徽因和徐志摩的关系中,徐志摩浪漫多情,对林徽因一见钟情,从而写出了《再别康桥》等一系列感人至深的情诗,甚至同自己的原配张幼仪解除了婚姻关系,只为了追寻自己毕生的至爱。但是林徽因看似开朗,实则传统,渴望的是一份踏实稳定的恋爱和婚姻关系。所以,尽管徐志摩爱得真挚而热烈,双方最终还是没有能走到一起。相反,林徽因同梁思成的爱情模型更为接近,因而匹配度高,幸福相伴走过了大半生。

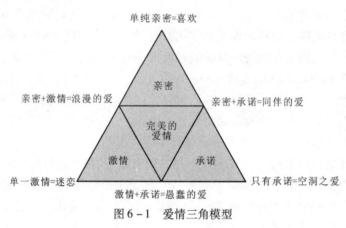

图6-1 爱情三角模型

根据罗伯特·斯滕伯格的爱情三角模型,可以将爱情划分为7种:浪漫之爱(关系亲密,热情高涨,但是欠缺承诺)、伙伴之爱(关系亲密,且关系长久,但是激情不足)、虚幻之爱(在激情下作出海誓山盟,但是缺乏深层次的了解和喜爱)、空虚之爱(什么成分都没有,为了恋爱而恋爱)、喜欢之爱(亲密度高,但是激情和承诺非常低)、迷恋之爱(有着强烈的激情,但是没有亲密和承诺,类似于一见钟情或者单相思)、完美之爱(3种成分都具备,且比重相当)。如图6-1所示,每段爱情、每个人的爱情都是独特的,就因为激情、亲密、承诺3种因素在其中所占的比重都不一样,所以,一千个人眼中就有一千个哈姆雷特,一千个人心中也就有一千份完美之爱的样子。不用羡慕别人花前月下的爱情,如果你更看重的是平凡日子里的默默相守;不用向往惊涛骇浪暴风骤雨的情感跌宕,如果你真正追求的是细水长流;更不用拿完美男(女)朋友的模子作为标准,去衡量你的他(她)是不是真的爱你、够不够爱你,因为这些你的心都会诚实地告诉你。

(二)伴侣匹配假说

伴侣匹配假说是用来解释人们倾向于寻找那些跟自己身体的吸引力方面相似,而不是那些比自己强的帅哥美女来做伴侣的原因。

研究发现，那些拥有长期亲密关系的伴侣更容易在身体的吸引力方面相似。年轻的男女倾向于在那些身高、体重、接受教育程度、经济地位跟自己相当的异性中寻找自己的另一半。随着共同生活时间的延长，在一些年纪比较大的夫妻身上甚至出现了"夫妻相"。而寻找"相似"的伴侣的核心动机是，其实我们都担心会被比自己吸引力更强的人拒绝。所以，在爱情的国度里，一些各方面条件都非常好的男女反而"高处不胜寒"，成了被爱情遗忘的小角落。

当然，我们有时候也会看见一些不那么"和谐"的场景：一个又高又帅的男生旁边，跟着一个其貌不扬的女生；或者，一个大美女和一个年纪不小的男人举止亲密……其实我们看到的是表面的不和谐，实际上可能是对方身上的一些隐性因素，如才华、内涵、财富等平衡了外貌上的不和谐，从而达到了心理上的真正的"和谐"。那么究竟是因为相似而相互吸引，还是因为差异才相互吸引呢？仔细观察就会发现，我们周围大多数的夫妻都是背景相同或者相似的。因为，恋爱也好，婚姻也罢，都不是生活在空中楼阁里，相同或者相似背景的双方更容易在态度上相似，因此在价值观、行为等方面的冲突都会更小一些。所以，品位、态度和社会地位的相似性是影响吸引力、友谊和亲密关系的关键性因素。

所以，如果你不够漂亮或者不够帅气，千万不要泄气，因为，这个世界上帅哥、美女毕竟只是少数。而绝大多数人都是跟你我一样的平凡人，不够出众的外表使你拥有了更为广阔的选择空间！

四、爱情与其他情感的区别

（一）寂寞与爱情

大学生活中，由于种种原因，如离开父母和朋友来到新的环境，常会使大学生对学习没有兴趣或不适应，陷入孤独寂寞之中。一些同学会不自觉地希望寻求异性知己，试图以"爱情"来抚慰自己，消愁解闷，寻求寄托，即所谓"寂寞期的恋爱"。

（二）好感与爱情

好感与爱情是大学生异性交往中经常遇到又难以区分的两种感情。青年人在性发育成熟时，便开始被异性所吸引，对异性产生好感，开始有寻求恋人的需要。这是人生理上的本能。但生活中，一些大学生容易将这种男女之间相互对异性的吸引、好感等同于爱情。其实并非异性之间凡有好感便可产生爱情。异性之间的好感一般来讲是广泛的、无排他性的，而爱情则是专一的、排他性的、具有性爱的因素。好感常常表现为人们一时出现的情绪感受，而爱情则是在长时间的相互了解中形成的。

心理学家鲁宾（Robin）认为爱情和喜欢有3个方面的差别。

1. 爱情中存在情感上的依恋

卷入爱情的双方在感到孤独时，会寻求对方的陪伴和宽慰，这种依恋类似于母亲和孩子之间的那种感情，是任何其他人都无法代替的。而喜欢的对象无法产生同样的感觉。

2. 爱情具有利他性

恋人之间会高度关注对方的情绪状态和感受，觉得让对方快乐和幸福是自己义不容辞的责任,即使对方有不足之处,也会表现出高度的宽容。衡量爱情存在与否及强度如何的一个标准是"是否发自内心地帮助所爱的人做其期待的所有事情"。

3. 爱情中亲密程度高

恋爱的双方,不仅对对方有高度的情感依赖,而且会有身体接触的需求,从牵手、拥抱、接吻到性行为这些不同程度的行为是爱情中不可缺少的成分。

(三) 虚荣与爱情

一篇新闻报道曾报道一间宿舍住着5名女大学生,其中4个人有了男朋友,另外一个女生就发誓一定尽快找一个男朋友,理由是难道自己"嫁"不出去吗?此女生的想法与虚荣心紧密相关。从心理学角度说,虚荣心理是人的一种情感的反映,也反映了人的某种需要。美国心理学家马斯洛的需要层次理论认为,需要是人的心理活动的基本动因,人的需要有各种不同的层次和广泛的内容,其中包括受他人尊重的需要。虚荣心理是一些人试图以追求名誉、荣耀等表面的光彩,来满足自尊需要的心理。谈恋爱,有一个令人羡慕的男朋友或女朋友,似乎便满足了这种需要。

(四) 友谊与爱情

现实中确实有不少大学生把一般的友谊误解为爱情,常有同学讲,那个男同学为什么总是帮我们送报纸、送信;为什么在一些活动中那个女生总是对我特别的关心。异性大学生相处中,一个眼神,一个动作,常会赋予很特别的意义。友谊和爱情确实有时很难严格划分。日本青年心理学家曾对异性间的友谊和爱情的异同作过区分,主要有五个方面。

①支柱不同:友谊的支柱是理解,爱情的支柱是感情。
②地位不同:友谊的地位是平等,爱情的地位是一体化。
③体系不同:友谊的系统是开放的,爱情的系统是关闭的。
④基础不同:友谊的基础是信赖,爱情则纠缠着不安和期待。
⑤心境不同:友谊充满"充足感",爱情则充满"欠缺感"。

【知识链接】

危桥上的约会

心理学家达顿和阿伦曾做过一个有趣的实验:他们让一名女受主试对男性受试者,进行主题统觉测验。一次是在一座230英尺①高的吊桥上,下面是深不见底的峡谷(图6-2);另一次是在10英尺高的石桥上。两次实验的程序完全一样:女主试让受试者完成一些测试题目,并跟受试者说,如果想知道实验结果,就可以给她打电话,说完留下电话号码。实验控制了各受试者对实验的兴趣因素。结果发现,吊桥上的受试者过后与女主试联系的比例显著高于石桥上的受试者。这个实验证明:对生理唤醒状态的认知评价是促使青年投入恋爱的因素。人们在危桥上难免会心跳加速、血流速度加快,但没有人,尤其是男人愿意承认这一切的发生是缘于恐惧,那么,究竟是什么原因呢?毫无疑问那个女主试太有吸引力了,我一定是坠入爱河了!

---

① 1 英尺 = 0.3048 米。

图 6-2 危桥上的约会

在暴风雨中的恋人会感到两人间的爱情更加紧密，其原因是：暴风雨引起强烈的生理状态变化，恋人察觉到生理变化而认为这种生理变化是由爱情引起的。所以，恋爱中的人们可以适当做一些可能会引起某些"恐惧"的刺激性活动，比如坐过山车、看恐怖电影等，可以令爱情升温。

第二节　如何建立和保持爱情

在看武侠小说的时候，大多数女性会觉得里面的很多情节相当夸张。当一个男主角出现后，这部书中出现的所有女子几乎都不约而同、前赴后继地爱上了他，而这些女子中不乏聪明的、美丽的、武功超群的。很多男生都有武侠情结，将自己偷偷替换为男主角，遐想一下桃花朵朵开的美好画面，不亦乐乎。金庸的武侠小说《倚天屠龙记》中的张无忌则是个典型代表，看看环绕在他身边的女孩们：貌若天仙、出身名门、青梅竹马的周芷若；温柔可爱、聪明灵巧的小昭；性格泼辣、渊源颇深的蛛儿等。然而最终却是自己的死对头，貌似水火不相容的赵敏与他终成眷属。这其中，赵敏高超的表白技巧和艺术起了十分关键的作用。首先，赵敏慢慢营造氛围、创造机会。其次，赵敏拥有敏锐的观察力，能够觉察到张无忌的想法。再加上她无与伦比的勇气与决心，两个原本势同水火的男女，照样可以相携走天涯。反观周芷若和小昭，虽然每个人都条件很好，却一个远走波斯，一个孤守峨眉。

由此可见，当爱情来临时，能否把握住机会，建立爱情也是一门学问。

建立爱情是一项技术活儿，但是爱情建立后并不是万事大吉了，爱情的维持可能是更难的一项任务，让我们一起学习如何攻破这个难题吧。

一、大学生恋爱中常见的心理效应

（一）光环心理

光环心理即人们通常所说的"情人眼里出西施"，又称为成见效应，指人际交往中形成的一种夸大的社会印象。如果一个人最初被认定为是好的，那么他身上所有的品质就都被认为是好的。这种心理的人将恋人身上的一切都看得尽善尽美，而使其缺点都淡化了，就好像月亮的光晕一样，向周围扩散和蔓延，所以被形象地称为光环效应。

（二）逆反心理

逆反心理即指因客观与个人主观需要不相符，而产生强烈的抵触情绪，并引发一种负向要求和行为的心理活动倾向。例如，有的学生在恋爱过程中，因受到双方父母的反对，或其他不利因素的阻挠，往往会使彼此相爱的态度更加坚决、关系更加紧密，难舍难分。在心理学中此类现象又称为"罗密欧与朱丽叶效应"。

（三）自卑心理

自卑，是由于自我评价偏低而引起的害羞、不安、内疚、胆怯、忧伤、失望等消极的情绪体验。因其产生消极心理作用，对大学生恋爱心理的不良影响也较大。自卑感过强的人，在对待恋爱上，常会因怀疑自己的能力，惧怕自尊受到伤害，而无法敞开爱的心扉，一旦在恋爱中受到挫折，又往往会采取自我封闭、不再与他人交往的方式逃避现实。

大学生恋爱中的自卑心理大都是因为自身的"缺陷"和"不足"造成的。例如，一个人认为自己的相貌、身材不如他人，或者认为自己的家庭出身、社会地位、经济条件低人一等，或者感到自己的学习成绩、社交能力、个人修养等方面不如人，等等。从实质上讲，自卑心理是人的一种性格上的缺陷，是个人的成长经历、生活环境导致自我认识偏差，造成主观上不能正确认识自己、评价自己和接纳自己的消极情绪体验。

【知识链接一】

恋爱的生态关系

在恋爱过程中，由于双方各自心理需求不同，随着恋爱进程发展，会呈现出以下4种不同的生态关系。

第一种，共生关系。恋爱的双方就好像两个完全重合的圆环，都把同对方合二为一，当成是恋爱的最高境界，兴趣爱好、朋友圈子甚至是事业都是重合的，恋爱中的两个人像"连体婴"一样形影不离。这种关系看起来甜蜜、浪漫，但是会导致双方都缺乏成长的空间和机会。就像诗人纪伯伦所说的："要站在一起，却不要彼此太近，因为圣殿里的柱子也是分开站立的，橡树和柏树也不在彼此的阴影里生长。"

第二种，寄生关系。寄生关系就像是两个内切的圆环，小的圆环被完全包裹在大圆环当中。寄生关系中的恋爱双方，对于寄生的一方而言，对方就是他（她）的全部，而对于被寄生的一方而言，对方则只是他（她）生活的一小部分。处于这种生态关系中的恋人心理能量的指向性是极不均衡的，寄生的一方没有自己的世界，会觉得被寄生的一方不够爱自己，而被寄生的一方随着生活圈子的扩展和接触面的增多，也会慢慢觉得寄生的一方对其而言缺乏"新鲜感"和吸引力。

第三种，各自独立关系。在这种恋爱关系中，恋爱双方都过于独立，都有独自的世界，对方不能参与因而没有交集。在这样一种恋爱关系中双方的联系不够紧密，常常会因为彼此的距离拿捏不够准确而渐行渐远。

第四种，相互依存关系。在这种恋爱关系中的双方就像两个相交的圆环，有交集也有各自独立的部分。在这种关系中,既有亲密交流,也尊重对方独立的一面。有一首歌叫《不爱那么多,只爱一点点》。爱不需要太多,七八分刚刚好。太少,会不够亲密,太多则会感觉束缚与窒息。所以记住:爱人,但是不能迷失自己。

【知识链接二】

"储爱槽"理论

美国心理学家米尔曾提出"储爱槽"的说法,并形象地用图画解释了这个理论。他把"储爱槽"画成心形的,并把爱比作"储爱槽"中的水。"储爱槽"中"水"是从哪里来的呢?米尔又在"储爱槽"的两侧"接通"了两个"储爱槽",这两个"储爱槽"分别代表爸爸的爱和妈妈的爱。

当一个人还是孩子时,父母需要不断向孩子的"储爱槽"里注入爱,孩子的"储爱槽"才能渐渐盈满,他(她)才具备爱自己以及给予别人爱的能力。同时,这种爱也是一个人建立自信,发展和谐人际关系的基础。

那么,缺"水"的"储爱槽"该如何补"水"呢?心理学认为,爱情是一个补"水"的好机会。这是因为,我们对爱人的高度亲密与我们从小与父母的亲密十分相似,所以,一份高质量的爱情是帮助心灵成长的好机会。然而,一份高质量的爱情,又是需要付出真情的,比如,恰当地表达感受,真心地理解对方、关爱对方,都是经营爱情必不可少的条件。

二、建立爱情的关键性因素

(一)空间上的接近

两个人物理距离越近,相识并相互喜欢的可能性越大,俗话所说的"近水楼台先得月"就是这个道理。比如说很多大学阶段的恋情是发生在同班同学或者是老乡之间的,这种空间上的接近使其互动和接触的频率、机会要相对更多一些,随着接触与了解的深入更容易产生好感与爱慕。如果第一次接触很愉快,进一步交往并相互喜欢的概率就很高。出现这种情况还有一个原因,人们会觉得如果自己身边有合适对象的话,再去找还不是很相熟的人进行了解、建立亲密关系会比较费时费力,不够经济。

爱情也许不需要刻意寻觅,也许你的缘分一直就在你身边,"众里寻他千百度,蓦然回首,那人却在灯火阑珊处"。

(二)外表的吸引力

我们强调在谈恋爱的过程中要更注重内涵和性格、价值观方面的契合度,这才是影响双方恋爱关系的关键性因素。然而,外表的吸引力依然是影响恋人选择的重要因素,特别是认识阶段,人们头脑中会有一个既定的假设或者叫思维定式——"美的就是好的"。我们常常会将一些好的品质和特征赋予那些在外貌上比较漂亮的人。同样两个孩子,一个长得非常漂亮,另一个长得比较普通,人们通常会觉得漂亮的孩子更可爱,即便是他(她)调皮,也会为他(她)找到借口,而长得普通或者比较丑的孩子如果这样做,就会认为这是一种"坏品质"。心理学家戴思和他的同事在实验室向受试大学生出示 3 张外表吸引力不同的人的照片,请他们对照片上的 3 个人在 27 项特质上打分,并预测未来的幸福程度。结果表明,大多数受试者对外貌好的给予较高的评价和预测。人们一般会觉得外貌好的人聪明、独立、会交际、能干。在恋爱关系的建立中也是如此,较好的外貌能够激发人的正向情感,外表漂亮的人会被认为更可爱,更容易成为约会与爱慕的对象。因为,头脑中会觉得外表有吸引力的人生活更刺激、更成功、更快乐、更有趣。

但是,也有例外的情况存在。比如,感情稳定后,情侣间会更相似,人们倾向于选择具有相似外表吸引力的人作为恋爱对象,甚至选择同性朋友时也同样如此,因为会担心自己被吸引力强于自己的对象拒绝。

所以,适当注重自己的外表,让自己看起来干净、整洁、阳光、充满活力,这会成为你增强自身吸引力的重要途径。当然,自信才是最好的装扮!

(三)态度的相似性

态度上的相似会带来彼此的喜欢。因为,个体在认知上的一致性会带来心理上的舒适,特别是双方在非常重要的事情上达成一致时,会互相喜欢。按照社会比较理论的观点,当别人的态度与我们相同时,会对自己的观点有"证实"作用,会增强我们的信心。反之,态度上的冲突和不一致会威胁到我们的信念,使我们产生某种"自我防御",阻止自己同态度相反的人走得更近。另外,我们喜欢跟自己相似的人还有一层心理学含义——对未来酬赏的预测,人们会觉得与跟自己相似的人在一起感觉比较快乐,比如,如果双方喜欢相同的活动或相同的饭馆,那么就可以同享乐趣。

所以,如果你对某位异性有好感,可以尝试着找一找你们之间是不是有什么共同的兴趣和爱好,这也许会搭起一座顺利沟通的桥梁。

(四)我们喜欢那些喜欢我们的人

我们为什么会喜欢那些喜欢自己的人?人们总是在社会交往的过程中逐步认识和了解自己,形成自我意识,所以,我们会把别人对自己的评价作为自我评价的依据。当我们同喜欢自己的人交往时,收获的评价是积极的、正向的,这会令我们更加自信,交往时也会觉得更加愉快。毕竟,谁会讨厌喜欢自己的人呢?

所以,如果我们都能够有一双慧眼,不断地去发现周围人身上的闪光点,并且适时地、真诚地对其进行表扬和赞美,那么这不仅可以让你拥有一个良好的人际关系,而且也会提升你自己的吸引力。

三、男女两性心理差异

男女的差异主要体现在想法和认知上(表6-1)。在思想上的巨大差异,在面对感情时,男女需求也大不相同,只有准确地认知到彼此的差异,恋爱中的男女才能正确相处。

(一)男人需要独处,女人需要倾听

面对压力的时候,男人和女人往往是走两个极端的。男人希望一个人冷静冷静,不愿意将自己无能、弱小的一面示人,会变得少言寡语,心事重重。他们想要的不是疏解压力,而是尽快解决问题,等恢复状态后,再出现在别人面前。当男人变得沉默寡言,对女友有所疏忽,说明那时他在处理自己的问题。这时如果女性的关心和照顾反而会让他更加不安。而女人遇到压力时需要倾诉,需要一个倾听者,需要喋喋不休地述说和抱怨,她们希望在无助的时候能被理解和关爱。

因为这样的差异，会导致很多女人在男人面对困难时会责问，为什么不告诉她？为什么不一起承担？试着站在对方的角度来想：在他困扰的时候给他点空间，问题解决了自然会告诉你；当她需要的时候做个忠实的听众，这样，很多问题便能迎刃而解。

表6-1 男女心理差异

	女	男
在感情上的需求	关心、照顾、了解、尊重、专一、肯定、保证	信任、接纳、欣赏、羡慕、认可、鼓励
在爱的关系中	需要感到被珍爱，而不是生活照顾、物质满足	需要感到能力被肯定，而不是不请自来的忠告
在情绪低落时	需要别人聆听她的感受，而不是替她分析和建议	需要独自安静，而不是勉强他细说因由
在寻找自己价值时	从人际关系中肯定自己	从成就中建立自我
在增进爱情时	需要感到被对方了解和重视	需要感到被对方欣赏和感激
在互相沟通时	总以为男性的沉默代表对她的不满和疏离	总是以为女性的宣泄代表向他寻求解决问题的方法

（二）男人崇尚行动的效率，女人需要情感的分享。

男人崇尚做事情的效率，因此他们往往会喜欢一边谈话，一边做别的事情。这时候，女人会觉得很不爽，认为对方没有认真倾听自己。可是当她们询问男人自己刚才说了什么话时，男人往往都能准确复述。这是因为男人在乎效率，他们希望用最短的时间，做更多的事情，出更多的成果。当女人精心打扮后，问男人她今天有哪里不一样？男人因为粗枝大叶，会不知道女人哪里有了变化。当他们一再猜错的时候，男人会变得不耐烦，女人会变得很伤心，认为男人不在乎自己。男人非常希望女人能主动告诉他，她今天特意打扮的地方，这样他就能直接赞美，女人就会开心，这样就可以用最短的时间、最便捷的方式，达到最好的效果。

另外，在社会化进程中，男人逐渐形成了这样一个认识，他们把亲密看成是在一起做事情，或者是相互帮助解决问题，因此男人只需要感觉到对方的存在即可。社会化让女人认为亲密应该是在一起分享、沟通。

对于亲密的解读，女人喜欢分享。女人对男人最大的抱怨是男人不肯沟通。男人感受到爱的方式是一起做事情，一起行动。张三和李四一起出去钓鱼，一钓就是一下午。两人回家后对各自的妻子说，今天和一位朋友一起度过了一个美好的下午。如果女人知道他们其实只是仅仅坐在一起钓鱼而什么话都不说时，肯定会很惊讶，她们无法理解这有什么美好。

因此，当男人压抑住内心的烦躁和不悦，陪女人逛街，已经是最大的陪伴，是对女人最亲密的行为。女人却会埋怨男人在她们试穿衣服时不给意见，还不如不来。这就是两性差异造成的冲突。

（三）男人需要听到"你真行"，女人需要听到"我爱你"

男人在恋爱里的情绪需求有如下几点：①自身的能力被肯定。他时常会在意是否被对方瞧得起。②才华被欣赏。也许他有些嗜好和才华与其工作完全不相干，但你仍得学会喜爱和尊重。③努力被感激。他对你以及对这段感情所做的努力需要被感激。

女人在恋爱里的情绪需求：①时常被关怀，虽是日常的唠叨，请你耐心倾听；②再三地被肯定，她可能一遍又一遍地询问你是否爱她，其实她只是需要再三地肯定，你需要给她信心；③想法被尊重。

每一个成熟的女性身体里都有个非常幼稚的小女孩，每一个幼稚小女孩体内都有个幼稚的小问号，那就是我到底有没有讨人喜欢？在这个时候你需要学会称赞对方，当然称赞对方外貌、身材是个不错的选择，而她照顾家庭的能力也是不可忽视的。

每一个成熟的男性身体里都有个非常幼稚的小男孩，每一个幼稚的小男孩体内都有个可笑的小问号，那就是我有没有让人家瞧不起？不管多成熟的男性，这个小问号依然存在，所以你需要学会给予他肯定。

（四）男人要学会说"对不起"，女人要学会直接表达自己的感受

恋人之间，矛盾是避免不了的，而男女在面对问题的时候采取的方法，很容易让矛盾不断激化。有些男人会采取冷暴力的做法，宁愿逃离现场也不想出现争吵的局面。而冷战只会让女人觉得自己不再被关爱。女人在觉得可能要失去一段感情的时候，会委曲求全，隐藏自己所有的情绪和想法，宁愿失去自我，只要能令恋人满意，她可以不断付出。

这种逃避的办法永远解决不了问题，只会让矛盾一点点累积起来，等到某一天彻底的爆发。所以在矛盾开始的时候，男人学会说"对不起"很重要，感情里本就没有赢家和输家。女人能轻易地道歉，因为她们的在乎，但是同样也要让男人明白女人的感受，不然在女人累积的情绪爆发的时候，男人只会觉得女人不可理喻。

（五）男人等待女人提出请求，女人等待男人主动帮助

女人的心思极其敏感，她们能感觉到对方情绪的风吹草动，她们期待男人也是如此。当她需要的时候，他能察觉到，并主动为自己提供帮助。她们十分享受这种被爱的感觉。有些女人甚至将这用来考验男人对自己的感情。但是对男人来说，主动帮助像是施舍。如果他们没有提出需要，而女人擅自采取行动，这样的"惊喜"会让他们的自尊很受伤，会认为这是对他们能力的否定。

四、爱情的"存款账户"

交往中每个人都有一个情感的账户，往里面存款的多少就决定着关系的好坏。存款丰厚，很多小问题都不是问题；存款不足，小问题也会变成大事。

每个人都有一个"爱情账户"，加分就是存款，扣分就是提款。例如，对方口渴时，你递给他（她）一杯水，存款；对方十分口渴时，你递给他（她）同样一杯水，大额存款；对方十分口渴时，你递给他（她）一个馒头，提款。

我们存款的时候要"投其所好",而不是"给己所要"。女人喜欢男人用女人的方式存款。女人对男人最大的抱怨是"他不肯与我沟通,又不听我的话"。两人一起散步,女人一直在说,男人默默听着,过后男人会对朋友说"今天好幸福,跟女人一起散步";女人却会对朋友说"今天好没劲,我一直在说,可那头'大水牛'一声也不吭"。因为男人是行动取向,女人是语言取向。

给女人的忠告:男人不管多么成熟,在他的心中始终有一个小孩,对他的努力多给予赞赏。给男人的忠告:女人诉苦时需要的不是劝告建议而是认真聆听,并且感其所感。

我们都希望能在对方的"爱情账户"里尽可能多地存款,此处向你推荐两种方式。

(一)五种爱的语言

(1)花高品质的时间在一起,比如一起爬山、散步、喝茶。

(2)精心的礼物,不一定很昂贵,但一定要用心准备。

(3)服务的行动,多向对方提供帮助。

(4)身体的接触,比如拥抱、接吻。

(5)肯定的言语。中国人的问题,是爱在心里口难开。如果试着多用语言表达对对方的爱,会受到出乎意料的效果。

爱别人就要用别人的爱的语言。如果不知道对方爱的语言是什么,就仔细听听对方的抱怨是什么。

(二)在对方有需要的时候"存款"

"存款"是个心理感觉的问题。对方做错事的时候,你原谅他,是个大额存款。伴侣在外面和别人有冲突的时候,趁机修理对方,这是大额取款。但如果坚决和伴侣站在同一战线,回家后再指出伴侣不对的地方,那么就是一个大额存款。

例如,夫妻商量好按期寄给各自父母100元。妻子的父亲生病了,妻子想寄300元。如果丈夫说上次我妈妈生病我也没有多寄钱啊,或者说只能寄200元,那么这就是取款。而如果丈夫说,300元怎么够?寄600元吧。可能妻子就会说,不需要那么多,200元就行啦。这个时候就是存款。

当对方的心理需求特别迫切的时候,如果你这个时候能及时迅速地予以满足,就是一个大额存款。比如,女朋友这个周末特别想去爬山,但是男朋友却有一个重要的演讲需要做准备,如果这个男朋友依然和女朋友去爬山,就是一个大额存款。而如果男朋友让女友推迟一周再去爬山,可能下个周末女友已经没有兴致了。

第三节 如何应对失恋

【案例分析】

小李是某本科院校的一名大二男生,近段时间因为与女友闹分手而感到异常烦恼。他想静下心来认真学习,多看书,多学些知识,以便毕业后找个好工作。但其女友却不爱学习,整天缠着他要他陪她出去玩、逛街、购物，不答应她便又吵又闹，还说他根本就不喜欢她，不想和她在一起，这使他越来越反感，于是提出分手。他认为他们分手的最根本原因是女友变了，变得只注重外表、爱打扮了。但分手之后，女友又常打电话约他出来，他又不忍拒绝，忍受不了分手的痛苦。他感觉对女友还有怜悯，也担心她照顾不了自己。

案例中，小李和他的女朋友恋爱，说明了两个人具有相似的价值观和兴趣爱好很重要，关系到双方行为的一致性和认同感。可是他们分手后，却又藕断丝连，经常保持联系，这也让小李感到非常烦恼。

有人曾说人生最难看透、最容易有执念的就是两件事——"得不到"和"已失去"，面对心爱的人的"求而不得"，面对美好爱情的"骤然失去"，许多大学生困于其中，找不到出口和方向。

那么，面对失恋的苦痛，我们应该如何更好地应对呢？

一、宣泄情感、不去纠缠

恋爱是一对男女为寻求和建立爱情而相互了解和选择的过程。交往中，一旦双方或者某一方出于这样或那样的原因，不愿再保持彼此的恋爱关系，就意味着双方恋爱的终止。恋爱的一方失去另一方的爱情，就是通常所说的失恋。

对任何人来说，失恋都是一种痛苦的情感体验，会不同程度地造成剧烈而深刻的心理创伤，有时会使人处于极其强烈的自卑、忧郁、焦虑、悲愤甚至绝望的消极情绪状态之中，甚至有的人会因此失去生活的信心或勇气。个别人由于失恋而形成各种心理障碍，或者从此怀疑和不信任任何人，把自己的感情之门永远封闭起来，变得郁郁寡欢，或者看破红尘、自暴自弃，从此消沉下去，或者与曾经的恋人反目为仇、图谋报复、损人害己。失恋可以说是人生中最为严重的心理挫折之一。

面对失恋，个体会产生消极的情感体验是非常正常的，因此，无须过度地压抑自己的消极情绪，可以通过不同的渠道适当地加以宣泄，比如，记日记，找朋友倾诉，到咨询室咨询，等等。这样做一方面可以使消极情绪在宣泄的过程中得到一定程度的缓解，另一方面可以体验到自己的社会支持系统对于自己的支持，能够获得心理上的温暖和摆脱失恋痛苦的心理能量。鲁迅的《祥林嫂》是我们每个人都学习过的。祥林嫂不断地叨念着孩子被狼叼走的事情从心理学上来看，对于其接受孩子逝去这件伤害事件本身是具有积极意义的。所以，只要不过度，失恋时适当地做一做"祥林嫂"还是有好处的。

另外，有的人不愿意接受失恋的结果而去不断地纠缠主动分手的一方，希望能够言归于好、破镜重圆。其实，如果分手的决定是对方经过深思熟虑或者经过很长时间的思想斗争才作出来的，那么也就意味着在恋爱双方之间有一些问题是不能协调解决的，是双方矛盾的焦点。如果这个"关键点"没有办法排除和解决的话，即便是双方和好了，矛盾也依然存在。所以，很多情侣数度分分合合，但最终还是以分手收场。因此，面对失恋首先要做的不是急于挽回，而是应该找到分手的问题所在，如果这个问题是经过双方调试可以解决的，就积极地同另一方相互协商，让爱情的旋律更加和谐；如果这个问题不能够解决，那么明智地放手并尊重对方的选择也许才是真正对爱情负责。

二、正视现实、理智分析

有的人因为失恋会产生很多对自身的负面评价，觉得自己缺乏魅力、不可爱、不会被异性所喜爱等，从而失去在恋爱中的自信心，以一种消极的心态面对今后的感情生活。还有的人会觉得自己在恋爱中受到了伤害，从而产生"报复"的心理，迅速地投入到一段新的"爱情"中去，证明自己依然是有人喜爱的。

首先，对待失恋应该一分为二地看待。除了失恋带给我们的痛苦之外，失恋也给了我们自我成长的契机，"失恋只是一种选择的结果"。我们每个人都有选择爱情的权利，面对你所付出的感情，对方也有选择拒绝的权利，这种拒绝不是对于你本身的拒绝，而是对于我们是否"合适"于对方的一种选择和判断，所以，不是我们不好，而是我们不适合他（她）。

其次，应该在失恋中学习。失恋给了我们学习和成长的契机，反思我们在恋爱中的成功与失败。恋爱无论最后结局如何，都使我们在与异性相处方面、收获很多，成长很多。男人和女人的思维方式、表达方式、相处方式都存在着巨大的差异，就是这些恋爱的经历让我们逐步地接近、了解异性这种来自"不同星球"的生物，当下次再有机会面对"外星人"的时候，恭喜你，你已经熟练地掌握了一门"外语"，可以很顺畅地交流了。

第三，失恋给了我们再次恋爱的机会。有一个小故事。在一次聚会中，有一个人以非常同情的口吻对爱迪生说："唉，真遗憾，您已经做过一千多次实验了，可是都不成功。"爱迪生却回答说："我已经成功地发现一千多种材料都不适合做灯丝。"失恋也是如此，只是告诉我们刚刚遇到的这个人不是自己的真命天子（女），而给了我们找寻真爱的机会而已。

三、积极转移、自强自立

一张白纸上有一滴墨渍，如果我们的关注点总在墨渍上就会觉得这张纸被弄脏了，根本没办法用了；如果我们把注意力从墨渍上移开，就会发现还有如此多的空白可以让我们去书写；如果我们能够用一个更为超脱的视角去看待这滴墨渍，没准儿可以稍加几笔将其变成一幅不错的写意小画。其实，墨渍本身并没有发生变化，但是看待墨渍的视角使这块墨渍能够不仅仅只是一滴"墨渍"。

当失恋这个既定的事实已经发生，没有办法改变时，如果我们的注意力总是关注在失恋事件本身，就像注视着那块墨渍，不断地躲在"角落中"体味着自己失恋的苦痛，会觉得"也许我是这个世界上最不幸的人"。其实，爱情仅仅是生活的一部分，面对爱情的挫折时，将自己的注意力投入到更广阔的空间中，不失为一种好的方法。

面对失恋，不仅需要接受，更需要"压弹"。爱情压弹泛指一个人面对爱情逆境的良好适应，也是个人面对情感挫折的"反弹能力"。爱情压弹包括了对爱情负面情绪的正面评估和有效应对，它可以激发潜能、振奋精神，甚至增进健康。按照爱情压弹的原理，一个人的情感能量是守恒的。当一个人面临失恋带来的种种负面情绪体验时，就无法感受到正面的能量。相反，当一个人通过升华转移、自我完善等自我超越的方式来加以处理时，就减少了个体感受到的负面情绪和能量，有助于度过失恋的苦痛期。所以，面对失恋，除了独自品尝失恋的苦果之外，我们还可以转移注意力，多关注学习、活动、自我提升，你会发现世界还很广阔,即使"那个人"不在身边,我们依然可以生活得很精彩。

【知识链接】

警惕分手造成的"未完成情结"

未完成情结是由心理学家契可尼所提出的,是指那些"未能完成的""不成功的"事件更使人难以忘怀,也被称为"契可尼"效应。就如张爱玲的《红玫瑰与白玫瑰》一书中所描写的那样,无论我们得到的是红玫瑰还是白玫瑰,都会更加怀念没有得到的那一枝,因为依照"契可尼效应",得不到的或者已经失去的东西往往会令人记忆深刻,甚至是刻骨铭心。

分手是爱情的中断,它往往比美满的结局更令人刻骨铭心。从心理学上看,恋爱是朝向对方心理能量的最大聚集,而分手后,这种聚集起来的心理能量突然失去了宣泄的对象,可能使人产生迷失方向的感觉。当这种能量以疯狂的方式指向昔日的对象时,就容易产生十分可悲的后果,比如暴力、毁容等伤害行为。当这种心理能量指向自身的时候,就会采取酗酒、疯狂购物、暴饮暴食等方式折磨自己,甚至对异性产生"恐惧",导致心理上的畸形。

因此,为了走出失恋,避免产生"未完成情结",我们可以通过一些"仪式行为"来人为地为这段感情画上一个句号,迎接真正属于自己的美好爱情!

【心理故事】

亲密的寓言:独一无二的玫瑰

小王子有一个小小的星球,星球上忽然绽放开一朵娇艳的玫瑰花。以前,这个星球上只有一些无名的小花,小王子从来没有见过这么美丽的花,他爱上了这朵玫瑰,细心地呵护她。

那一段日子,他以为,这是一朵人世间唯一的花,只有他的星球上才有,其他地方都不存在。

然而,等他来到地球上,发现仅仅一个花园里就有5000朵完全一样的这种花。这时,他才知道,他有的只是一朵普通的花。

一开始,这个发现让小王子非常伤心,但最后,小王子明白,尽管世界上有无数朵玫瑰花,但他的星球上那朵,仍然是独一无二的。因为那朵玫瑰花,他浇灌过,给她罩过花罩,用屏风保护过,除过她身上的毛虫,还倾听过她的怨艾和自诩,聆听过她的沉默。一句话,他驯服了她,她也驯服了他,她是他独一无二的玫瑰。

"正因为你为你的玫瑰花费了时间,这才使你的玫瑰变得如此重要。"一只被小王子驯服的狐狸对他说。

【心理点评】

这是法国名著《小王子》(图6-3)中一个有名的寓言故事,我曾读过数十遍,但仍然是直到2005年才明白这一点。

图6-3 《小王子》的封面

面对着5000朵玫瑰花,小王子说:"你们很美,但你们是空虚的,没有人能为你们去死。"

只有倾注了爱,亲密关系才有意义。

我们急着去拥有。仿佛每多拥有过一朵玫瑰,自己的生命价值就多了一分。

"征服欲望越强的人,对于关系的亲密度越没有兴趣。"广州白云心理医院的咨询师荣玮龄说:"没有拥有前,他们会想尽一切办法拉近关系的距离。但一旦拥有后,他们会迅速丧失对这个亲密关系的兴趣。征服欲望越强,丧失的速度越快。"

对于这样的人,一个玫瑰园比起一朵独一无二的玫瑰花来,更有吸引力。

当两个人都自然而然地去投入,自然而然地被驯服后,关系就会变成人生养料,让一个人的生命变得更充盈、更美好。

但是,无论多么亲密,小王子仍是小王子,玫瑰仍是玫瑰,他们仍然是两个个体。如果玫瑰不让小王子旅行,或者小王子旅行时非将玫瑰花带在身上,两者一定要黏在一起,关系就不再是享受,而会变成一个累赘。

切记:一个既亲密而又相互独立的关系,胜于一千个一般的关系。这样的关系,会把我们从不可救药的孤独感中拯救出来,是我们生命中最重要的一种救赎。

如果不曾体验过,你就无法知道这种关系的美。

第四节 性心理

古人曰:"食色,性也。"就是说,以饮食为基础的物质生活和以繁衍后代为目的的性生活是人类的两大基本生活需要,性和饥则食、渴则饮一样,是人生而有之的本能。大学阶段是个人生理发展日趋成熟的时期,生殖系统的发育完善会使个体明显地感觉到生理的需要。弗洛伊德认为,性冲动和性欲望需要得到满足,这是人的正常性心理,不能过分压抑。但同时,性本能的实现又具有替代性和延缓性,可以通过其他本能得以满足的方式来实现,而且可以升华,性动力是促使人进行创造性活动的内驱力。大学阶段的青年学生性生理已经成熟，当进入一段爱情关系中时，性就成了一个绕不过、避不开的话题，性是爱情的一部分吗？有了性关系代表着更爱对方吗？爱情会不会因为性而发生变化？那么，作为大学生应该如何处理爱情与性的关系呢？让我们一起讨论这个话题。

一、什么是性心理健康

人类的性可分为性生理、性心理。性生理主要指生殖系统的发育成熟，其标志为月经、遗精的出现；性心理主要指人类的性意识、性幻想、性梦以及性行为等。

性心理健康是大学生心理健康发展的重要标志。世界卫生组织对性心理健康所下的定义是：通过丰富和完善的人格、人际交往和爱情方式，达到性行为在肉体、感情、理智和社会诸方面的圆满和协调。

心理学家研究发现，大学生性意识的发展大致包括疏远异性的反感期、憧憬异性的好感期、渴望异性的狂热期以及浪漫的恋爱期四个阶段。其典型的心理特征为：对性知识渴望、具有复杂的性观念和性态度以及时常出现的性心理困扰和性行为失当。

二、大学生常见的性行为失当

大学生中出现的性行为失当，主要表现为婚前性行为。婚前性行为是指男女双方在恋爱期间发生的性交行为。现代社会，人们的婚姻观念发生改变，避孕用品的流行使青少年男女对于性关系发生的担心和顾虑大大减少，社会对婚前性行为的看法日趋宽容，对性行为的监督渐渐弱化。

大学生发生婚前性行为的主观因素通常有几种：恋爱中双方过于亲昵无法抑制性的冲动；出于好奇心和性体验心理；认为性行为是相爱的表现，通过性行为加深感情，恋爱期间一方担心另一方变心而有意识发生性关系，以便达到与另一方结婚的目的。

关于大学生婚前性行为观点主要有以下几种。

（1）从主流文化的角度看。

由于传统文化的深入影响，我们的主流文化并未对婚前性行为持认同态度。因此，对大学生在校期间的性行为基本持否定态度。各高校都从校规校纪上规范大学生的性行为，这也是基于大学生生理、心理健康成长而考虑的。

（2）从大学生性行为的特点看。

大学生婚前性行为具有突发性、自愿性、非理性等特点，由于年龄与观念的影响，一旦发生性行为，便会多次发生，如果措施不当，还有可能造成未婚先孕。

（3）从医学的角度看。

和谐性行为需要安全、私密、舒适的环境，而大学生的婚前性行为多数在隐蔽状态下进行，常伴着内心的恐惧、紧张、害怕、担心怀孕及不洁感、不道德感、羞愧感和罪恶感，容易引起性反应抑制和性焦虑，导致男性阳痿、早泄和心因性功能障碍，而女大学生还有可能因意外怀孕而进行流产手术，影响身心健康。

（4）从心理学的角度看。婚前性行为给双方带来巨大的心理压力，如恐惧、焦虑、自卑、心理冲突加剧等。由于两性心理的差异，女性在发生性行为后，容易以身相许，希望与对方走向婚姻，因而性行为使女性由心理上的优势转化为劣势；而对男性而言，婚前性行为会提高他们的心理优势,使他对容易到手的东西产生厌倦而不承担由此带来的后果,对女性造成更大的心理伤害。

因此,对大学生而言,因为冲动而过早地发生性行为对双方的成长都是弊大于利,大学生应当提升自身的性道德水平,有效地克制性冲动,促进性心理的健康。

三、性道德的基本原则

按照心理学家弗洛伊德的观点,每个人都有性欲的冲动,但是,这种本能的冲动如果想要进入我们的意识并且主宰我们的行动就需要从本我进入自我之中,而这一过程需要经过"超我检察官"的"批准",即需要使其符合道德的准则。

性道德的基本原则有以下几点。

(一)相爱的原则

人类性爱只能钟情于某一特定的异性,并建立在爱情的基础上,这是人类性道德最核心最本质的原则,任何违背这一根本原则的性活动都是不道德的。退一步讲,和不爱的人进行性活动,其实是一份低质量的恋爱关系。我们应该追求高质量的恋爱关系,那便是基于相爱的原则。

(二)无伤害原则

性活动不应该伤害他人和后代的幸福及身心健康,不伤害社会的安定发展,不伤害性伴侣的身心健康。

(三)自愿原则

性活动应该建立在双方完全自愿的基础上。大学生的性行为更应该建立在以上原则的基础之上。因为只有符合上述原则,性行为才是出于真爱、着眼于未来的,才是符合道德准则要求的。

但是,大学阶段个体刚刚进入青年期,对于异性具有强烈的好奇心,而且,性生理的成熟使个体具有较强的性需求和性冲动,容易在冲动之下发生婚前性行为,对恋爱双方都容易产生不良的后果和影响。那么,如何克制性冲动呢?

首先,这就需要恋爱双方用理智和道德约束自己。大学生性行为失当的主要原因是冲动,缺乏对自身性冲动和欲望的有效克制,因此,要学会用理智和道德约束自己的行为。其次,要学会适当地转移和调节自己的注意力,尽量使自己的生活充实和丰富起来,拥有更广的人际交往和更高的理想追求,而不仅仅是"我的眼里只有你",从而使自身的性冲动得以转移与调节。再次,恋爱双方应该尽量减少给对方太多的性刺激。大学生克制力差、冲动性强,为了避免因为一时冲动而悔恨、愧疚等,恋爱双方在交往和接触中应该注意减少给对方太多的性刺激,比如避免穿过于暴露的衣服,避免两个人待在过于封闭、私密的环境中,等等。

四、维护大学生性心理健康的途径

(一)掌握科学的性知识

作为大学生应该对"性"有一个科学的认识。性是一门综合性的学科。它包括性生理学、性心理学、性社会学、性伦理学、性美学等。学习性生理学，了解性生理结构及功能，性发展和成熟的规律，去掉性禁忌，减少性神秘感，降低性压抑；学习性心理学，了解性心理的发展，以理智克服冲动；学习性社会学，了解性行为的社会属性，按社会需要规范性行为；学习性美学，使性行为符合审美需要。大学生应当努力学习和掌握性科学知识，避免性无知，消除把性仅仅看作是生物本能的片面认识。

（二）培养健康的人格

性是人格的完成。性，不仅仅取决于生物本能，一个人对待性的态度，反映了一个人人格的成熟。人自身的尊严感和对他人是否尊重，都会在两性关系中充分体现出来。

作为一名大学生，首先要自爱自信，要充分相信自己。其次，大学生不应以性关系来作为自己留住对方的唯一砝码，而应该认识到自己是值得对方好好珍惜与喜爱的。再者，大学生不应以性对象作为衡量自己魅力的标尺，而应该认识到真正的魅力只能源于自身的内涵与实力。

要对性行为有社会责任感。性行为涉及另一个人，那么便涉及许多社会责任。性行为可以给另一方造成心理和肉体上的伤害，可以产生第三条生命，这将意味着影响另一个人的生活，也将影响自己的生活。每一个成熟的大学生都应当了解个人性行为给他人、自我和社会带来的后果，尊重他人，尊重自我，对自我的行为负起责任。大学生要增强自己的性道德和性法律意识，用道德和法律规范自己的性行为。

要培养良好的意志品质。大学生自我控制性冲动能力的大小，在一定意义上是由个人意志品质的强弱决定的。意志作为达到既定目的而自觉努力的一种心理状态，具有发动和抑制行为的作用。尽管有的青年人有很强的性冲动，尽管在外界性刺激的情况下，人会急于寻求性的满足。但是，人不同于动物，人有意志力，人可以抑制和调整自我的冲动。那些放纵自己的人往往缺乏坚强的意志品质。鲁迅先生曾经说过："不能只为了爱——盲目的爱，而将别的人生的意义全盘忽略了。"为了自己长远的幸福和个人成功的发展，应当努力培养自己良好的意志品质。

（三）积极进行自我调节

每一名大学生都应该懂得：每个人都应该尊重他人的存在价值；每个人都应该以希望他人如何对待自己的方式去对待他人；每个人发展自尊与自重都应该建立在良好的人格标准的基础上，即责任心、诚实、善良，并对自己的道德能力有信心。性欲是正常的和健康的，而且，性欲是可以控制的。

对于性冲动，除了给予适度控制外，还可以采取一些积极的、富于建设性的、符合社会规范的方式，来取代或转移性欲。通过投入学习、工作和参加各种文体活动，以及男女正常交往等多种合理途径，陶冶个人情操。大学生要尽量避免接触影视、报刊、网络上的过强的性信息刺激，抵制黄色书刊等的不健康影响。

（四）文明适度地进行异性交往

文明适度地进行异性交往，可以满足青年期性心理的需求，缓解性压抑。异性交往有益于扩大信息、完善自我，对个人的恋爱婚姻及个人的成才发展具有重要的作用。但大学生在与异性交往时要把握分寸，注意场合，规范行为，处理好"友情"与"恋爱"的关系。

（五）寻求心理咨询

在心理咨询室中，性不再是一个难以启齿的问题，同学们可以尽情宣泄心中的郁闷。据不完全统计，在大学生前来咨询的问题中，与异性的交往问题占50%以上，其中大部分都或多或少地涉及有关性的困惑。当你遇到性困扰时，你可以坦然寻求心理咨询。

【知识链接】

男女性心理的差异性

男性表现得较为外显和热烈，女性往往表现得含蓄和深沉。在内心体验上，男性更多的是新奇、喜悦和神秘，而女性则常常是心慌、羞涩和不知所措。在表达方式上，一般是男性较为主动，女性往往采取暗示的方式。此外，男性的性冲动容易被性视觉刺激唤起，而女性则容易在听觉、触觉刺激下引起性兴奋。

女性容易出现的性心理误区是：有些女性认为可借性来满足一些物质需求；把性作为衡量爱情的砝码，认为婚前性交可以使爱情关系升级；感激男友的爱慕之情，担心拒绝其性要求会伤害对方的感情；"以性锁情"，消除男友对自己不放心的担忧感或表示自己的真诚而以身相许。

男性容易出现的性心理误区是：有些男性认为性就是满足性欲的，是不用承担责任的；"以性锁情"，满足占有欲，认为只有发生性关系，才能证明女友真的是自己的；认为和女友发生了性关系，在朋友面前才有面子；与较多女性发生性关系，表示自己有能力、有魅力。

如何拒绝男友提出的性要求

男生往往会主动提出性要求。遇到男友提出性要求怎么办？首先，建议在表白到成为恋人之间要有一段"准恋爱期"，相互了解对方，不轻易确定恋爱关系。这段时间不能少于3个月，以半年为最佳。两个人可以一起吃饭、去图书馆、打开水等。其次，接受求爱前，向男生说明自己的人生目标、原则和忍受的底线，说明自己"不到最后一刻，不干什么事"的态度。在男生兴奋起来有主动的意图时，你把他支开去买水，或者到人多的地方去，这么一来，他的兴奋就会降下来。最后，在男生以分手相要挟时，要勇敢拒绝，并以当初的约定反击。该分手时就分手，失恋不是人生的失败，而是再恋的机会，其实大多数男生还是尊重性意识严谨的女生的。

——华中师范大学生命科学学院教授、人类性学与性/性别社会学研究生导师彭晓辉

【心灵拓展】

一、心理测试：爱情态度自评量表

[指导语]：请在你认为最能体现你想法的项目上画圈，并将所有的分数相加。1＝完全同意，2＝有点同意，3＝不确定，4＝有点不同意，5＝完全不同意。

(1) 爱是没有意义的，仅此而已。　　　　　　　　　　　　　　　　1 2 3 4 5
(2) 当你完全坠入爱河的时候，自己能确信这是一个事实。　　　　　1 2 3 4 5

（3）为了爱一个人你会想结婚，但是却不能结婚，这成了一个悲剧。　　　　1 2 3 4 5
（4）当爱情来临时，你自己能意识到。　　　　1 2 3 4 5
（5）只要彼此真心相爱，现实的利益并不重要，你们会彼此适应的。　　　　1 2 3 4 5
（6）哪怕只是很短时间的接触，只要你认为爱上对方，结婚也是可以的。　　　　1 2 3 4 5
（7）如果你将要爱上一个人，你会很快"了解"。　　　　1 2 3 4 5
（8）只要两个人相爱，学历上的差异没有什么关系。　　　　1 2 3 4 5
（9）即使你不喜欢某个人的朋友圈子里的人，你还是会不考虑他（她）的朋友关系而爱上这个人。　　　　1 2 3 4 5
（10）当你坠入爱河时，你通常会头脑发昏而不冷静。　　　　1 2 3 4 5
（11）"一见钟情"通常是最深刻最持久的爱。　　　　1 2 3 4 5
（12）当你恋爱时，伴侣从事什么职业并不重要，因为无论如何你都会爱他（她）。　　　　1 2 3 4 5
（13）只要你真正爱一个人，你就可以解决你和他遇到的一切问题。　　　　1 2 3 4 5
（14）通常你只能真正与这个世界上的一两个人相爱或者相处快乐。　　　　1 2 3 4 5
（15）不考虑其他因素，如果你真正爱上一个人，这已经可以成为你要与那个人结婚的足够好的理由了。　　　　1 2 3 4 5
（16）爱上一个你愿意与之结婚的人很有必要。　　　　1 2 3 4 5
（17）爱不仅仅是一种感情，而且是一种关系。　　　　1 2 3 4 5
（18）如果不相爱，就不应该结婚。　　　　1 2 3 4 5
（19）大多数人的真爱在一生中只有一次。　　　　1 2 3 4 5
（20）对大多数人来说，不管在哪里，总会有一个理想的伴侣。　　　　1 2 3 4 5
（21）在大多数情况下，你找到合适的伴侣时，你会清醒地"意识到"。　　　　1 2 3 4 5
（22）嫉妒或者怀疑是会直接随着爱而发生变化的，也就是说，你爱得越多，你就会越嫉妒或者越猜疑。　　　　1 2 3 4 5
（23）当你陷入爱河时，你就会被感觉而不是理性所指挥。　　　　1 2 3 4 5
（24）对爱的最好的描述是令人兴奋而不是平静。　　　　1 2 3 4 5
（25）大部分人离婚可能是因为不再相爱，而不是不能相互适应。　　　　1 2 3 4 5
（26）当你恋爱时，你的判断力常常不太清晰。　　　　1 2 3 4 5
（27）通常人一生中只有一次爱情。　　　　1 2 3 4 5
（28）爱情通常是一种热烈和难以控制的情绪。　　　　1 2 3 4 5
（29）当选择一个伴侣结婚时，与爱相比，社会地位和学历层次的差异并不重要。　　　　1 2 3 4 5
（30）无论其他人怎么说，爱情都是不可以理解的。　　　　1 2 3 4 5

［计分方法及分析］

首先，请把你在30道题上的得分相加算出总分。请将总分写在这里（　　　）。

得分低说明你更倾向于是一个浪漫主义者；得分高说明你更倾向于是一个现实主义者。你所得的总分越低（30分是最低分），你的爱情观越浪漫；得分越高（最高分为150分），你对待爱情的态度越现实。如果得分在 90 分左右，那么你在浪漫与现实的爱情观中处于一个中等位置。

当然，你可能期待自己的男（女）朋友跟自己相比更浪漫或者更现实一些。

（本测验结果仅供参考，如有需要请咨询专业人员。）

二、团体活动：爱情拍卖

爱情拍卖（50 分钟）

活动步骤如下。

（1）拍卖活动：

a. 海报上列出的 16 项价值是爱情的理由（见附录），是否有人要补充项目；

b. 请每人就这个项目，由领导者进行拍卖，每人拥有一百万元，叫价以一万元为单位，至 16 项卖完为止。

（2）拍卖完，讨论下列题目：

a. 各买到什么？

b. 经过何种考虑而买到自己所得项目？是自己所需或喜欢的吗？

c. 依据我们对每一伙伴的认识，你认为他会买该项吗？为什么？

d. 若重选一次，结果会相同吗？如何选？

e. 让选择相同价值者组成一组讨论其合适度。

（3）当你的价值与你的男（女）朋友相冲突或不同时，怎么办？

（4）若以人生目标来看，会和爱情价值观相同吗？工作、爱情、亲情、朋友、嗜好，何者最重要？

附录：16 项爱情的价值。

（1）可以和他（她）分享生活中的点点滴滴。

（2）可以因他（她）而扩展生活领域。

（3）可以和他（她）相知很深。

（4）可以和他（她）共同建立一个家庭。

（5）可以因他（她）提携，激励而成长进步。

（6）可以多一个工作伙伴。

（7）可以获得爱和支持。

（8）可以享有和他（她）的美好性生活。

（9）可以有他（她）随时随地陪在你身边。

（10）可以和他（她）一起赚很多钱。

（11）可以去照顾和爱他（她）的付出感觉。

（12）可以因他（她）而生活更有变化。

（13）可以由他（她）照顾生活起居。

（14）可以和他（她）一起生儿育女。

（15）可以因他（她）而增加生活乐趣。

（16）可以因他（她）而获得安定感。

三、爱情 ABC——如何拒绝男友提出的性要求

（1）你真的爱我，就应该理解我的感情，我真的非常想要你。

——我拒绝，不等于我不爱你，如果你爱我的话，就不要逼我做我不喜欢做的事情。

（2）恋人之间都是这样做的，我们那么相爱，就试试吧。

——别人是别人，我是我，我相信好多人都不会这样做，包括我在内。

（3）大家都彼此深爱着对方，还有什么不可以做呢？

——但是我还没有足够的准备，我还要好好想一想。

（4）我们都是大人了，都已经成熟了，还等什么？

——成熟的人做什么事情都会想得清清楚楚，并会考虑后果。不如我们先讨论一下做过之后，会有什么样的后果和责任，你说好不好？

（5）上次不是已经试过了吗，感觉也不错，这次为什么又不愿意了？

——上次是上次，这次我想再想想清楚。我想你是不会逼我的，是不是？

（6）我的要求是正常的，而且性行为会带来快感，你不想试试吗？

——你付出那么多就是为了试试看？那你就别搂着我了。

（7）我太爱你了，有些控制不住，现在就想要。

——你太冲动啦！如果你爱我，应该顾及我的感受啊！

（8）知道你其实和我一样很想试试的，为什么不试试呢？

——你这么说，证明你不了解我。我要的是真正关心我，并懂得尊重和保护我的人。

（9）你使我很兴奋，如果你真的爱我，就证明给我看。

——对不起，我不想，爱不是这样证明的吧！不如我们冷静一下，好不好？

（10）不肯，就说明你并不是真正爱我，那我就找别人了。

——我觉得你不尊重我，你真的爱我吗？如果你真是这样想的，我倒是要好好思考你是否真正值得我爱。

第七章

柳暗花明又一村——压力管理与挫折应对

写在篇前

人,离开母亲的身体来到这个世界时,借助了压力的作用。人,在每天的呼吸中也同样借助了压力的作用。没有压力我们无法生存,但是,心理压力过大会破坏我们的生活。面对离不开的压力,我们该有怎样的体验?怎样的态度?怎样的行为模式?"也无风雨也无晴"是我们可以拥有的淡定从容的状态。

经历挫折是福还是祸?怎样让自己在一次又一次的失败面前屹立不倒?能不能从挫折中汲取前进的力量?从古到今,无数强者用自己的行动证明了挫折不过是人成长过程中的养料,当我们找到了解决问题的金钥匙时,挫折便会成为促进我们成功的催化剂。

心理格言

人们最出色的工作往往是在处于逆境的情况下做出的。思想上的压力,甚至肉体上的痛苦都可能成为精神上的兴奋剂。
——(英)贝弗里奇

即使跌倒一百次,也要一百零一次地站起来。
——张海迪

不因幸运而故步自封,不因厄运而一蹶不振。真正的强者,善于从顺境中找到阴影,从逆境中找到光亮,时时校准自己前进的目标。
——(挪威)易卜生

知识导航

第一节 压力概述

一、压力概述

心理学里所说的压力,是指心理压力,指的是一个人在面对具有威胁性的刺激时,一时无法消除威胁、脱离困境而产生的一种被压迫感受和紧张状态。

个体在生活适应过程中会遇到来自环境和自身的各种刺激与挑战，个体会依据自己的动力系统和能力系统对感受到的刺激与挑战作出相应的反应。如果个体确知刺激情境具有威胁性、挑战性，他的能力和经验足以克服困难，那么刺激情境对他不会构成压力；如果刺激情境与自身应对能力极度不平衡，这种被压迫感和紧张状态通过心理和生理反应表现出来，就是心理压力。

人是生活在压力之中的，如果完全没有压力的话，我们甚至会无法生存。比如说，将人体放到气压很低的高空，如果不采取保护措施，人会出问题；完全没有心理压力本身就是一种压力，它的名字叫空虚。无数的文学艺术作品描述过这种空虚感，那是一种足以让人宁愿选择死亡的更糟糕的状况，是一种活着却感觉不到自己在活着的别样悲哀。

（一）压力的来源

心理压力是人类生活中一种必然的存在，各种各样的生活事件都能引起不同程度的心理压力。从大的方面说，战争、地震、水灾、火灾等灾害，会给人们带来沉重的心理压力和负担。

从小的方面讲，每一次考试或考核，自己生病或亲友生病，会给我们正常的生活带来意外的冲击和干扰，也都是造成我们心理压力的原因。

压力源可分为三类。

1. 心理性

心理性压力的发生，简单来说就是"要与不要"的问题。在每个人的心中都有满足基本需求与达成愿望的想法，如果这些需求的追寻遭受挫折，就会产生心理压力。

2. 生理性

对躯体产生直接性损害的刺激，如各种疾病、环境的噪声、温度的变化等。

3. 社会性

社会性是指社会生活中所发生的变化，广义的如政治动乱、战争、社会制度的变革等；狭义的如工作环境的变动、家庭成员的生离死别等重大生活事件。现代社会发展迅速，地区人口密集，人际互动频繁，新的工作要求、方式变化等原因，使得社会性压力成为人们的主要压力来源。

研究表明，个体的压力来源与他所处的小环境有直接关系。小环境主要包括工作单位、学校及家庭等。例如，少数来自贫困家庭的大学生，看到有些同学家庭富裕，穿的是名牌，用的是名牌，花钱大手大脚，心里非常羡慕这种生活，但同时又强烈地感受到自己的学费还需要贷款，每天还在为生活费操心，当找不到摆脱困境的办法时，思想上就会受到很大的冲击，就会在心理上感到压力很大，甚至产生自卑心理，不愿与别人交往，变得敏感、封闭等。

社会压力源分类如表7-1所示。

表 7-1 社会压力源分类

类别	主要内容	可能产生的后果
家庭压力因素	分居和离异，单亲父母，家庭暴力或虐待	疾病、紧张、无助与无望、成长失败
工作压力因素	工作条件，角色应激，人际关系，职业发展	烦恼、紧张、工作业绩低、工作动力差
社会压力因素	社会变化，科技飞速发展，剥夺人类个性	焦虑、渺茫、脆弱的信念
环境压力因素	自然灾害，科技型灾害，过分拥挤或环境污染	焦虑、悲痛、绝望、意志消沉

（二）压力的作用机制

压力是压力源和压力反应共同构成的一种认知和行为体验。

人们在每天的生活中，认知和行为都是处于一定的心理背景之中的，这种心理背景依据发生的强度、持续的时间，可以分为心境、激情和应激 3 种。心境是一种微弱的（发生强度）、持久（持续时间）而又有弥散性的情绪体验状态。激情是一种强烈的（强度）、爆发式的（发生速度）、持续时间较短（持续时间）的情绪状态，具有明显的生理反应和外部行为表现。应激是在出现意外事件或遇到危险情景时出现的高度紧张（发生突然，持续时间短）的情绪状态。

一个人在一定的社会环境中生活，总会有各种各样的情境变化或刺激对人施以影响。刺激被人感知到或作为信息被人接收后，会被引入主观的评价，同时人产生一系列相应的心理、生理的变化。通过信息加工过程，对刺激作出相应的反应。如果刺激需要人作出较大的努力才能进行适应性反应，或这种反应超出了人所能承受的适应能力，就会引起机体心理、生理平衡的失调，即紧张反应状态的出现。适度的心理应激可提高人的警觉水平，以应付各种环境变化的挑战。但长时间的应激状态则会损害人的心身健康。

我们可以清楚地看到，生活中我们遇到的各种生活事件作为应激源，会引发我们作出反应。不同的人由于个性差异的影响，存在不同的认知评价，会选择不同的应对方式，获得不同的社会支持等，面对同一生活事件往往会在心理反应、行为反应和生理反应方面有所不同，进而产生健康（有效应对压力）和疾病（无法有效应对压力）两种截然不同的结果，如图 7-1 与图 7-2 所示。

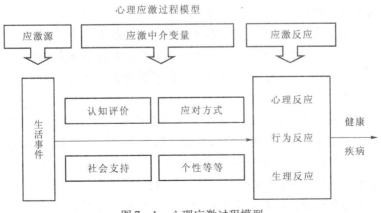

图 7-1 心理应激过程模型

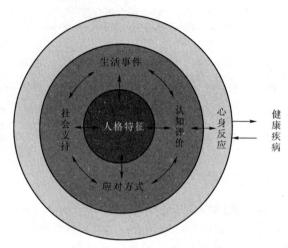

图 7-2 心理应激"系统"模型

【心理实验】

猴子实验

人类的大部分疾病都和情绪有关吗？为了证实这种说法，美国心理学家用两只猴子做了一次实验。

心理学家把一只猴子放在笼子里，将其两条后腿绑在铜条上，然后给铜条通电。通电后猴子很痛苦，但后腿绑上了，跑不掉；而两条前腿只能胡乱挣扎。猴子旁边有一个弹簧拉手，是一个电源开关，起初猴子并不知道这个机关，但是几次乱抓时偶然触动电源开关，它发现抓别的地方没有用，一拉开关就不痛苦了。猴子被电乱抓是本能，"抓到了开关可以消除痛苦"是学会的行为，猴子也就是建立了一个条件反射。以后只要一通电，猴子不抓别处，直接就拉开关来逃避电击。这是一个最简单的条件反射。心理学家在此基础上让猴子再建立一个二级条件反射。在猴子的前方亮一盏红灯，红灯是一个新异刺激，所有哺乳动物对新异刺激的本能反应是"探究反射"。朝向它，关注它，看一看，听一听，以便趋利避害。有好吃的就跑过去，有危险就跑掉，这是哺乳动物的一种本能。红灯是一个中性刺激，无利无害，可是把这个红灯和电击结合起来，它就有意义了。心理学家的设计是：红灯亮后过几秒钟电击就来了，猴子就要拉开关。猴子非常聪明，具有很强的学习能力，它观察了几次就知道了：这个红灯是个危险的信号，红灯一亮，它就要受苦。但是没关系，一拉开关就可以避免痛苦了。所以只要红灯一亮，还不等来电，猴子就会去拉开关。这个二级条件反射建立之后，预备实验完成。

下面开始正式实验。在学会了抓开关的猴子（我们称它为实验猴）的旁边，再放一只猴子（我们称它为对照猴），每天把这两只猴子串联绑在一块，放在同一个笼子里边 6 个小时，这是模拟人类工作时间选择的长度（人类 8 小时工作制，开头、结束效率不高，真正有效的工作时间为 6 个小时左右）。实验猴一进到笼子里边，就会高度专注，聚精会神，盯着红灯，不敢丝毫懈怠和疏忽，红灯一亮赶紧拉开关，但红灯不停地亮，猴子忙得不亦乐乎，非常紧张。旁边那只对照猴没有电击的经历，它不知道红灯的含义，只是觉得好玩，在那儿看热闹，东张西望，无所事事。

这个实验只做了20多天，实验猴就死掉了。

实验猴死于何因呢？会不会它因为疏忽了，注意力不集中，没有看好那盏红灯，所以被电击死了？不是！第一，电压没那么高；第二，这两只猴子是绑在同一根铜条上，也就是串联，电压是一样的，如果实验猴忘记拉开关，通电了，对照猴也跑不掉。实验猴安然无恙，活蹦乱跳的，可见不是因为电击死亡。科学实验讲究严格控制条件，排除各种无关因素的影响，把其他条件控制住，然后看一看是什么原因导致了什么结果，这是实验心理学的一个基本原理和做法。这两只猴子一只是实验猴，另一只是对照猴，经过精心挑选，严格匹配，做到了完全对等。也就是说，它们在种族、年龄、性别、身高、体重、健康状况等方面，在实验之前都做了严格的检查，是两只完全健康的猴子，没有任何疾病。它们两个在笼子外面的条件也一样，吃、喝、拉、撒、睡都在一起，方方面面都控制了。

究竟是什么原因导致了实验猴很快死亡呢？

经解剖发现，实验猴死于严重的消化道溃疡，胃烂掉了。实验之前体检时，实验猴没有任何胃病，没有溃疡，这就是说它的溃疡是在这短短的二十几天内新发的。实验猴与对照猴别的条件全部都控制了，完全一样，唯一的不同是每天在笼子里的6个小时，实验猴要工作，它的责任重，压力大，精神紧张，焦虑不安，老担惊受怕，它的消化液和各种内分泌紊乱了，所以很快患上了严重的胃溃疡。

这是一个很有名的心理学实验。心理学和当代医学把这种由心理因素导致的躯体疾病叫作心因性疾病，又称心身疾病。当代的医学模式叫作生物—心理—社会医学模式。这种模式认为：生物学因素可以导致人患病，心理因素、社会因素同样能使人患病。

应激反应综合征是伴随着现代社会发展而出现的病症，直到近些年才受到世界各国的注意。这种病不仅与现代社会的快节奏有关，更与长期反复出现的心理紧张有关，如因怕解聘、怕被淘汰、怕不受重视不得不承受工作、生活压力和心理负担等，再加上家庭纠葛和自我期望过高。至于失眠、疲劳、情绪激动、焦躁不安、爱发脾气、多疑、孤独，对外界事物兴趣减退，对工作产生厌倦感等，则是应激反应综合征的先兆。

国外有关专家调查后认为，应激反应综合征在企业管理人员、大中学老师、驾驶员比较多见，其中又以心理素质较差和不善于自我心理疏解的人更易罹患。白领人士由于社会竞争加剧、生活节奏加快、工作紧张，以及自身期望过高导致整天像机器人那样拼命。有些则由于情感纠葛多，婚外恋、家庭矛盾突出，也比较容易罹患此症。

应激反应本来是机体遭到外界强烈的刺激后，经大脑皮层综合分析产生的一系列非特异性应答反应，如神经兴奋、激素分泌增多、血糖升高、血压上升、心率加快、呼吸加速等。这种情况本身是正常的，其作用在于使机体能对刺激做出迅速而及时的应答，只要其强度、频率和持续时间适当，不但不会对人体造成损害，而且对保护机体有益。

但是，如果外界的刺激过度激烈（与本人承受能力比较而言），或者长期、反复地出现，以致超出机体能够承受的极限，将会造成病理性损害，出现诸如失眠、持续疲劳、乏力、食欲缺乏、烦躁不安、精神难以集中、记忆减退、性功能下降、无名低热等症状，但又查不出任何明显的器质性病变；严重的则可能有胃溃疡、心肌梗死等病症，并产生内分泌、免疫功能和行为方面的负面变化，这便是应激反应综合征了。

【案例分析】

宁波数学新星过早陨落美利坚

2005年2月28日晚,美国麻省理工学院博士研究生毛振秀猝死在他租住的公寓里,年仅23岁。

2000年,毛振秀毕业于宁波效实中学,因学业突出被保送到美国耶鲁大学,并获全额奖学金。母校的老师评价说:"他很优秀,自学能力很强,小学时就获得了全省数学奥林匹克竞赛一等奖,而且学会了计算机编程。"

2000年9月,毛振秀进入耶鲁大学学习。据毛振秀在耶鲁的同学说,在耶鲁的这几年,他几乎天天都要学习到深夜。耶鲁大学的图书馆是凌晨两点闭馆的,他常常是最后离开的一个。2004年,毛振秀拿到了数学和计算机两个专业双学士学位证书,获得了耶鲁大学数学系唯一的一份头等荣誉毕业证书。当时,耶鲁大学、麻省理工学院、斯坦福大学等6所美国著名的高校都同意录取他,毛振秀选择了世界一流的麻省理工学院数学系攻读博士研究生。

本科毕业直接读博,无疑是一个挑战,他必须比硕士毕业的同学们付出更多的精力。因此,进入麻省理工学院后,他的学习时间总是排得满满的,学习到凌晨三四点成了他的习惯。麻省理工学院数学系主任迈克教授这样评价他:"麻省理工学院数学系的研究生是全世界最好的,毛振秀又是这些人中最好的!"因为学业的杰出,毛振秀在进入麻省理工学院后的头一个学期,就获得麻省理工学院的"总统奖学金",并且成了美国数学协会最年轻的会员。

毛振秀有一个愿望,他要在40岁以前获得数学界最有名的"菲尔茨奖"。他曾多次对同学说,他的理想是要当个数学教授。就在去世的前一天,毛振秀在和父母通电话时,再次对父母说自己的理想是当一名在世界上都算得上优秀的数学家。

毛振秀去世后,麻省理工学院研究生院和数学系授予他"杰出研究生奖"。麻省理工学院校友办了个纪念毛振秀的网站,用以纪念这位"开朗的数学天才"。3月11日,毛振秀的父母赴美参加儿子的追悼会。在那里,耶鲁大学和麻省理工学院的校长都接待了他们,老师和同学们举行了追思会。听说儿子看书一般都会看到凌晨四五点,每天的睡眠时间甚至不到5个小时的时候,毛振秀的爸爸伤心地说:"儿子,你为什么不多关注一下自己的身体?要知道只有健康的体魄才是实现远大目标的保证啊!"

毛振秀生前是个很乐观善良和善于帮助别人的人。在耶鲁大学,他是教师助理,同学只要遇到学习上的困难,他都乐意提供帮助。毛振秀还和河北的一个贫苦孩子结成了助学对子,用自己勤工俭学得来的钱,资助孩子上学。毛振秀曾经多次对父母说,学成以后要报答母校效实中学对自己的培养,为母校培养更多的数学人才做贡献。毛振秀去世后,他的父母决定实现他的遗愿,用毛振秀在美国学习期间得到的奖学金,在效实中学设立"毛振秀数学奖"。

案例分析:闻听毛振秀的故事,既让人惊叹于他的勤奋和成效,更让人为这位数学新星的过早陨落而扼腕叹息,一出原本可以避免的悲剧演变成了事实,一位天才因过分的勤奋,在丧失生命的同时,既带给亲人悲痛,也永远失去了回报社会的机会。

人们充分肯定了毛振秀的优秀品德,赞美他的勤奋、他的出众、他的开朗、他的热情……的确，年轻的毛振秀有许多值得我们赞许之处，但是，天才的夭亡也给我们敲响了警钟，用沉重的事实告诉我们：健康比成绩重要！凡事过犹不及！

心理健康的标志是强调"身体、智力、情绪十分协调"，我们在勤奋学习和努力工作的同时，一定不能忘记对身体的使用必须符合其生理特征，必须遵守"量力而行"和"适可而止"的原则。

我们不否认，杰出学业的取得与毛振秀投入学习的时间成正相关，他用每天学习到凌晨四五点，每天的睡眠时间甚至不到5个小时，换来了麻省理工学院教授们的交口称赞，换来了麻省理工学院的"总统奖学金"，并且成了美国数学协会最年轻的会员。在这个初级目标上他的确成功了，但是，长期的紧张学习和睡眠不足导致的猝死，剥夺了他进一步追求更高目标的权利。残酷的事实证明了毛振秀选择的行动方案是一个令人遗憾的方案。

如果毛振秀依旧坚持"要获得数学界最有名的'菲尔兹奖'"的目标，同时选用另外一套适度调整学习压力，注重劳逸结合，保证可持续发展的行动方案，或许他可以赢得更多的机会，为人类社会做出更大的贡献。

毛振秀的爸爸所说的"只有健康的体魄才是实现远大目标的保证"不仅仅出于父母对孩子的爱，更道出了我们必须遵守的客观规律！

二、现代人的心灵负重

（一）新词迭变的反映

纵观社会万象，我们发现近年来每年都会出现形形色色的新词，非常形象地折射出现代人的心灵负重，诸如年关焦虑症、选择焦虑症、高温焦虑症等。下面，我们仅列举两个新词，密码焦虑症和怨士族。

1. 密码焦虑症

现代都市人的生活已被各种密码所包围：用银行卡取钱，要输密码；查询手机费用，要输密码；进入小区大门，也要输密码。在网络中，收发邮件、聊天、购物，都要密码，密码似乎成了与外界接触的通行证。不可否认，密码是人类文明的标志，极大地保障了人们的财产安全，但同时也给生活带来了不少烦恼。没有密码，隐私没了保障。有了密码，"记不住、被盗"的隐患也让人们的安全感无处安放。很多人因此产生了不安、焦虑、恐惧等症状，这种现象被心理学家称为密码焦虑症。

2. 怨士族

房租不断上涨，工作节奏越来越快，抗压能力与日剧减，很多都市白领似乎只能靠抱怨来宣泄心中无奈。人们把这些因为在工作、家庭、人际关系中承受压力而整天抱怨的一类人称作"怨士族"，如图7-3所示。

"怨士族"最大的特点就是爱抱怨，特别是明知道"抱怨解决不了任何问题"，可一有时间和机会，还是忍不住"碎碎念"。和好朋友逛街，下班回家路上打电话，都是抱怨的良好时机，工作、家庭、人际关系都是抱怨的话题。

某网站曾发布过一个职场抱怨状态调查报告，在参与调查的5000余人中，65.7%的职场人表示自己一天抱怨次数为1~5次。22.6%的人在抱怨"后院"问题，情感需求是主要心结，32%的人抱怨老板不能体谅员工，剩下的就是同事之间钩心斗角，及他人八卦。

图7-3 "怨士族"

(二) 急剧转型与内外交困

从个体适应外在环境的情况来看,社会急剧转型带给现代人无比沉重的心理压力。在一个相对稳定的社会中,人们一旦建立起某种生活方式,就可以很顺利地适应,不会感觉到多大的压力。我国当代社会是一个发展快、变化大、社会急剧转型的时代,一方面,经济基础引进竞争机制,职场、商场处处犹如战场,无论升学、就业、婚姻、交友,处处都要经过残酷的竞争,不参与不行,参与必然压力重重。另一方面,经济快速发展,社会体制变革远远赶不上经济发展的速度,社会保障、医疗保障、住房、教育、食品安全等关乎个人生活质量的很多方面不能尽如人意,平常百姓强烈感受着压力却无能为力。

从个体适应内在需求的情况来看,多元化的社会给予人们太多的选择机会,个人自我选择时的冲突带给现代人无比沉重的心理压力。现代人感到迷茫和浮躁,与面临太多的选择机会有直接关联,心理学上称之为动机冲突。动机冲突是指一个人在某种活动中,同时存在着一个或数个所欲求的目标,或存在两个或两个以上互相排斥的动机,当处于相互矛盾的状态时,个体难以决定取舍,表现为行动上的犹豫不决,这种相互冲击的心理状态,称为动机冲突,它是造成挫折和心理应激的一个重要原因。最常见的动机冲突有双趋冲突、双避冲突、趋避冲突和多重趋避冲突等。

双趋冲突指两种对个体都具有吸引力的目标同时出现,形成强度相同的两个动机。由于条件限制,只能选其中的一个目标,此时个体往往会表现出难于取舍的矛盾心理,这就是双趋冲突。"又想求地位考公务员,又想求财富去经商,两者不可兼得"就是双趋冲突的真实写照。

双避冲突指两种对个体都具有威胁性的目标同时出现,使个体对这两个目标均产生逃避动机,但由于条件和环境的限制,必须选择其中的一个目标,这种选择时的心理冲突称为双避冲突。"前遇大河,后有追兵"正是这种处境的表现。

趋避冲突指某一事物对个体具有利与弊的双重意义时,会使人产生两种动机态度:一方面好而趋之,另一方面恶而远之。所谓"又想买房改善生活,又无力承担房价,不想当房奴"就是这种冲突的表现。

在实际生活中,人们的趋避冲突常常表现出一种更复杂的形式,即人们面对着两个或两个以上的目标,而每个目标又分别具有吸引和排斥两方面的作用。人们无法简单地选择一个目标,而回避或拒绝另一个目标,必须进行多重的选择。由此引起的冲突叫做多重趋避冲突。

在现实生活中,一个人常常遇到各种动机冲突。如果对动机冲突不能很好地处理,就会产生强烈的消极情绪,使人陷入困惑和苦闷之中,甚至颓废和绝望,无法自拔。动机冲突不但影响人的正常工作和学习的积极性,还会给人的身心健康带来严重的威胁,甚至使人的精神状态趋于崩溃,行为失常。

三、大学生常见的压力

大学生处在特殊的生活环境和特殊的年龄阶段,也承受着特殊的使命和社会角色。在日趋激烈的竞争下,大学生面临越来越多的挑战和困难。事实上,压力的产生是一个动态的过程,不存在一种绝对压力,压力的大小是个体与环境多次相互作用的产物。

1. 学习压力

学习是大学生的首要任务。大学生活中的绝大多数时间是在与学习打交道,所以由学习所形成的压力有时虽强度不是很大,但持续时间却很长,对大学生的影响不可低估。据调查,有30%的受试者感到目前最大的压力是学习。学习方面的压力,主要与以下几个因素有关:一是不恰当的社会比较;二是由对专业和专业知识不感兴趣所导致的压力;三是学习时间长、学习头绪多所带来的压力。

农科专业的课程设置与一般文理科课程有很大的差别,它突出应用性和操作性。许多学生无法适应这一转变,觉得学习负担重,感到压力很大。其次是"考证"的压力,现在很多大学生的目标不仅要拿到毕业证,还要考取各种技术等级证书,既要花钱,又要花时间和精力。许多学生认为"多一本证就多一份竞争实力",于是互相攀比,在你追我赶中奋力考证,这也带来了相应的竞争压力。此外还有学校内各种社会工作的竞争带来的压力。

2. 生活压力

也许对一部分大学生来讲,最大的压力莫过于生活的艰辛。大学学费和生活花销成了一部分同学尤其是一些贫困生的压力源。首先是生活上的窘迫感,有的严重程度甚至到了"不敢随便多吃一点东西,否则生活费就没有了"的地步。再则是对家人的内疚感,有的同学家庭贫困甚至有父母双亡的家庭,他们最大的内疚就是对不起亲人,不想让家人替自己背包袱,可自己又无能为力。

3. 交往压力

部分大学生在交往中会有自卑感。有的学生总担心别人看不起自己,同学间不经意的一句玩笑或某种行为都会深深地刺伤他们的心灵,强烈的自尊与脆弱的情绪、情感相交织。

心理学研究认为,社会支持(或良好的人际关系)能对应激状态下的个人提供保护,即对应激起缓冲作用,能有效地减少忧郁倾向和心态失衡。美国社会心理学家的一项调查表明,使人们感到幸福的既不是金钱,也不是名利、地位、成功,而是良好的人际关系。我国在对大学毕业生所做的一项调查中也发现,大学生最留恋的是与朋友间的友谊。但是在现实的大学生群体中,人际交往并没有那么顺利,反而成了一些人心理障碍的根源。

"踏着铃声进出课堂,宿舍里面不声不响,互联网上诉说衷肠。"这句顺口溜实际上反映了相当一部分大学生的交际现状。

4. 情感压力

情感生活作为大学生活主旋律之一，始终是问题的敏感点和多发点，在出现心理危机的学生群体中，情感危机引发的心理问题占到了相当比例。性与恋爱问题处理不当，造成的后果严重。很多大学生在与异性的接触中，不知道接触到什么程度合适，一些学生难以把握自己，一旦出现问题就可能走极端。

5. 个体内部压力

有研究者把恋爱问题、学业问题和交往问题并列为当代大学生心理行为的三大问题。生理方面，大学生正处于由少年向成年过渡的青春后期。生理成熟与学业间关系以及与异性间关系都是大学生经常思考的一个问题。承认这个问题的存在是自然的，也是必要的，它有助于我们正视问题和解决问题。在心理因素方面，不同的个性对人的影响不同，如性格内向者与性格外向者之间、开朗质的人与抑郁质的人之间在对压力的看法上会有明显的不同。

6. 就业压力

就业是大学生最为关注的一个话题，其所形成的压力更大，涉及面也更广。在这种情况下，大学生就业面临的压力就可想而知了。人才需求市场萎缩（或饱和）和大学生择业种类与择业地的过于集中，是造成这种压力的根本原因。

另外，就业压力还有部分原因来自大学生个体家庭背景的差别，家庭背景的差异一定程度上造成学生就业上的差异，形成就业机遇的差异。因此，一到毕业临近，那些家庭背景较差的同学就会为自己的前途感到焦虑、担忧，感叹社会的不公，甚至产生怨恨和某些过激行为。

第二节　压力管理

一、消极应对与积极应对

从个体应对压力的态度来区分，有消极应对和积极应对，两者在心理感受、行为方式和行为的有效性方面有着巨大差异。

（一）消极应对

消极应对指的是个体在应对压力时，认为自己的能力很差，进而自我评价低，自信心丧失，形成消极、自暴自弃的应对态度。在这种态度下，个体会有强烈的无助感，注意力没有放在解决问题上，所采取的行为往往也不考虑有效性，在以后的生活和学习中，即使是面对自己能够解决的问题，主观上也会错误地认为自己没有能力解决，不会积极、主动地寻求解决问题的办法，而是听之任之。

有人曾经通过网络对一些同学做过一份"为什么把大量时间用于网络游戏"的调查，不少同学的回答是：在日常的学习生活中，觉得身边的同学实力很强，产生自己什么都不如人的想法，于是干脆放弃学习或各种活动，而把自己的大部分时间花费到网络游戏中，通过各种虚幻的网络世界来证明自己的能力，通过网络游戏来获得自己的成就感和自尊，结果荒废了自己的学业。

酗酒、抽烟也是不少人在经历了挫折、感到压力大时,喜欢采用的消极应对方式。烟草是一种兴奋剂,但有一定的镇静作用,酒精是神经系统的刺激物,同时也是一种镇静剂。抽烟、喝闷酒虽然能够起到抑制中枢神经系统的功能,缓解紧张状态,但经常使用,容易导致酒精中毒,香烟的副作用更是危害无穷。

抱怨是一种最司空见惯的消极应对方式,"怨士族"采取的就是这样的适应方式。"怨士族"的注意力放在寻找各种不合理以及不合理带来的不良感受上。其实,反复抱怨不仅不能解决问题,反过来还强化了"抱怨者缺乏能力解决问题"的结论,会对抱怨者造成更大的打击。

攻击行为是一种人们最不乐意见到的极端消极应对方式。选择这种应对方式的人往往个性偏强,在压力面前,他们不是寻求合理有效的解决方法,而是采用攻击的方式来减轻压力,轻者对别人进行言语攻击,重者甚至是采取暴力手段,结果给自己、家庭、学校和社会等带来严重的不良影响。"马加爵事件"就是典型的例子。由于他的自尊心很强而又过于敏感,其他同学不经意的一句话,他就认为是对自己人格的侮辱,同时经济困难等方面的原因,使他倍感压力。此时,他不是寻求合理的办法来缓解压力,而是采取极其残忍的攻击行为,结果是害了别人也毁了自己。

选择逃避是另一种常见的消极应对方式。不少人在面对巨大的压力时,会选择试着去解决问题,一旦无效,便会选择逃避面对类似的问题。例如,有的同学因失恋的打击,拒绝再次进入恋爱状态,有的人会选择拒绝异性;有的人甚至会因此选择出家。最极端的逃避应对是选择结束生命。

日本松下电器公司曾发生一起耐人寻味的事件。有一次,松下电器公司计划招聘10名基层管理人员,报名应征者竟达数百人。经过一番严格的笔试和面试之后,评选出了10名优胜者。当公司总裁松下幸之助对所有的录取人员名单进行审核时,发现一位年轻人总分应名列第二,可是在计分时把名次给排错了。松下立即派人给这位年轻人补发了录用通知书。第二天,下属报告给松下幸之助一个令人震惊的消息:那位年轻人因未被录取而跳楼自杀了。松下沉默了许久,这时,旁边的一位助手忍不住说:"真是太可惜了,这么一位有才华的年轻人公司都没录用到。"松下沉重地摇摇头说:"不,幸亏公司没有录用他,意志如此脆弱的人是难成大业的。"

这一事件表明,坚忍不拔的毅力、百折不挠的意志、宠辱不惊的品格以及良好的心理素质对于成就事业是至关重要的,认清自己的价值、相信自己的能力、能够承受打击和勇敢面对压力,是人生中一笔巨大的财富。

(二)积极应对

人不可能生活在没有压力的环境中,压力并不一定都是负面的,只要我们正确对待,完全可以变压力为动力。既然压力是一把双刃剑,存在双面功能,按照趋利避害的原则,我们该做的就是发挥它的积极功能,选择积极应对的态度。

美国心理学家拉扎汝斯指出,人们应对压力有两种策略,其中问题应对策略是一种有效的策略。这种策略要求我们通过积极努力克服困难,排除障碍,把问题解决了,压力就消除了。

从这种积极应对的态度出发,压力一点都不可怕,只要从今日起准备好面对它、应付它，压力就可能变成动力，而且当压力解除时，带给你的将是成长的喜悦，它将使你的精神生活更加充实和美好。

在积极应对的过程中，我们要做的是把恶性应激转化为良性应激，用良性应激创造我们的生命价值。这个过程中，形成强自我效能感，帮助我们取得良好成效。

自我效能感指的是个体对自己能否在一定水平上完成某一活动所具有的能力判断和信念。这种判断和认识，可以极为显著地影响人在面临一定工作任务时的自信感、胜任感等方面的感受。

为什么具有同样智力和技能的人在同一任务环境中，会有不同的行为表现，其原因就在于他们具有不同的自我效能感。我们如何感受，如何判断，如何思考，决定了我们如何行动。在个体潜能发挥和对应激的应对中，自我效能感的高低是最具影响力的主导因素。

自我效能感强的人常常告诉自己的是：我相信只要我努力去做，就可以完成任务。我就不信他们能做成的，我做不成！自我效能感弱的人常常告诉自己的是：我能行吗？我和人家没法比。

二、有效的压力管理方式

有效的压力管理可分成3部分：一是着眼于外部环境，针对造成问题的外部压力源去采取措施，通过减少或消除不适当的环境因素来消除压力影响；二是着眼于压力已经带来的反应，针对这些反应是否会带来过度不良影响去采取措施，通过情绪调控、行为干预等措施，对反应带来的症状进行缓解或疏导，将压力控制在一定范围内；三是着眼于个体本身，针对自身因素去采取措施，通过改变自身的弱点，例如改变不合理的信念、不良的行为模式和生活方式等，来消除压力影响。

（一）消除外部压力源

外部压力源通常来自环境压力因素，例如自然灾害，科技型灾害，过分拥挤或环境污染等，这一类压力源一旦起作用，对个体的影响非常大，例如汶川大地震带给当地群众的焦虑、悲痛、绝望就属于这一类。消除这一类压力源需要政府或单位作出科学规划，采取统一行动，例如，国家为了减少地质灾害对人民群众的伤害，将地质灾害易发地区的群众转移到安全地带生活。作为个体，我们能做的是积极推动这一进程，积极参与相关的宣传活动和建设活动。

（二）正确处理压力所造成的反应

着眼于压力已经带来的反应，针对这些反应是否会带来过度不良影响去采取措施，通过情绪调控、行为干预等措施，对反应引发的症状进行缓解或疏导，将压力控制在一定范围内。有效的压力管理方式有很多种，以下主要列举4种。

1. 正确定义生活的意义

既然我们不可能离开压力，压力一定会给我们带来相应的刺激，我们一定要对这种刺激作出反应，那么，我们应该选择的就是形成强自我效能感。正确定义生活的意义是提高自我效能感的有效途径。美国心理学家弗兰克认为，一个人生活的基本要义在于了解并坚守生活中的责任，能够对自己和他人负责地生活，就是有意义的生活。一个人即使在毫无压力下生活,也不会感到满足,人们唯有在面对问题和解决问题的责任中,才会感到满足与充实,生活才有意义。也正是基于相同的认识,高尔基才会喊出"让暴风雨来得更猛烈些吧"这样的强音。

2. 避免过度生气

生气是人们常见的反应,德国学者康德说过:生气是拿别人的错误惩罚自己。一旦我们对生气有了正确的认识和控制力,就可以避免因为生气导致的不良后果。

美国心理学家爱尔马为研究生气对人健康的影响,进行了一个很简单的实验:把一只玻璃试管插在有冰有水的容器里,然后收集人们在不同情绪状态下的"气水"。结果发现:同一个人,当他心平气和时,所呼出的气变成水后,澄清透明,无杂色;悲痛时的"气水"有白色沉淀;悔恨时有淡绿色沉淀;生气时则有紫色沉淀。爱尔马还把人生气时的"气水"注射在大白鼠身上,不料只过了几分钟,大白鼠就死了。这位专家进而分析:一个人生气10分钟,其所耗费的精力,不亚于参加一次3000米的赛跑。人生气时,很难保持心理平衡,同时体内还会分泌带有毒素的物质,对健康十分不利。既然生气有损健康,我们就应该学着控制自己,尽量做到不生气。碰上不愉快的事,首先要增强心理承受能力,学会自己给自己"消气"。确实遇到烦心的事,也要"戒"字当先,戒除恼怒,不生气。当然,其中还有道德修养和陶冶情操的问题,学会宽厚待人,谦逊处世,思想开朗,宽宏大量。不要对一些细枝末节的区区小事斤斤计较、耿耿于怀。

3. 适当运用心理防御机制

心理防御机制是以某种心理的方式或手段,将自己与现实的关系作出某些改变,使自己较容易接受,不至于引起心理上太大的紧张和痛苦,以保持心情安宁的一种方式。常见的心理防御机制有8种。一是否认。这是一种拒不承认现实的某些方面,借以减轻焦虑和痛苦的心理防御机制。二是压抑。一个人将能被社会或自我意识所接受的欲望、情感和行为,在不知不觉中压抑到潜意识中去,使自己意识不到,从而使内心保持安宁。三是投射。一个人把自己的过失归咎于他人,或者将自己内心那些不能为社会规范或自我良心所接受的感觉、欲望、意念等投射到别人身上,以掩饰自己,逃避或减轻内心的焦虑与痛苦。四是反向作用。一个人表现出与自己的欲望、动机、观念等截然相反的态度和行为,以减少焦虑,维护安宁。五是转移。一个人把对某一对象的欲望、情感或行为意向不自觉地转移到其他对象上去,以减轻自己的心理负担。六是抵消。一个人以象征性的动作、语言和行为来抵消已经发生了的不愉快的事情,以弥补内心的愧疚。七是合理化。一个人给自己的行为或处境寻找能为自我和社会认可的理由。八是升华。一个人将被压抑的本能欲望导向为人们所接受、为社会所赞许的活动上来。

此外,选择性忽视和选择性重视也是有助于减轻压力的防御措施。选择性忽视指的是有意不去注意自己的挫折和精神痛苦,通过有意识的减少对伤心事的感知、接触、回忆、思索等,帮助自己保持良好心境。选择性重视指的是特别注意自己的优点、成就,目的不是为了自夸,而是为了自慰,为了帮助自己保持良好心境。

4. 掌握一些预防和缓解生理压力的办法

这些办法有肌肉松弛法、自我放松法、深呼吸法,从事休闲活动,注意适当的饮食、运动、睡眠与休息等。

(三) 积极调整自身状态

积极调整自身状态指的是着眼于个体本身，针对个体自身因素去采取措施，通过改变个体自身的弱点，如改变不合理的信念、不良行为模式和生活方式等，来消除压力影响。

1. 确定合适的目标，坚持自我激励

由目标引起的心理压力问题，包括目标缺乏、目标冲突和目标不切实际等几种。比较而言，会有人因缺乏目标而痛苦，也有人因目标冲突而痛苦。最常见的情况是个人确定了不切实际的目标，目标过高，难以达到，导致个体倍受打击；目标太低，没有激励作用，个体感受不到实现目标带来的成就感。合适的目标是既符合实际，又能引起自己的兴趣、有助于提高自己的抱负水平和技能水平的目标。

有人曾经对公务员的压力来源做过专项调查，发现排在第一位的压力不是工作本身，而是角色期望。换句话来说，那些对职务晋升期望高的公务员往往由于自己定的目标过高，导致强烈的压力和严重的失败感。

2. 积极转变对事物的认识，保持良好心境

体验同样的情景，不同的人会有不同的认识。有时，同一个人在不同心境下对同样的情景也会有不同的认识，心境在其中扮演着重要角色。这里，我们不妨读一篇文章，来感受一下良好心境。

【阅读体验】

风景不转心境转
——读高中《语文》必修4教材中的《苏轼词》
作者：林夕

1082年的某一天，苏东坡途中遇雨，没带雨具。常人只有狼狈二字，雨点打在竹林里发出清响，不是不寒心的。好一个苏轼，就这样写下宋词中我的最爱："莫听穿林打叶声，何妨吟啸且徐行。"

不用"不听"，而用"莫听"。

不听，那种坚决，就要运用意志力，跟雨声抗衡。莫听，是你可以选择听，但声音也只是外物，你的心可以决定听得到，听不到。着一"莫"字，境界就从容自主起来。

"何妨吟啸"，那何妨也是一种优游，反正落汤鸡的现实无法改变，倒不如吟起当时的流行曲。无法改变的事情，就让它自然存在吧。

苏老当时只拿着竹拐杖，穿《倩女幽魂》中那种草鞋，从头到脚尽湿，没有骑马。但他说："竹杖芒鞋轻胜马，谁怕？"从负面自嘲发掘出乐趣，雨中持杖，穿轻便草鞋，比骑马还轻便。

雨停了，金句来了："回首向来萧瑟处，归去，也无风雨也无晴。"境界较低的是，好了，雨停了，衣服干了，雨后自有晴天。苏东坡却更通透无碍，雨可以不是雨，逆境中凭心境自乐，于是，晴也不是晴天，万法无常之变已与他心境无关。

我常常想，万一时运低见鬼，也会学苏老，心里无鬼，于是，看不见。看不见，然后转身走开，吟啸："也无风雨也无晴。"

这七个字的境界，值得我们在无常变化的处境中用来做口头禅。

附苏轼原词：

定风波

（三月七日沙湖道中遇雨。雨具先去，同行皆狼狈，余独不觉。已而遂晴，故作此。）

莫听穿林打叶声，何妨吟啸且徐行。竹杖芒鞋轻胜马，谁怕？一蓑烟雨任平生。料峭春风吹酒醒，微冷，山头斜照却相迎。回首向来萧瑟处，归去，也无风雨也无晴。

3. 制造欢乐气氛，体验主观幸福感

所谓主观幸福感，是指人们对整体或一段生活的满足感、快乐感，它是个体心理健康的主要标志之一。当你感到烦闷时，不妨吹吹轻快飞扬的口哨或听听旋律优美的音乐，也可以穿着轻便的服装逛街购物，或观赏幽默逗趣的电影，阅读小说、漫画，还可以自创舒适的环境，由此来体验主观幸福感。

4. 培养"压弹"素质

"压弹"原本是物理学概念，泛指物体受压时的反弹，在心理学中"压弹"则是指个人面对生活逆境、胁迫及其他重大压力后的良好适应，也是个人面对生活压力和挫折的反弹能力。压弹素质的高低，直接影响生活质量，培养一个人的"压弹"能力就是促进其自我成长与人格完善。在培养"压弹"素质的训练内容与方法上，一是要求我们要创造和维持主观幸福感和乐观态度，形成健康的认知因素，具有积极的性情，遇事多看光明的一面；二是要通过不断地自我鼓励和肯定，并提供克服困难的榜样，培养自信乐观、自主行动、表达自如、风趣幽默等人格因素，推动个人积极面对压力的挑战；三是要学习一些不同情况下的不同应对策略，帮助自己舒缓压力，解决问题。

【阅读思考】

人，总是要有一点精神的

作者：邵道生

今年，我的白血病跨入了第十六个年头。应该说，一个血癌患者能活得这么长，并不是太常见的。所以很多人都来问我，你为什么能活得那么长？有什么"奥秘"？

问题问得很有意思，"为什么能活得那么长？"说句实话，就像自己为什么得白血病一样，也是个谜，连我自己都不知道，现在所说的只是自己的分析，自己的感受，所以，也就谈不上什么"奥秘"，若真要谈点什么，那么就可以归之于"二靠"：一是靠化疗、放疗，靠西药、中药，靠中西医结合；二是靠精神的支持，靠心态的调整，靠"自我心理治疗"。直至现在，我还是一天都离不开打针吃药，一旦停止，白细胞就像翻跟斗一样翻上去。不过与他人不一样的是，其他病人针打得多药吃得多了，就会越打越多越吃越多，最后就不管用，而我呢？十余年来的针、药一直都能保持在"维持量"水平上，没有产生"抗药性"。不仅如此，自己还能继续出成果，继续到处作报告，继续写文章、出专著，活得还挺有劲，从目前的状况来看，争取活到2008年看奥运（我是一个体育迷）似乎问题不大。

也许"奇"就"奇"在这儿，也许，"精神的支持""心态的调整"和"自我心理治疗"的作用就在这里。

应该说，从得白血病来的十五个春秋，不管遇到人生什么挫折，我的精神从来就没有垮过，我总是密切注意自己心态变化的动向，总是在对自己不健康的心理进行自我治疗。

我得白血病，是1988年的春天，那时的我，44岁，标准的中年。

刚从日本访问回来的第二天，细细的、慢悠悠的，但又流个不停的齿龈血"逼"我第一次走进了中国社会科学院的合同医院——同仁医院，而医院的化验、医生的诊断实在是太可怕了，它几乎摧毁了我的事业梦、人生梦。

天哪！可怕的白血病！确凿无疑地降临到我的头上。

只是在那时，我才知道什么叫死，什么叫死亡的威胁。对死，我的确很怕。

老年丧子、中年丧夫、少年丧父意味什么？所以老妈、爱人和孩子更怕，他们的泪流得比我多多了，整个家庭就像冰窖一样，什么都凝住了。说什么呢？什么也说不出来，什么也不好说，什么也不能说，因为凡他们想说的、要说的，我都懂，都很明白。

整个家就像死一样的寂静……

就这样下去？不，决不能。

本人是心理学出身，很明白作为危重病人决不能持绝望、悲观的心态，若这样，只能加速自己的死亡。

怎么办？我用了以下一些方法。

第一，重新激起自己"好斗"的人格。我经常对自己说，邵道生，你不是好斗吗？你不是总不肯服输吗？如今白血病来了，你就不能好好地与它斗一斗吗？不斗自己就垮了，是原来的邵道生吗？十五年来，我从来就不想在它面前低头。效果呢？很不错，始终感到自己很有力量，很有生命力。

第二，来一点"阿Q"式的自嘲。生，谁都想，死，谁都会有。得白血病以前，生死问题想都没有想过，刚得这个病时，觉得"冤得慌"，刚到中年就要"走"了。然而我躺在病床上回忆了我那不算太长也不算太短的人生路，突然发现自己并没有虚来人世间一遭，对社会真还留下了不少有价值的精神产品，对我的家庭"贡献"真还有一点，自己的人生态度、人生价值还"马马虎虎"，唯一不足的只是自己的命"稍短"了一点……"阿Q式"的"自我解嘲"真还起了点"自我解脱"的作用。

第三，采用一点"自我激励"。我不是像一般癌症患者那样，去问医生自己还有多少时间？是早期、中期还是晚期？这是癌症病人最想问的问题。而是问医生，像我这样的病最多、最长能活多长时间？有没有可能痊愈的？有些癌症患者为什么能活得很久？怎样与癌症作斗争？等等。我不仅在问医生时采取这种态度，而且在看书、看杂志的时候，也是用这一种方法去看的。当我听到医生的回答，当我看到书上和杂志上写的，得白血病的病人，只要积极配合治疗，有活几年、十几年，甚至有"自动痊愈"的可能时，我就毫不犹豫地相信："这是真的！"而且还这样"鼓励"自己："他们行，他们可以活得那么长，可以痊愈，我为什么不行？我为什么不能痊愈？我为什么不能挤进这'十万分之一'中去呢？"而且，我还想："我住的北京医院医疗条件是那么好，自己的营养水平也跟得上，自己的心理素质也不错，为什么自己就不能'挤进'这'极少数、极少数'人的中间去？"于是，我经常对家人、对医生（出自真心）说："我一定要'挤进'这'极少数、极少数'的人中去。"

第七章 柳暗花明又一村——压力管理与挫折应对

第四，从调整自己的"失意心态"开始。为什么会得白血病？得病以后才明白这是自己负性心态心理多年压抑的结果。审视过去，期望值太高了，"野心"太大了，自恃有才，然而处置人际冲突却是一位"低能儿"，不懂世道的艰难，不会宣泄，不懂排解，自我折磨，痛苦的内心却还要强打精神……的确，从某种意义上说，自己白血病就是这种心态的代价，太沉重了。怎么办？必须与旧心态来一个彻底决裂。的确，做到这点是不太容易的，但是，我做到了。熟悉我的人说："老邵啊，你早这样就好了！"

第五，相信科学、认认真真地治疗。我很相信西医，医生要我化疗、放疗，我毫不犹豫，因为唯有它才是治疗、延长癌症病人的最好方法。我很相信中医，它在"扶本"、提高机体免疫力方面具有独到的作用。当然，相信中医绝非相信江湖庸医，绝非乱求医。我也很相信心理治疗，作为心理学者的我还发明了一套"邵氏心理暗示、气功自我疗法"。西医、中医加上自己的自我心理疗法，效果竟是出奇的好。

"精神支持"，说起来似乎是一个虚无缥缈的，但是，我用"精神成果自我反馈疗法"将它变成了实实在在的东西。

我的个性决定了我不能在"生存威胁"面前成为一名为活而活的可怜虫，不会在"发展威胁"面前心甘情愿地成为一名可怜的失败者。自己虽然患上了白血病，但仍然是"大志不变"，相信自己能战胜白血病，相信自己事业上能"东山再起"。因而，我始终将孙中山先生的"愈挫愈奋"作为座右铭，胸膛挺直地与命运斗争，面对残酷的生存挫折、发展挫折，不低头，不打退堂鼓，不自惭，不自卑，不自弃，不自馁。当然，"大志不变"，并不意味还像过去那样，太天真，要一步登天，而是降低一点目标值，扎扎实实地从一些"小目标"做起，从一个个社会关注的、"不起眼"的小课题做起。患病十五年间，我写了600余万密切联系现实的著作和论文、社会调查，获得了20余项科研成果奖，也总算满足了患白血病起始之际的"东山再起"之"野心"。

当然，我也知道，光有"大志不变"是不够的，还得要学会在痛苦中历练，继续奋斗，敢于抗争，不断地用行动、用成果去抗争。我深知，与他人相比，自己很是缺乏"权力资源"的支持，而我又是一个身患绝症的白血病人。怎么办？就得加倍努力，就加倍地去开发自己的潜能，用不断的"局部成功"来激励自己。"天道酬勤。"的确，当自己看到一本本书、一篇篇文章非常受老百姓的欢迎时，自己就看到了自己存在的社会价值、人生价值，就产生了继续生存下去的一种动力，一种勇气。于是，喜欢自我激励的我，就将它戏称为"精神成果自我反馈疗法"。从某种意义上说，它比化疗、放疗的效果还要好。为什么？因为我在社会对我的成果评价中看到了自己生命的真正价值，在与自己人生奋斗过程中发现了做人的真正价值，所以我可以说，即使现在我"走"了，虽然不能大言不惭说是"重于泰山"，但可以肯定地说，也绝不是"轻于鸿毛"，而且我在自己"走"的那天可以对他人说：我没有碌碌无为地虚度自己的一生，我会因自己的人生无愧于社会而心安理得地走向另一个世界。

的确，44岁那一年，是改变自己命运的一年。

然而，也的确是从那一年开始，自己依靠"精神的支持""心态的调整""自我心理治疗"与命运展开了顽强的斗争，因而展开了自己人生的新的一页。

这就是"精神的力量"！

这也就叫"精神变物质"！

是"精神的力量"，让我的白血病进入了第16个年头，其间，还弄了个"抗癌明星"当当，真还挺开心。看来活到2008年看中国举办的奥运大有希望，我真的有一个想打破白血病人存活最长时间的愿望。

是"精神的力量"，它让我在事业上"东山再起"，在这患病、治病的16年中我竟写出了五六百万方块字，自己写的、译的、编的作品竟有70余种，还产生了一点社会影响，学术奖状一大堆，这些也成了我活下去的"内驱力"。

是"精神的力量"，它让我改变了人生的态度，自己的心胸比过去更宽了一点，社会的责任感似乎更强了一点，活在这个社会中似乎更有味道了一点。所以，"人，总是要有一点精神的"，伟人说的话一点都没有错。

总之，它，既是人的一种生存哲理，又是人的一种生存智慧。

（作者：中国社会科学院社会学研究所研究员）

第三节　多个角度看挫折

一、对挫折的一般认识

心理学上，挫折是指人类个体在从事有目的的活动过程中，指向目标的行为受到障碍或干扰，致使其目标不能实现、需要无法满足时所产生的情绪状态。日常生活中，人们常常把在争取成功或实现理想过程中遭遇的失利和失败等同于挫折。

人的动机导向目标时，受到阻碍或干扰的情况有4种：虽然受到干扰，但主观和客观条件仍可使其达到目标；受到干扰后只能部分达到目标或使达到目标的效益变差；由于两种并存的动机发生冲突，暂时放弃一种动机，而优先满足另一种动机，即修正目标；由于主观因素和客观条件影响很大，动机的结局完全受阻，个体无法达到目标。第四种情况下人的挫折感最大，第二和第三种情况次之。

引起挫折的原因既有主观的，也有客观的。主观原因主要来自个人因素，如身体素质不佳、个人能力有限、认识事物有偏差、性格缺陷、个人动机冲突等。客观原因主要来自社会因素，如组织管理方式引起的冲突、人际关系不协调、工作条件不良、工作安排不当等。归根结底，挫折是由人的认知与外界刺激因素相互作用失调引起的，如图7-4所示。

对于同样的挫折情境，不同的人会有不同的感受。引起某一个人挫折的情境，不一定会同样引起其他人受挫。挫折感受因人而异的原因，主要是由于不同的人有不同的挫折容忍力。所谓挫折容忍力，是指人受到挫折时免于行为失常的能力，也就是经得起挫折的能力，它在一定程度上反映了人对环境的适应能力。对于同一个人来说，对不同的挫折，其容忍力也不相同。如有的人能容忍生活上的挫折，却不能容忍工作中的挫折，有的人则恰恰相反。挫折容忍力与人的生理、社会经验、抱负水准、对目标的期望以及个性特征等有关。

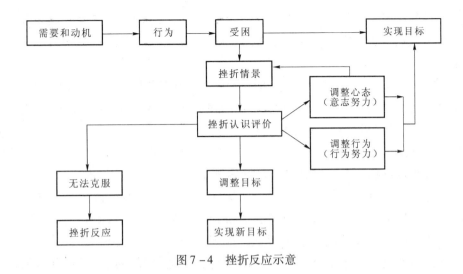

图7-4 挫折反应示意

个体受到挫折后,所产生的不良情绪状态及相伴随的消极性行为,不仅对人的身心健康不利,而且还会影响周围的人和事,甚至易导致事故的发生。因此,我们应该高度重视挫折问题,采取措施防止挫折心理给人们带来的不利影响。可以采取的措施包括帮助受挫者用积极的行为适应挫折,如合理调整无法实现的行动目标;帮助受挫者改变对挫折情境的认识和估价,以减轻挫折感;通过培训提高个体的能力和技术水平,增加个人目标实现的可能性,减少挫折的主观因素;改变或消除易于引起挫折的生活环境,如改进工作中的人际关系,以减少挫折的客观因素;开展心理保健和咨询,消除或减弱挫折心理压力。

二、对挫折的更多认识

挫折对人的影响具有两面性。挫折与磨难扮演着机会与幸运伴随者的角色,机会往往隐藏在挫折之中,关键是你能不能慧眼识破天机。

挫折对人的影响具有两面性:一方面,挫折可增加个体的心理承受能力,使人顿悟,吸取教训,改变目标或策略,从逆境中重新奋起;另一方面,挫折也可使人处于不良的心理状态中,出现负向情绪反应,并采取消极的防卫方式来对付挫折情境,从而导致不安全的行为反应,如不安、焦虑、愤怒、攻击、幻想、偏执等。日常生活中,有的人由于受到某些打击,其挫折容忍力小,可能就会产生不满情绪,甚至采取攻击性行动,在攻击无效时,又可能暂时将愤怒情绪压抑,对相关的事与人采取冷漠的态度。有的人受挫折后,还可能产生一些远期影响,如丧失自尊心、自信心,自暴自弃,精神颓废,一蹶不振等。

挫折与个人的抱负水平直接相关。抱负水平是个人为自身未来的发展所制定的标准和要求,它与人的理想、信念、成就动机等密不可分。从反射的观点看,个人的抱负水平近似于一种目的反射。不论人与人所追求的目标有多么不同,也不论人们的目标是否有价值,受目的反射驱使而行动的人,在主观上都会体验到一种自我满足和愉快感。不论是什么人,不论是否有明确的意识,人的生命受目的反射的支配是不容置疑的事实。像巴尔扎克笔下的葛朗台,一生为金钱付出了全部精力,甚至连正常人的正常生活都不曾有过,至今仍是人们讽刺和鞭挞的人物形象,但就他个人来说,那仍然是一种有吸引力的生活,那种生活满足了他的目的反射。关键是，人与人的区别，在于人们对自身特性的认识和运用的自觉程度；在于人们是否为自身特性寻找一个明确而且正确的指向；在于人们所寻找的这个指向是否高尚。

一个人的抱负水平取决于个人因素和社会因素（外部条件）两个方面。个人因素主要包括个人的成就动机、过去的成败经验、目标的现实感、个体差异等。社会因素主要包括社会和集体的影响、角色的影响、对指标提法的影响等。

一个人的价值观决定其行动的方向，一个人的抱负水平决定其行为达到什么程度。人的抱负水平会直接影响个人对自己追求目标的规定标准。规定的标准高，则抱负水平高，规定的标准低，则抱负水平低。目标又分为现实目标和理想目标两种，现实目标即为可能达到的目标，理想目标即为最高目标，关键在于目标的水平高低和个人所确立的标准是否合适。比如，一个人的抱负水平很低，他固然容易达到目标，但是那种成就并不能给他带来真正的满足，对于增强他的自信心、提高他的自尊心几乎没有什么影响，而且他的身心潜能实际上处于被埋没的状态，没有机会充分发挥出来，从而产生由于空虚、苦闷、未满足感所造成的逆境心理。反之，如果抱负水平过高，超过了自己的能力，他虽然会全力以赴，但是仍然力不从心，达不到自己希望的目标，这就会使自己产生失败感，挫伤自己的自信心和自尊心。

心理学研究表明，在形成人对活动的态度，以及形成动机——目标方面，活动中的成功与失败、个人的抱负水平具有重要的作用。成功会使人产生一种"有所成就"的感觉，即成功感、成就感，而使人受到鼓舞，提高信心，达到新的目标；反之，达不到预期的目标，则会产生一种逆境心理、失败感，从而引起焦虑和沮丧的情绪，降低抱负水平，丧失信心，甚至放弃做进一步努力的尝试。

所以，确定适度的抱负水平，是避免逆境和失败，获得成功与自信，使自己得以顺利发展的一个重要前提。一个人要确定抱负水平，就应当把社会利益、自己的主观条件、客观环境条件等综合起来加以考虑，从而作出正确的分析和判断。

心理学家曾做过一个有趣的投环实验：投掷距离由受试者自己确定，距离越远，投中的得分越高。实验结果表明，凡是抱负水平高的人，多选择在中等距离投掷，而抱负水平较低的人，则多选择很近或很远的距离投掷，即他们或者要求很低，或者孤注一掷。由此可见，真正具有高抱负水平的人，他自己定的目标总是适度的，既要做到有足够的把握，又是经过一定努力能够达到目标。

对抱负水平的调节，在生活中应注意两种倾向。一种是自信心不足，对成功不抱希望，自暴自弃。这种人一般都有较多的失败经历，要帮助他们在原有基础上取得一些好的成绩，使他们从成功中体验到愉快和满足，从而引导他们把愉快的情感同自己的努力联系起来，促使他们有再努力、再获得成功的期望，逐步提高自信心。另一种表现为盲目自信，自我评价过高，即使在实际中遇到多次失败，却仍固执己见，不承认实际能力与抱负水平之间差距过大。对于他们，要诱导其客观地剖析自己，在正确认识自己的基础上提出切实可行的目标，使他们在自己的能力范围内，把目标摆在既有一定难度又有可能实现的水平上。

挫折感与个人归因直接相关。美国心理学家韦纳从认知心理学的角度,在研究人们获得成功或遭受失败后的归因模式时,提出了成就——动机归因理论。韦纳认为,人们在评判影响工作或生活是否成功的因素时,往往把注意力指向努力、能力、任务难度和机遇,胜败总是由这四个因素中的一个或几个所导致。

努力、能力、任务难度和机遇这四个因素还可以按内外因、稳定性和可控制性三个维度进行划分,将它们结合起来就组成了"归因三维度模式"。韦纳认为,人们在归因时,把成败的决定性因素归为哪一种,对以后的动机和行为有很大的影响,每一维度都有重要影响。在内外因维度上,如果将成功归因于内部因素,会产生自豪感,从而动机提高;归因于外部因素,则会产生侥幸心理。将失败归因于内部因素,则会产生羞愧的感觉;归因于外部因素,则会生气。在稳定性维度上,如果将成功归因于稳定因素,会产生自豪感,从而动机提高;归因于不稳定因素,则会产生侥幸心理。将失败归因于稳定因素,将会产生绝望的感觉;将失败归因于不稳定因素,则会生气。在控制性维度上,如果将成功归因于可控因素,则会积极地去争取成功;归因于不可控因素,则不会产生多大的动力。将失败归因于可控因素,则会继续努力;归因于不可控因素,则会绝望。将失败归因于内部的、稳定的、不可控的则是最大的问题,会产生习得性无助感。

【知识链接】

习得性无助

习得性无助是美国心理学家塞利格曼于1967年在研究动物时提出的,他用狗做了一项经典实验:把狗关在笼子里,只要蜂鸣器一响,就对狗施加难受的电击,狗关在笼子里,逃避不了电击。多次实验后,蜂鸣器一响,在给电击前,先把笼门打开,此时狗不但不逃反而在没等电击出现就先倒地开始呻吟和颤抖。本来可以主动选择逃避的狗却绝望地等待痛苦的来临,这就是习得性无助。

1975年塞利格曼对大学生进行实验,结果发现:人也会产生习得性无助。

第一步,他把学生分为三组。让第一组学生听一种噪声,这组学生无论如何也不能使噪声停止;第二组学生也听这种噪声,不过他们通过努力可以使噪声停止;第三组是对照组,不给受试者听噪声。

第二步,当受试者在各自的条件下进行一段实验之后,安排他们进行另外一种实验,实验装置是一只"手指穿梭箱",当受试者把手指放在穿梭箱的一侧时,就会听到一种强烈的噪声,放在另一侧时,则听不到这种噪声。

第三步,对照比较三组受试者的表现。实验结果表明:在第一步的实验中能通过努力使噪声停止的受试者和未听噪声的受试者,他们都在"手指穿梭箱"实验阶段学会把手指移到箱子的另一边,使噪声停止。在原来的实验中无论怎样努力都不能使噪声停止的受试者,他们在"手指穿梭箱"实验阶段,会将手指一直停留在原处,听任刺耳的噪声一直响下去,却不会尝试把手指移到箱子的另一边。换句话来说,第一步实验中产生了无助感的受试者,很难顺利完成任务。

由此可见,人们学会避免习得性无助的困扰是一项非常重要的工作。

长期与同学们交往的过程中,我们发现不少同学自信不足,深究其原因不难发现,多半与他们曾经遭遇的某一次或多次失利后的错误归因有关。遭遇一两次失败而被别人误会时,人们会有愤愤不平,有的人会产生嫉妒和敌意。多次失败并归因于内因时,人们会感到强烈的挫败感和无可奈何,失败的次数多了,自尊受到伤害后,人们会尽力避免失败而将动机水平降到极低,甚至出现拒绝采取行动的局面。

事实上,随着人们认识的改变,对同一件事情人们可以进行再归因,可以重新进行动机水平的调整,即便是曾经进入过习得性无助状态的人,也可以重新改变行为。

三、雕刻让我们更具有价值

【阅读思考】

石阶与佛像
作者:仲伟朴

在山脚下有座寺庙,里面供奉着一尊佛像。寺庙香火旺盛,每天都有川流不息的人对佛像顶礼膜拜。

庙门口有几级石阶,拜佛的人来去都要踩着石阶进入庙门时。制作佛像的岩石和制作台阶的岩石是从同一座矿山中开采出来的。石阶天天被人踩踏,佛像却被虔诚地膜拜,久而久之,石阶对佛像心生怨怼:"我们来自同一座大山,凭什么大家对你磕头膜拜,对我却踩踏不休?"

石像问:"你是挨了几刀变成石阶的?"

"四刀。"石阶答道。

石像意味深长地对石阶道:"兄弟,我被千刀万剐。"

【活动体验】

笑迎成才必须经历的雕刻之痛

第一步,展示两幅照片:第一张照片上是一块玉原石,第二张照片上是这块玉原石经过雕刻而成的精美工艺品。

现场询问同学们:

第一个问题:玉原石与精美工艺品之间,哪个价值更大?

第二个问题:玉原石如何才能变成精美工艺品?

第三个问题:如果将我们的人生过程与玉原石变精美工艺品的过程做一个类比,目前的我们,处于哪个阶段?

第二步,讨论"刁难"与"雕刻"对这块玉原石而言的认识差异。

第三步,请同学们列出对自己影响最大的一件事,先将这件事当成"刁难",再将这件事当成"雕刻",多次转换角度赋予这一事件新的认识,按照"愉快接受这一事件对我成长的雕刻作用"的要求,畅谈此刻的思想收获。

第四节 挫折应对的真谛——解决问题

一、认识问题的积极意义

【心理故事】

30 天，我创造了奇迹

作者：小珂

现在想起高考，依然觉得回味无穷——那是泪水冲刷的决心，是低迷到成功的蜕变。

无数次的挑战与考验，无论谁都会有个起起落落——走出迷雾，走出低沉，找到最适合自己的路。我们需要的，是意志与勇气，是冷静与思考！

就让我和大家分享一个小故事吧。

直落谷底，怎么办？

第一次全市模拟考试，我的成绩令我十分惊喜和满意，我的排名离我理想的大学已经不远了。但是，第二次模拟考试时，意外出现了。我由前十名直接向一百名而去！成绩已经够让我沮丧了，更郁闷的是，学校为了激励大家，特意召开了隆重的百强学生表彰大会，我也被挂上了大红花，但对我而言，那无异于一个大大的讽刺——我的退步已经令老师瞠目结舌。更大的打击是，学校为冲刺著名学府而组织的"磨尖班"（都是班上最顶尖的学生）拒绝接纳我。有的老师问：小珂是不是真的还有潜力？

我是不是真的还有潜力？连我自己都产生了怀疑，现实的打击，让一度乐观的我痛苦不已。

不！我要创造奇迹！

跌入低谷，我向自己许诺，我要——创造奇迹！哪怕高考只剩30多天，哪怕周围人都用怀疑和惋惜的目光看着我，我要创造奇迹！

我把那朵讽刺的大红花钉在书房墙上最醒目的位置。我在台灯上贴上纸条，上面写着"30天，我要创造奇迹"。在记事本上，书的留白处，到处都留下了自我激励的话。我就像着了魔一样，时时刻刻都记着对自己的诺言。

怎样创造奇迹？——寻找适合自己的路。

奇迹并不是仅仅依靠自我激励就可以发生的，我该怎样行动？

我的方法是：找准问题，用对策略，高效执行。

第一步，找到问题的症结。

班主任和父母没有责备我，也没有简单地要求我加倍努力，而是和我一道进行试卷分析，寻找成绩下跌的原因。我们发现：比较一模的成绩，我的语文和英语依旧平稳地保持着领先地位，以前的弱项——数学，比一模有了明显的进步，问题在于我的理综。以前，包括一模的时候，物理、化学和生物是分卷考试的，我的成绩并不差，这说明我的各科知识网络不会有非常大的漏洞。二模时我第一次接触理综试卷，理化生三科知识交叉出现，考试时间长，小题分值大，这些变化让我十分不适应。

第二步，正面问题，寻找对策。

二模之后，我在继续重视数学的同时，给理综安排了尽可能多的复习时间。妈妈说得对："高考前的任何一次考试都是用来发现问题的，发现了问题就等于找到了希望。"我知道，我要找到问题，找回希望。连续几次理综并卷测试后，我把考分画成一条曲线，面对这条连续下跌的曲线，我不再难过，而是透过曲线认真地分析试卷中所暴露出来的问题，带着找问题的心态分析其中的每个细节。比如，选择题是并卷后丢分最多的地方，这说明以前的复习中，我对选择题涉及的内容重视不够，在知识大树的枝叶部分要狠抓细研；三科并卷适应性差，思维转换和注意力的转换要强化训练；答题程序要科学规划；等等。

第三步，有序规划，有效执行。

针对发现的问题，我为自己制定了步骤详细的攻坚计划，保证30天的复习安排有序而高效。

复习时，我的注意力全部放在弥补知识网络中的漏洞上，每一天，每一点，我在小小的一点点的成就感中找回了感觉。就像是搬砖头摘苹果，一块两块，点点累积，就是奇迹！终于，在第五次理综并卷考试时，考分曲线止跌企稳，我知道，我的成绩将爬坡上升了！

自我激励，我的奇迹！

高考前大约10天的时候，我开始做湖北黄冈中学在网上为大家提供的一系列测试试卷，自测自评，按照考试的规范进行，锻炼理综卷适应力。每一次测试，我都会拿自己答卷的情况与黄冈提供的该试卷全体测试者的答卷成绩做对照，直到我的答案几乎每一题都处于优秀者之列。测试结果已经趋于稳定和令人满意，我对自己的实力也已经有了很清楚的了解。

奇迹，就这样酝酿！

高考时，我已经没有任何忐忑，有那么多次对自己的练兵，理综早已不再是我的噩梦。

高考成绩出来了，理综250——从最低时的198分提高了52分！对我而言，这是个不必惊喜的奇迹，走进考场的那一刻，我就知道自己将要迎接奇迹！

朋友们，30天的奇迹，是我们每个人都可以发掘潜力，用我们的信心和勇气书写，用我们的冷静思考和有效方法创造的奇迹！

小珂在文章中提到的考试失利、直跌谷底，相信每一位学生都会经历。依据如何归因和如何应对，可以将人分成截然不同的两类。怀疑小珂是不是还能提升考试成绩的那一类，将考试失利归因于小珂的能力不足，不仅怀疑小珂的潜力，而且直接将小珂拒绝于"磨尖班"之外，这是一种错误归因、消极应对的做法，其结果必然是打击学生的信心，导致学生出现习得性无助和自我设限。直面失利、寻找问题和对策的那一类，将考试失利归因于小珂在复习中还有尚未发现的问题，不仅认为这一次的失利是好事（高考前的任何一次考试都是用来发现问题的，发现了问题就等于找到了希望），而且通过失利时的那一份考卷，找到平时无法发现的问题所在，找到真正解决问题的有效措施，这是一种正确归因、积极应对的做法，其结果必然是帮助小珂创造奇迹、提升信心、提高能力。

前面我们已经说过，挫折是指个体在从事有目的的活动过程中，指向目标的行为受到障碍或干扰，致使其目标不能实现、需要无法满足时所产生的情绪状态。在争取成功或实现理

第七章 柳暗花明又一村——压力管理与挫折应对

想的过程遭遇失利或失败，通常是因为在这个过程中我们遇到了一时没能顺利解决的问题。问题，通常指的是需要予以解答的题目，或者指需要研究解决的疑难和矛盾。对待问题，最常见的有以下几种状态。

①别人错误归因并打击遭遇失利的人，自己不能正确认识问题的实质，随外界消极评价陷入错误归因而不能自拔，产生习得性无助——这是一种消极应对的状态，也是我们要高度重视并尽力避免的状态。

②别人发现并指出问题，自己无视信息并对问题无动于衷——这是一种对问题漠视的状态。这种状态在问题还不严重时，对个人的能力和信心影响有限，但是，容易导致问题积少成多，演变成危机。这也是我们要不断提醒自己避免的状态。

③别人帮助我们发现问题，自己欣然接受来自各方帮助的有益信息并积极解决问题——这是积极应对的状态，也是年轻人成长过程中需要经历的状态。

④自己经过思考，对失利做出正确归因，认真发现问题，积极解决问题——这是积极应对的状态，也是我们不懈努力所追求的状态。

二、探查真问题

【案例分析】

松下电器公司的情绪发泄室

松下电器公司的许多下属企业中，设有"情绪发泄室"，也称"出气室"。完整的情绪发泄室由三部分组成。第一部分是摆满了镜子的门厅，员工一进门看见的是一面平面镜，周围则摆满了各种哈哈镜。第二部分是发泄室，在一些桌子上安置着象征老板和管理者的真人橡皮塑像，塑像旁边备有棍子和拳击手套等。员工如果心情不好，或是对某位管理者心存不满，便可以来这里，拿起棍子或手套，狠揍塑像进行发泄。第三部分是一个访谈室，专门安排了专家或领导者倾听员工"发牢骚"，开展对话、谈心，交换意见等，员工表达的意见一旦被采用，还能获得合理化建议奖。

案例中，松下电器的情绪发泄室颇具匠心，非常巧妙地运用了多种心理学原理。

首先，摆满了镜子的门厅中，平面镜与哈哈镜的对比，告诉人们一个浅显却很容易被人忽视的道理：由于认知扭曲的不良影响，人们的亲眼所见未必就是真相。

其次，情绪发泄室给了员工宣泄不良情绪和挫折感的正常渠道。一方面，心理学研究发现，人在感受挫折时，往往会引起生理和心理上的"能量积累"，从而使人产生紧张感和压抑感。这种不良的能量积累有一个临界点，在临界点上哪怕只增加一点点挫折感，都会带来大的爆发，导致极端事件或严重的破坏行为。情绪发泄室的创设提供了一定的机会，使员工将平时感受到的挫折感向合适的方向进行释放和宣泄，这些宣泄能够较好地补偿员工失掉的面子，如同进行了一次心理排毒。当人们有愤怒、不满、抱怨等不良情绪时，及时宣泄有利于身心健康，会让人们感觉到平心静气，面子也不再那么难堪，恼怒的事也不再那么讨厌，这样就会减轻人的心理负担，帮助人们恢复理智。另一方面，情绪发泄室安排了一个私密的空间，让员工攻击象征老板和管理者的真人橡皮塑像，帮助员工宣泄所有的坏情绪，然后精神焕发地走出来,这样就能够有效避免员工因对管理者不满,将攻击对象设置为工作或现实中的其他人,进而影响工作效率和人际关系。

再者,访谈室巧妙地运用了霍桑效应,安排专家或领导者倾听员工述说管理者在工作中带给他们的不快,不仅表达了对员工的充分尊重和理解,而且在员工的牢骚中寻找提高工作效率的新机会,让员工表达希望管理工作作出哪些改变的改进意见,员工表达的意见一旦被采用,还能获得合理化建议奖,达到了"化受挫后的阻力为前进动力"的神奇效果。

透过小珂的例子和松下电器公司情绪发泄室的例子,不难发现,遇到阻碍目标实现的障碍和问题时,如果我们把精力和注意力放到探查、发现问题上,往往有助于找到解决问题的对策,最终有助于目标的达成。

小珂遇到很多同学曾经遇到过的考试失利时,也产生过苦恼和怀疑,可见,面对不利于目标实现的情景时,产生苦恼和怀疑是很多人都会出现的现象,这种现象虽正常却于事无补。小珂接受正确信息的引导,及时将注意力转移到探查问题上,通过试卷分析,很快找到了问题的所在,也相应地找到了确实能解决问题的对策,所以,他创造了一个小小的奇迹。

值得高度关注的是,小珂在考试失利后用来进行分析的资源(考试试卷)是每个学生都拥有的,小珂所采取的分析方法也是每个学生都能掌握的,小珂所做出的努力也是每个学生都能做到的。换句话来说,小珂能创造的奇迹实际上是每个学生都能创造的奇迹。小珂与大多数学生的差别在于,小珂更早地明白"问题是来提醒我们的",他更早地实践了"通过分析问题、解决问题去控制失败"这样一条问题管理之路。

问题管理是目前流行的四大管理模式之一(另外三种是科学管理、人本管理和目标管理)。"问题管理"是在挖掘问题的基础上,合适地表达问题,正确地解决问题,以此来防范问题演化为危机、进而阻碍目标实现的一套管理理论和方法。"问题管理"的三要素是挖掘问题、表达问题、解决问题。其中,挖掘问题包括发现问题、分析问题和界定问题;解决问题包括制订解决方案、实施解决方案和跟踪反馈;表达问题不是独立的环节,而是体现和融入挖掘问题和解决问题的每一个环节之中。

三、解决问题的有效途径

方案择优与方案优化是科学决策中的核心内容,是我们解决问题的有效途径,也是我们努力实现目标、减少挫折感的有效途径。

科学决策是指决策者为了实现某种特定的目标,运用科学的理论和方法,系统地分析主客观条件做出正确决策的过程。科学决策的根本是实事求是,决策的依据要实在,决策的方案要实际,决策的结果要实惠。科学决策具有目标性、选择性、风险性等特点。目标性指的是决策是为实现某一特定目标而开展的管理活动,没有目标,或者目标不明确,就不可能做出正确的决策。选择性是决策活动中最显著的特点之一,指的是在多个可行方案中选择最优方案。由于决策是在多个方案中择优,这就对方案的判定、选择标准的确定等决策者的判断力提出了更高的要求。风险性指的是决策是一种带有风险的活动,因为任何备选方案都是在预测未来的基础上制定的,客观事物的变化受多种因素的影响,加之人们的认识总有一定的局限性,作为决策对象的备选方案不可避免地会带有某种不确定性,决策者对所作出的决策能否达到预期的目标,不可能有百分之百的把握,都要冒不同程度的风险,所以说决策具有风险性。

一般说来,科学决策程序有以下7个步骤。

(一) 提出问题,分析问题

仅仅将问题提出来是不够的,还必须在提出问题的基础上对众多的问题进行分析,以明确各个问题的性质,确定这些问题是涉及全局的战略性问题,还是只涉及局部的程序性问题。

(二) 明确目标

决策目标既是制订决策方案的依据,又是执行决策、评价决策执行效果的标准。决策目标也就是决策必须达到的水平。因而,决策目标必须定得合理可行。一项决策目标定得合理可行的标准应该是使该目标既能够达到,但又必须要经过努力才能够达到。目标定得太高,根本不切合实际,会使人望而却步,失去为之奋斗的信心与勇气,决策就会随之化为泡影。目标定得太低,不经过任何努力即可实现,人们就会因为唾手可得而感到无所作为,随之丧失应有的压力和积极性。管理的实践经验已经证明,保持一定的工作压力是必要的。决策目标首先必须正确,这是决策正确的航标,其次就是决策必须合理、可行。

(三) 制订备选方案

实现同一个目标的方式或途径可能是多种多样的。不同的途径和方式实现目标的效率也就不一样。决策要求以费用最低,效率最高,收益最大的方式实现目标。这就要求对多种途径和方式进行比较和选择,所以决策的第三个程序就是在可以允许的程度内,将所有可能的备选方案都制订出来。制订备选方案是一项技术性很强的活动。无论哪一种备选方案,都必须建立在科学的基础上。方案中能够进行数量化和定量分析的,一定要将指标数量化,并运用科学、合理的方法进行定量分析,使各个方案尽可能建立在客观科学的基础上,减少主观假设性。

(四) 评选、确定最优方案

对备选方案进行比较评价,确定最优方案,是抉择的关键环节。评选方案时,要注意对方案在各个方面的合理性与科学性作出正确评价,要明确方案必须选择最能反映目标实现的因素作为评选标准。评选方案的工作一定要深入、认真、细致地开展。

(五) 组织实施

决策不只是一个简单的方案选择过程,它还包括决策的执行。因为决策正确与否,质量如何,不经过实践的检验,是得不到真正的证明的,实践才是检验真理的唯一标准。而且,决策的目的就是为了实施决策,以解决最初提出的问题。如果说选择出一个满意的方案是解决所提出的问题成功的一半,那么,另一半就是组织决策的实施了。

(六) 信息反馈和决策的修订、补充

实施是检验决策正确与否的唯一方法。在决策时,无论考虑得怎样周密,也只是一种事前的设想,难免存在失误或不当之处,在一些不可预测和不可控制因素的影响作用下,实施条件和环境与决策方案所依据的条件和环境之间可能会有较大的出入,这时,需要改变的不是现实,而是决策方案了。所以,在决策实施过程中,我们应及时了解,掌握各种信息,及时发现各种新问题,并对原来的决策进行必要的修订、补充或完善,使之不断地适应变化。

(七)总结经验,吸取教训,改进决策

一项决策实施之后,对其实施的过程和情况进行总结、回顾,既可以明确功过,确定奖惩,还可以使自身的决策水平得到进一步的提高。

通过总结决策经验,往往可以发现一些决策最初看起来是正确的,但在实施之后却并不令人满意,如某些决策短期效益可能十分显著,而长期效益却很差,这些都是通过对决策实施的结果进行总结所得到的经验。

【心理故事】

杰弗逊大厦的窗帘

美国华盛顿广场有座有名的杰弗逊纪念大厦。因年深日久,大厦墙面出现裂纹。为能保护好这幢大厦,有关专家反复进行了专门研讨。

最初大家认为损害建筑物表面的元凶是酸雨侵蚀。专家们进一步研究,却发现对墙体侵蚀最直接的原因,是每天冲洗墙壁所使用的清洁剂对建筑物有酸蚀作用。根据专家推理,发现了如下一系列因果关系:

(1) 为什么要每天冲洗墙壁?因为墙壁上每天都有大量的鸟粪;

(2) 为什么会有那么多鸟粪?因为大厦周围聚集了很多燕子;

(3) 为什么会有那么多燕子?因为墙上有很多燕子爱吃的蜘蛛;

(4) 为什么会有那么多蜘蛛?因为大厦四周有蜘蛛喜欢吃的飞虫;

(5) 为什么会有这么多飞虫?因为飞虫在这里繁殖特别快;

(6) 为什么这里飞虫繁殖快?因为这里最适宜飞虫繁殖;

(7) 为什么这里最适宜飞虫繁殖?因为开着窗帘,阳光充足,大量飞虫聚集在此,超常繁殖……

由此发现解决的办法很简单,只要关上整幢大厦的窗帘。此前一些专家们设计的一套套复杂而又详尽的维护方案也就成了一纸空文。

感悟:

(1) 我们处理问题,若能透过重重迷雾,追本溯源,抓住事物的根源,往往能够收到四两拨千斤的功效;

(2) 杰弗逊大厦墙壁出现的裂纹,只要关上窗帘就能节省几百万美元的维修费用,这是那些专家始料不及的;

(3) 在工作中,当我们遇到困难的时候,我们能顺利找到并关上那些窗帘吗?

【心灵拓展】

一、心理测试

挫折承受力测试

测验目的：帮助你了解自己的挫折承受力。

指导语：请根据自己的情况对下面的描述作出选择，符合自己现在的情形，答"是"，与自己不符合，答"否"。再根据记分方法，查看自己的挫折承受力如何。

(1) 胜利就是一切。

(2) 我基本上算是个幸运儿。

(3) 白天工作不顺利，会影响我整个晚上的心情。

(4) 一个连续两年都名列最后的球队，应该退出比赛。

(5) 我喜欢雨天，因为雨后空气清新，阳光普照。

(6) 如果某人擅自动我的东西，我会很生气。

(7) 汽车经过时溅了我一身泥水，我生一会儿气就算了。

(8) 只要我继续努力，我会得到回报。

(9) 如果有流感，我常常会被感染。

(10) 如果不是因为几次霉运，我一定比现在好得多。

(11) 失败并不可耻。

(12) 我是很有自信的人。

(13) 落在最后，常叫我抬不起头。

(14) 我喜欢冒险。

(15) 假期过后，我常常不能马上进入工作状态。

(16) 遭遇到的每一次否定都会使我更接近肯定。

(17) 我想我一定受不了被解雇的羞辱。

(18) 如果向我所爱的人求婚被拒绝，我一定会崩溃。

(19) 过去的错误，我总是难以忘怀。

(20) 在我的生活中，常常有些令人沮丧气馁的日子。

(21) 负债累累，让我心焦。

(22) 我觉得要建立新的人际关系非常容易。

(23) 我星期一很难专心工作。

(24) 在我的生命里已经有过失败的教训。

(25) 我对别人的轻视很敏感。

(26) 如果应聘失败，我会继续努力。

(27) 丢了东西，我会整星期不安。

(28) 我已经达到能够不再介意大多数事情的境界。

(29) 想到可能无法按时完成某项重要的任务，我会寝食难安。

（30）我很少为昨天发生的事情而烦恼。

（31）我很少心灰意冷。

（32）必须有50%以上的把握，我才会做某件事情。

（33）命运对我不公平。

（34）对他人的恨意会持续很久。

（35）聪明的人知道什么时候该放弃。

（36）偶尔做个失败者，我也能接受。

（37）新闻报道中的大灾难，会让我心神不宁。

（38）任何否定和阻碍，都会让我生出报复之心。

评分标准

凡是奇数项题目（1、3、5……）答"是"计0分，答"否"计1分；偶数项题目（2、4、6……）正好相反，答"是"计1分，答"否"计0分。得分越高，表示应对挫折的能力越强。

分数在0~18分，说明你需要好好地加强自己的耐挫能力。

分数在18~29分，说明你已经具备了一定的挫折承受力，但尚不足以应对大的挫折和打击，所以还要加油。

得分超过30分，说明你已经对挫折做好了心理准备。

二、团体活动

一个好汉三个帮

时间：30~40分钟。

准备：纸和笔。

过程：请每位同学想一想以下几个问题。

（1）目前自己面临的最大问题是什么？

（2）为什么这个问题会出现？

（3）我已经做了哪些努力？

（4）我的努力如果有效，是什么原因？

（5）我的努力如果无效，症结在哪里？

想好以后，把你的情况写在纸上，不必署名。写完后交给老师，由老师随机抽出一张，大声地读出纸上的内容，并请所有的同学共同思考，提出自己的解决办法，来帮助提问题的人解决问题。因为是匿名的形式，所以不必担心隐私被泄露。如果问题很典型，而且涉及的是人与人之间的问题，也可以通过角色扮演的办法来再现具体的情境，然后请自认为有办法的同学参与进来，现场演示他的解决方法。讨论完一个问题之后，再讨论另一个问题，直到结束。

三、阅读与感悟

认真阅读刘墉的文章《多情却似总无情》，结合自己的情感生活和情感需求，写一篇读后感。

第七章 柳暗花明又一村——压力管理与挫折应对

多情却似总无情

作者：刘墉

妻的眼睛不好，所以自从到美国，就常去看一位眼科名医。

每次从诊所出来，妻都要怨："看了他十几年，还好像不认识似的，从来没笑过，拉着一张扑克脸。"

有一天去餐馆，远远看见那位眼科医生，他居然在笑，还主动跟妻打招呼。妻开玩笑地说："真稀奇，我还以为你从来不会笑呢！"

眼科医生笑得更大声了，突然又凑到妻耳边，小声地说："你想想，看病的时候我能笑吗？一笑，一颤，手一抖，激光枪没瞄准，麻烦就大了。"说完，又大笑了起来。

饭吃一半，那医生跑过来，举着杯敬妻。脸红红的，看来有几分醉了。喝下酒，话匣子打了开来。

"你知道在美国，医生自杀率最高的是哪一科吗？"他拍拍自己胸脯，"是眼科医生！"停了几秒钟，抬起红红的眼睛。"想想！揭开纱布，就是宣判。看见了？看不见？你为病人宣判，也为自己宣判。问题是，前一个手术才失败，下一个病人已经等着动刀，你能伤感吗？所以我从来不为成功的手术得意，也不为失败的手术伤心，我是不哭也不笑的。只有不哭不笑的眼科医生能做得长，也只有不哭不笑的眼睛看得清，使病人的眼睛能哭能笑。"

他这几句话总留在我的脑海。有一天在演讲里提到，才下台，就有一位老先生过来找我。老先生已近八十岁了，抗战时是军医，他拉着我的手，不断点着头说："老弟啊！只有你亲身经历，才会相信。那时候，什么物资都缺，助理也没有，一大排伤兵等着动手术，抬上来，开刀，正开着，就死了。没人把尸首抬走，就往前一推，推下床去，换下一个伤兵上来。"

我把眼睛瞪大了。

"是啊！"老先生很平静，"死人可以等，活人等不及啊！有时候手术台前面，堆了一堆尸体。救了不少，也死了不少。你能伤心吗？你有时间去哭去笑吗？所以，只有不哭不笑的能撑得下去，只有不哭不笑的医生，能救更多人。"

……

只有不喜不悲的人，能当得起大喜大悲。也只有无所谓得失，不等待回音的人，能攀上人生的巅峰。

第八章

活着就是王道——生命教育与心理危机干预

写在篇前

　　生命本身就是一个奇迹，每一个生命的诞生，都是一个奇迹。从空间上说，至少目前为止宇宙间人类是已知的唯一的智慧生物。即使是在生物学上，一个生命的诞生也是众里挑一的偶然事件。对于我们每一个人来说，拥有生命是特别幸运的。

　　生命的产生是一个卵子和一个精子的结合。二亿个精子中只有一个精子可以与一个卵子结合。一位母亲从15岁到50岁总共产生约450个卵子，去掉结婚前10年，约产生300个卵子，每个卵子都有2亿个精子争相与它结合。

　　所以，我们每一个人的生命是多么的来之不易。亲爱的大学生们，珍惜我们的生命吧，因为活着就是王道！

心理格言

　　人生是要活的，必须活得兴致勃勃，充满好奇心，无论如何也决不要背对着生活。

——（美）安娜·罗斯福

　　人啊，你是宇宙的精华，万物的灵长！　　　　　　　　　　　　——（英）莎士比亚

　　我步入丛林，因为我希望生活有意义。我希望获得深刻，汲取生命中所有的精华，把非生命的所有一切击溃，以免当我生命终结时，发现自己从没有活过。　　——（美）梭罗

> 知识导航

第一节 珍爱生命

一、生命和生命的意义

(一) 生命

什么是生命？生命科学认为生物是有生命的物体，进行生命教育首要问题就是要教会青少年如何科学合理地理解生命。化学进化产生原始生命后，接着就开始了生物进化，人类的生命正是这一进化的结果。宏观上说，生命是蛋白质和核酸物质的运动形式，是一种特殊的、高级的、复杂的物质运动形式。

生长和发育是生命的基本过程，而新陈代谢则是生命的最基本的过程，是其他一切生命现象的基础。生命的一般形态具有某种"合目的性"的行为，作为生命高级形态的人类则具有自觉的目的性行为。

特别是人的生命，应当由 3 个因素构成，即自然属性、社会属性和精神属性。生命的自然属性，是建立在人的血缘关系基础之上的生理范畴，它主要涉及与人伦和人生有关的性问题、健康问题、安全问题和伦理问题等。生命的社会属性，是人伴随着一定的社会文化和心理基础而发展起来的符号识别和社会人文系统，它包括人的成长、学习、交友、工作、爱情、婚姻等涉及人文、人道的种种方面。生命的精神属性，是一个人"我之为我"的最根本体现和本质要求，也是生命最聚集的闪光点，它包含自性本我、低层本我、人文本我、形象本我和高层本我 5 个层次，涉及人性与人格。所有这些，组成了人的生命的全部，即生命维度，其中的每一部分，都蕴含着生与死、得与失、存在与虚无。

生命的自然属性即自然生命，决定着人的生命长度，即寿命的长短，生命的社会属性即社会生命，决定着人的生命宽度，它是以文化为内核和根基，从零开始不断拓展的。生命的精神属性即精神生命，决定着人的生命高度，它并非纯粹指人在成功的顺境中所能达到的高度，还包括人在失败的逆境中所处的低谷，因为生命的深刻体验和灵性的深层次激发，同样构成了富有意义的生命高度的一部分。生命长度、生命宽度和生命高度统一在一起，共同凝成了人的生命亮度，即个体生命"我之为我"的生命亮点。

(二) 生命的特点

1. 生命的唯一性

每个人的生命都是相似的，因为都要历经从出生到死亡的过程。但是每个人的生命又是独特的，因为每个人的生活经历和生命体验都是独一无二的。

2. 生命的不可逆性

人的生命是个一去不复返的过程，从胚胎起，生长、发育，直至衰亡，绝不会出现时光倒流，返老还童也绝非现实。

3. 生命的不可再生性

生命，对任何人来说都只有一次。世间常说，"人死不得复生"，便是这个真理。人的生命只有一次，一旦死亡就永远不能复生。人一旦死亡后，就回到38亿年前的无机物去了，分解成碳、氢、氧了。

4. 生命的不可交换性

生命为个体所私有，相互不得交换，彼此不可替代。生命是独特的。法国作家罗曼·罗兰说："每个人都有他隐藏的精华，和任何人的精华不同，它使人具有自己的气味"。的确，每一个生命都有其不同的天赋、兴趣和气质，你的生命是独一无二，与众不同的，世界上没有一个人能代替你！每一个生命不仅是独特的，而且是有限的。生命属于我们只有一次，任何代价都换不回来，我们必须热爱生命，珍重生命。

5. 生命的创造性

生命的意义在于创造，在于给原本没有价值的生命创造出一个价值来。因而，"人生的过程要自己好好去创造"，珍惜生命并积极给生命赋予意义就是生命的创造性。

（三）生命的结构

人的生命有别于自然界其他生命，由3个因素构成，即生物性、心理性（精神）和社会性，是3方面的结合。中国古代的思想家早已经意识到这个问题，如墨子说："生，刑（形）与知处也。"即生命是形体与心理的统一，只有形体，没有精神，不能构成生命，反之亦然。荀子也说过："水火有气而无生，草木有生而无知，禽兽有知而无义；人有气、有生、有知亦且有义，故最为天下贵也。"意思是说，无机物（水火）是没有生命的，发展到植物才有生命，但没有心理；发展到动物才有心理，但没有社会性的"义"。因而，只有人的生命具备气、生、知、义，是形体、心理与社会性的统一。

（四）生命的意义

【心理故事】

有一个生长在孤儿院中的男孩，常常悲观地问院长："像我这样没有人要的孩子，活着究竟有什么意思呢？"院长总笑而不答。

有一天，院长交给男孩一块石头，说："明天早上，你拿这块石头到市场去卖，但不是'真卖'。记住，不论别人出多少钱，绝对不能卖。"第二天，男孩蹲在市场角落，意外地有好多人要向他买那块石头，而且价钱愈出愈高。回到院内，男孩兴奋地向院长报告，院长笑笑，要他明天拿到黄金市场去叫卖。在黄金市场，竟有人出比昨天高十倍的价钱买那块石头。最后，院长叫男孩把石头拿到宝石市场上去展示。结果石头的身价较昨天又涨了十倍，又由于男孩怎么都不卖，那块石头竟被传扬成"稀世珍宝"。男孩兴冲冲地捧着石头回到孤儿院，将这一切禀报院长。院长望着男孩说，只要自己看重自己，自我珍惜，生命就会有意义，有价值。

其实人与动物最大不同在于人会寻找生命的意义，如人会问："为什么""我是谁""我的生命有何价值""人生的意义是什么"等问题。毕淑敏说："也许人生本没有意义，只是这个世界因为我们的到来变得更加美好一点，这就是我的意义所在。"正因如此，我们不难看出生命的意义其实是我们自身所赋予的。正如赫塞说过的："生命究竟有没有意义，并非我的责任，但是怎样安排此生却是我的责任。"所以人生最珍贵的宝藏是自己，人生最大事业是经营自己，人生最大的价值与生命的意义就在于追求不断的自我发展与自我成长。

在心理学研究中，生命意义首先是维克多·埃米尔·弗兰克尔（Viktor Emil Frankl, 1905）作为临床概念在《活出意义来》（*Man's Searching for Meaning*）一书中提出来的，自他的"生命意义"提出后，生命意义的研究就从哲学范畴进入到心理学范畴，生命意义研究也越来越多受到心理学家的关注。

弗兰克尔根据存在主义哲学思想和自己在纳粹集中营面对死亡、面对失去一切的亲身经历，提出生命意义。他从意义的目的、目标性角度对生命意义进行定义，确信人类需要生命意义，并且具有追寻意义的动机，认为生命意义是指人们对自己生命中的目的、目标的认识和追求，即每个人的生命中都有一些独特的目的或者核心的目标，人们必须对自己生活的目的、目标有一个清晰的认识，知道自己将要做什么，并为实现自己的目标去行动。

在美国心理学界兴起的积极心理学强调对意义的积极追寻，对生命意义研究视角从关注人们的消极心理功能逐渐转向积极心理功能，用"乐观""积极""希望"等积极概念代替存在主义心理学中的消极概念。心理学家认为如果生命缺乏意义，个体便会面对一种枯燥无味、令人颓废的人生，认为个体只有积极地寻找生命意义，才能在这个过程中获得真正的快乐与满足，也才能真正拥有"有意义的人生"。而透过生命意义可以发现快乐的源泉和人生的希望，从而获得一种意义感和满足感，用来应对人生的挫折、不幸和死亡。

大量的研究都证明，生命意义对个人至关重要，是健康和幸福不可或缺的元素。青少年的生命意义越高，则越可能选择积极应对方式，生命意义越高，其自我效能感也越高，会较少出现人际关系与社会适应问题。如果人们生活缺乏意义，就会产生空虚感，不能感受到价值，很多心理问题都源自生活缺乏意义，抑郁、攻击、对权力金钱的过分追求，甚至自杀。生命意义较低的人面对压力时会倾向于选择放弃努力，有更多的抑郁、焦虑和药物滥用，会产生无助感，甚至产生极端行为。

【案例分析】

一名博士自杀前写下这样的话："我的人生目标就是考学并上名牌学校，而且我如愿以偿考上了。上了大学人们又说，还得上研究生，我又成了名校硕士研究生的一员。之后，又有人告诉我上博士才是人生的最高目标，我又继续努力，也考上了，可再往前我还有什么可追寻的呢？我活着是为了什么呢？找不到活着的理由，我想人生的追求已到了尽头，还是结束自己的生命好了。"

案例中，一个让很多人寄予厚望的名校博士，本该拥有充实、快乐的现在和辉煌、灿烂的未来，为什么会选择以自杀的方式结束生命呢？他对生命的疑惑是否也引起我们的思考？而"如果体会不到人生的幸福和快乐，觉得生活没有意义，这会对我们生产生什么影响""人活着做什么"等问题，和我们在人生旅途遇到挫折时消极的人生观，如"人终归一死，结局都是一样。何必过得这么苦！"等等这些问题，其实这都是我们在探寻生命真谛中遇到的一些困惑，只有解决了这样的困惑，我们才能真正体会到生命的意义。

【阅读思考】

尼克·胡哲：像雕塑一样活着

曾经有一个小男孩瞪大眼睛打量了尼克很久，最后终于吐出一句："你总算还有一个头。"——这是尼克·胡哲在他演讲时必讲的一个小插曲。只要看一眼尼克，你就会立刻理解为什么小男孩会这么说，进而感叹为什么上帝要创造这样的生命。

尼克打出生就没有四肢，只有躯干和头，就像一尊残破的雕像，这副模样甚至连他的父母都无法接受。可想而知，这样的躯体给尼克造成了多大的困难！他所能利用的身体部位，只有一个长着两根脚趾的小脚，被他妹妹戏称为"小鸡腿"，因为尼克家的宠物狗曾经误以为那是鸡腿，想要吃掉它。

尼克不能走路，不能拿东西，并且总要忍受被围观的耻辱。这一度使他非常消沉，以至于想要在浴缸里淹死自己。还好，他在最后一刻，脑海中浮现出父母在他坟前哭泣的样子，于是他放弃了。这是他最正确的选择。活下来，使他有机会看到，原来他的人生有着无尽的希望。

尼克秉持着一个基督徒的信仰，告诫自己永远不要放弃。他虽然没有健全的四肢，但是有一个聪明的大脑，并且口才好。他总是用无比轻松的语调来调侃自己的经历，他永远不在意别人讶异的眼光，并且努力对自己充满自信，而事实上，他确实做到了绝大多数普通人无法做到的事：他成了一名全球知名的励志演说家。

在尼克19岁的时候，他打电话给学校，推销自己的演讲。在被拒绝52次之后，他获得了一个5分钟的演讲机会和50美元的薪水。从此，他的演讲生涯开启了序幕。他嗓音富有磁性，思路清晰，语言幽默，最关键的是他有与众不同的人生经历可以与别人分享，给所有人坚持下去的力量。在多年磨炼当中，他具备了异常坚韧的心智和丰富的阅历。这些精神上的素养完全弥补了肉体上的缺陷，帮助尼克超越了大多数健全的人，取得非凡的成就。

如今，他已经在全球34个国家发表过超过1500场演讲，每年要接到超过3万个来自世界各地的邀请。所有看过他的视频或听过他演讲的人，无不发自内心地诚服于这个曾被预言"永远得不到爱"的人。他已经成为世人心目中与命运顽强斗争的象征，或者说，一尊活的雕塑。

生命的真正意义是活得充实，活出自我。俄国著名作家奥斯特洛夫斯基说："人的一生应当这样度过：当回忆往事的时候，他不致因为虚度年华而悔恨，也不致因为过去的碌碌无为而羞愧。这样在临死的时候，他能够说：我的整个生命和全部精力，都已经献给世界上最壮丽的事业——为人类的解放而斗争。"虽然他所述的是把人的生命赋予了为人类解放事业奋斗而献身的意义，但对于当代人们来说，同样具有人生重要的导向意义，那就是人的生命是不可虚度无为的。

生命由自己主宰，谁不能主宰自己，谁就永远是一个奴隶。生命，如果能跟时代的崇高责任联系在一起，就会感到它无限的光芒而永垂不朽。生命是一条艰险的峡谷，只有勇敢而正义的人才能通过。一个伟大的灵魂，在艰难的峡谷中就会强化自己的思想和生命的动力。

作为人，既然无可选择地到世上走这么一遭，就得好好珍惜生命的价值。珍惜生命，就要好好珍惜今天，向往明天，让生命绽放火花，回报社会。

生命短暂，切不可猥琐偏狭。只有热爱生命的人，才是幸运而幸福的。

二、生命不能承受之重

（一）"生命困顿"问题

目前部分大学生出现了一些问题，如有的人人生目标和方向不明确，再加上在物质和精神上过分关注眼前，并不放眼未来，忽视了远大理想和目标，认为人生不过如此。有的人的毅力和驾驭能力不强，学习的主动性和积极性低。很多同学往往只注意当下的生活感觉，淡化了生命意义，导致部分大学生生命情感冷漠、生命幸福感降低、生命价值观迷茫和生命责任缺失等异化症状开始出现。有的大学生因为一些挫折和困难就简单地认为自己一事无成，找不到自己的位置，甚至表现出对生命的轻视。这些问题用一个概念进行概括，叫"生命困顿"。"困顿"在汉英词典中的解释是"tired out, exhausted"，中文意为"十分劳累疲倦、艰难窘迫"。"生命困顿"应该就是对生命的上述感觉。生命困顿，使得我们陷入了严重郁闷、无聊、活得很累。自闭、堕落、自残，发展到严重的就是自杀、伤害他人。在这种状况下，我们发现，其实很多心理问题的出现就是对生命问题的拷问。"很多心理问题的根源并不是单纯的'心理'问题，而是自己所持的人生观、价值观所导致的观念冲突或者意义冲突，实际上是生命困顿"。因为很多表层的心理问题都可以追根溯源到深层的人生态度、价值观及对生命的理性思考上。如果不从根源入手，就难以保证其彻底治愈，其症状或反复发作或呈进展化态势，最终导致自杀、他杀的恶性事件。

那是什么使大学生生命困顿呢？是什么使大学生如此"十分劳累疲倦""艰难窘迫"？人的生命是宝贵的也是短暂的，如何对待有限的生命，是我们每个人都应当认真考虑的问题。无论是得过且过，还是轻率放弃，都是对生命不负责的态度，是不可取的。既然生命是可贵而美丽的，那么我们对仅有一次的生命应当如何对待？

【案例分析】

女大学生拒绝生活

身材窈窕、容貌姣好、成绩优异的女孩琳子（化名）目前正就读于某大学。在一般人眼中，她也许早该心满意足，幸福无比了吧！然而真实的情况却是，这一切在她心中全都索然无味，平淡无奇。在接受新闻网记者采访前，她已经多次找到学校的心理老师坦白说，自己对现在的一切都不感兴趣。如果不是看见父母为自己操碎了心，她可能早就不在人世了。琳子上中学时是班上前两名，可是无论她怎么努力，总是超不过那个第一名。但就为了争这个第一，琳子的母亲经常质问她"你为什么就超不过他呢？"高二时，终于承受不了心理压力的琳子患上了精神抑郁症，在医院治疗了一个月。出院后琳子告诉母亲，自己不想考大学了。如雷轰顶的母亲苦口婆心地劝说，最后保证"考不上大学也不责怪她……"最后琳子没费什么劲儿就考上了大学。上大学后，琳子的问题接踵而至，失眠、不想读书。琳子总说自己的生活压力大，老是感觉很累，也找不到生活的乐趣。女同学找她玩，她不跟人交朋友打交道。成群的男生追她，她也一概拒绝，理由是自己进过"精神病院"。然而，这一切的不顺心都不妨碍她因成绩优秀年年拿奖学金。毕业前她获得了学校保送继续深造的机会，但出人意料的是她拒绝了。她对记者说，自己再也不想读书了。只要今后能够挣点钱，够养活自己就行了。

案例中，小琳这种情况的大学生在大学里是比较常见的，经历了高考的洗礼，很多大学生认为学习上算是完成了任务，可以停下来歇歇了。但放松下来的很多同学在感受完大学的新鲜感后，对接下来该怎样安排好自己的大学生活却不知所措。由于缺乏像中学那样明确的高考目标，加之大学环境的变化、大学学习、生活的不适应等，相当部分的大学生没有很好地及时调整好自己的大学生活，反而觉得大学"十分劳累疲倦""艰难窘迫"。

要克服这些问题，主要是要做到正确客观地面对自己与社会。首先要认清自己，即给自己一个正确的衡量标准和评价。在选择适当目标完善自我的同时，还应看清自身的不足，努力改进，并保持愉悦的心情。其次要面对现实，即正确认识自己的长处与短处，不制订无法实现的目标，不为力所不及的事情苦恼，也不拿自己的短处与别人的长处比较，以平和的心态对待学习和生活中的一切。而良好的人际关系不仅能增进同学友谊、师生关系，更能使自己保持心理平衡。大学生可以向好友诉说喜怒哀乐，或与辅导教师交流，以缓解和消除心理压力或紧张。

在这高速发展的现代社会，在社会环境的快速变迁和物欲横流的不断冲击下，当代大学生要更加学会懂得尊重自己和他人，培养自己丰富的生命涵养、乐观进取的生命价值观，并且能够积极地运用有限的生命创造无限的价值。

（二）活着还是死去——大学生自杀现象背后透出的心理问题

从有关调查可以看出，当代大学生在大是大非、大问题、大道理上的人生观和价值观是积极向上的，是乐观的；大学生爱国情结强烈，渴望成才，准备献身事业，报效祖国，积极思考自己的前途；大部分大学生都热爱生命，珍惜生命，深知生命的重要性，也能明白父母的养育不容易。但不容忽视的是还有很多大学生由于学习压力大，人际关系紧张，未来就业形势严峻等问题产生一定的心理压力，而他们遇到挫折时，多数人选择放在心里，自己化解或在网络上交流。如果处理得好的话，这无疑是个好办法，可是处理不恰当的话，就会长期压抑于心，闷闷不乐，容易使极端的人产生轻生的念头。调查发现有40%的人曾经有过自杀的念头，还好，多数人是念头不强烈，但是，暂时的没出问题并不代表问题解决了，很多大学生只是把这个问题积压下来了，就像下面案例中的寒建一样。

【案例分析】

出生于高级知识分子家庭的男生寒建（化名）从小聪明，成绩优秀。然而，每当寒建达到一个目标后，他的母亲就会又给他提出一个更高的标准，结果使他老是处于一种达不成目标的恐惧之中。大一下半学期，寒建突然有一门功课不及格，随后他就出现了厌食甚至偷窃等异常状况。忧心忡忡的寒建父母和寒建一交谈沟通，他就老是提到生命和死亡的话题。虽然目前在老师引导下，寒建已经开始吃东西了，但寒建说，自己心理上的结并没有完全解开。

目前大学生普遍存在心理压力大的问题，一方面，社会、家庭和学生自己都会给予很高的期望。另一方面，学生本人期望过高和达成期望渺茫的矛盾也会很大。而一旦产生矛盾，得不到及时的心理帮助的大学生将容易走向极端。

有人说:"我出生是不由自己决定的,但是我不想活,想死却可以自己做主。"生和死似乎都很简单,看起来不过就是自己的一个选择——活着还是死去?但是,你知道吗?你的死亡将是与你有关的人的不幸!或许你这样就此摆脱了世间的尘埃,可抛给亲人的是什么呢?"是那陷入伤心红肿的眼,是那再也发不出一个音符颤抖的唇,是那难以诉说、难以度日的悲苦,是那一想起昔日与你同在的苦与乐就会有流不尽的泪泉,诉不尽的凄凉!越是回忆起以前的点点滴滴,越是增加别后的凄凉,让人不敢揭开回忆的面纱……"事实上,生与死是相对的,因为没有死的存在,就没有生的意义,而同样,"只有有价值的生,才能无愧地面对死",我们是否真正领悟了圣奥古斯丁说过的:"一个人只有面对死亡的时候,才真正地出生了。"同时,人生命的有限性更显出了生命的重要性。因此,在这个问题上,只有培养大学生具备正确的生命观,使他们认识到生命存在的有限性和宝贵性,他们才能真正作出正确的选择。

下面这段阅读,或许能给我们一些思考。

【阅读思考】

活着就是王道

于娟,女,32岁,祖籍山东济宁,海归,博士,复旦大学优秀青年教师,一个两岁孩子的母亲。2010年1月2日于娟被进一步确诊乳腺癌晚期。随后逐渐转移到全身躯干骨。在健康状况稍好的时候,她把自己患癌症前的生活写成日记,取名《活着就是王道》。2010年4月19日凌晨3时,与癌症抗击到最后一刻的于娟离开了人世,享年32岁。于娟虽然走了,但她的遗著——《此生未完成》,成了最真挚的劝诫。她激励人们热爱生活,因为,活着就是王道。

《活着就是王道》中有一段话:

"回想10年来,基本没有12点之前睡过,学习、考GT之类现在看来毫无价值的证书,考研是堂而皇之的理由,与此同时,聊天、BBS灌水、蹦迪、K歌、保龄球、吃饭、一个人发呆填充了没有堂而皇之理由的每个夜晚,厉害的时候通宵熬夜。"

"在生死临界点的时候,你会发现,任何的加班,给自己太多的压力,买房买车的需求,这些都是浮云,如果有时间,好好陪陪你的孩子,把买车的钱给父母亲买双鞋子,不要拼命去换什么大房子,和相爱的人在一起,蜗居也温暖。"

或许我们平常并没有觉得生命有多么可贵,或许只有当生命即将消失的时候,我们才能体会到于娟发出的"活着其实是多么的可贵""活着就是王道"的深刻感受。生命曲线图(图8-1)可以告诉我们:

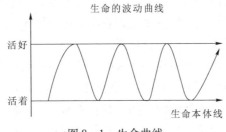

图8-1 生命曲线

（1）活着是底线、本体线，任何时候都不能随意突破；
（2）要争取活好、成功、快乐；
（3）一时没有活好、失败、不快乐，退回底线，耐心地活着；
（4）等待，创造机会再争取活好。

请记住，"以命为本实现生命的价值和潜能"，活着是美好的！我们不仅要活着，而且要活好，因为活好更加美好！

所以，我们倡议：

珍惜生命——因为你只拥有一次生命；

自我做主——因为没有谁能代替你来活；

活在当下——因为假如明天不再来临；

全面拓展——因为你就是你与世界。

极限开发——创造自己都难以相信的奇迹。

对于一个人来说，什么是最重要的？答案无疑是生命。无论金钱、名誉、信仰或是其他具有诱惑力的事物，都不如生命来得重要。人从事各种活动，其目的都是为了"好好地活下去"。要实现自己的人生价值，拥有生命是必要的前提。然而，生命如此重要，却仍有人弃之如敝屣——近年来，我们的耳边不断地有自杀消息传来，从政治人物到商界名流，从影视明星到平民百姓，更有甚者，一些"天之骄子"将家庭、学业、友情等弃之不顾，终结了自己并不漫长和丰富的人生。那么，他们为什么自杀呢？

有人将自杀归因为懦弱，是对现实压力的不堪和逃避。但是，我们还要看到另一点：生命是极为重要的，并不是所有人都敢于自己结束自己的生命。从这一方面说，自杀是需要极大勇气的，这和自杀者给人懦弱的固有印象又是矛盾的。所以，自杀并不能简单地被视为一种逃避。那么，让我们从心理学的动机理论出发，对自杀者动机进行分析。

动机，是指激发、维持、调节人们从事某种活动，并引导行为朝向某一目标的内部心理过程或者内在动力。根据动机——行为模式，一种动机要先转为需要，然后才会转变为行动。作为一种后果极为严重的行为，自杀往往不是由一种动机引起的，而是多种动机综合作用的结果。根据研究，我们可以发现，自杀的原因往往与以下几个方面有关。

认知功能方面，对待事物过于悲观，归因不良，对自己没有一个比较清醒的认识。

情感方面，这也是比较多见的自杀原因，通常表现为负面、不稳定的情绪和冲动不计后果的行为。

人际关系，交往有限，难以摆脱旧的关系去建立新的关系，通常负性应激事件较多。

从动机上进行分析，自杀是一时意外事件或药物致幻，使人情绪波动超出其心理承受能力而引起的短时间失去理智的行为。自杀的本质就是冲动，一般自杀者在自杀过程中或自杀获救后都会有悔意。甚至在相当大的程度上，自杀的结果并不是自杀者本身期盼发生的，而是一种不受控制的高风险行为导致的不良后果。

心理学家将所有自杀动机分为两类。①人际动机：自杀者企图通过自杀行为，使其他人有所行动或改变别人的态度和感觉。因而自杀行为可以看作是一种影响、说服、操纵、改变、支配别人行为或感觉、寻求帮助的方法，其对象常常是其配偶、情人或者家庭成员，与自杀者关系非常密切。在较少见的情况下，其对象是泛化的，甚至可能是社会本身。也有用自杀行为来表达自己的内疚和对别人歉意的,不过较为少见。持人际动机的自杀者通常为年轻女性,自杀未遂多见。②个人内心动机:常见于与其他人失去联系的老年人,其主要目的在于表达不能满足自我需要所遭受的压力和刺激。这种人由于年老体衰,社会联系不断丧失,因而强烈地感到孤独,觉得生活没有多少意义。他们通常对生与死的选择没什么矛盾,死的愿望较为坚决,成功的可能性也大。

曾经发生过一起学生自杀未遂的事件。起因是感情上的不顺利,手段是割腕,因为发现及时,自杀者得到了救治。可以说,她割脉是一种完全没有预兆的突发性行为,完全是一时的冲动。值得庆幸的是并没有造成恶劣的后果,其本人也在获救后表现出了后悔的迹象,对自己先前的行为有了清醒的认识。从这里我们也可以看出,如果能及时得到他人的关注,或在他人的帮助下找到解决问题的办法,自杀者很可能会减轻或打消自杀的企图。这也是自杀行为可以预防和救助的心理基础。但周围的人往往认为常喊着自杀的人其实不会自杀,因而不太关注欲自杀者发出的信号,以致痛失解救良机。

从大学生的自杀情况来看,个别学生在遇到挫折或者打击时,为逃避现实,将自杀作为寻求解脱的手段。从年龄和发展阶段来看,大学生属于青少年的一部分。他们同样具有青年期的心理特征和青年期可能面临的心理问题。根据发展心理学的研究,青年期个体所面临的最大心理问题可归结为两点,即人格顺应和情绪控制。我们可以看到几乎每位自杀者都有程度不等的人格障碍和情绪失调,这两个因素在他们自杀的原因中起着首要作用。要指出的是,与一般个体青年相比,大学生的自我意识非常强烈,富有理想和抱负,憧憬未来。他们心理上的需求也相对较多,包括实现自身价值、受人尊重、爱情和审美等等,除生理上的发育成熟与文化知识技能的提高以外,大学生在发展过程中,需要完成的是个体角色的定位以及形成独立性。他们最关心的是如何把自己目前的状况与将来的角色协调起来。同时,当今的大学生所面临的社会环境特点是社会变革及市场经济的迅猛发展,大学生的自我期望也不时地受到这种变化的影响。加之自身生理和心理不成熟,这就使得他们的心理适应能力面临巨大的挑战。这些心理特点使他们在现实生活中更容易产生各种心理上的反差,导致各种心理挫折,因而更容易形成自杀机制。如果能及时发现个体情绪上的异常,进行有针对性的心理排解,可以在很大程度上避免自杀事件的发生。

三、珍爱生命与大学生心理健康

有位哲人说过:珍惜生命,因为生命是你自己的。不过我们现在要说,珍爱生命,因为生命不只是属于自己也属于爱你的每一个人。

神说,地要长出青草和结种子的蔬菜,各从其类,以及结果子的树,也各从其类,果子都包着核。事情就这样成了。

于是,地里长出了青草和结种子的蔬菜,它们各从其类。神说,这很好。

神说,水要多多滋生有生命之物,要有雀鸟在地面以上、天空之中飞翔。

神造就出了大鱼和水中所滋生的各种有生命的动物,它们各从其类,神又造出各种飞鸟,也都各从其类。神说,这很好。

神用地上的尘土造人,将生气吹到他的鼻孔里,他就成了灵动的活人。

与一切有生之物相连的人还有指望:因为活着的狗比死了的狮子更强。

这是《旧约全书·创世纪·传道书》中对生命起源的一种描述。不管我们相信不相信，我们知道生命是美好的。其实，无论是人类的十月怀胎还是其他生物的长久孕育，生命的产生都是一个艰难和美好的充满希望的过程。不管怎么样我们是不可以轻易放弃生命的。

本来，人的生命只有这一次，对于谁都是宝贵的。那我们应该怎样对待生命呢？我觉得我们既然来到世上，就得珍惜生命的价值。从某种意义上说，生要比死更难。死，只需一时的勇气，生，却需一世的信心。所以我们要珍惜生命，不要在于活得是否长久，而在于活得是否充实，是不是有意义。

新闻常报道某所大学有学生跳楼，某所高校又发生一起凶杀案的消息……我们不可否认，随着国家整体知识层次的提高，越来越多的人存在着不同程度的心理问题，有些生命从我们身边消失了，而这些逝去的生命中就有大学生。我们对这些生命的离去想过什么吗？没有，我们很多人都是漠不关心，最多也是当成茶余饭后的谈资。可是，当我们麻木的谈论别人的生命的时候是否想起我们有一天也会像他们一样走向不归路。或者，我们是否担心过我们群体的安全，是否想过要怎么阻止这种现象的发生。

随着年龄的增长，我们身边的人离去的越来越多，渐渐地理解到生命是那样脆弱，不敢轻易放弃自己的生命。因为生命来之不易，因为离开对不起辛苦抚养自己长大成人的父母，对不起爱自己和自己爱的人。这么想我们一定不会自杀，相反我们会保护自己的生命。这也是一种本能，人类都有求生的本能。可是这只是一个想法而已，并不是说我们一定不会放弃自己的生命。自杀是一种冲动，那一刻自杀者不会想那么多的责任和生命的来之不易。

我曾经问过许多人：当你极端郁闷时，感到生活没有信心时，你是否会放弃你的生命。很高兴他们大多数人的答案是不会。可是，我们身旁的大学生把"不想活了""想死""我要跳楼"等极其消极的词语当成口头禅。这都是很不好的心理暗示，积累到一定程度一定会一发不可收拾。这样的话说得越多，就越不珍惜自己的生命，到极端时候，我们就不好控制自己的行动，会造成终生的遗憾。不管怎么说，这是一种对生命的不负责，对生命的浪费。

萧伯纳曾经说过这样一句话："人生有两出悲剧，一是万念俱灰，另一个是踌躇满志。"生命如果不去珍惜、不去开拓或者弃置不管，那生命也不算是生命了。所以，我们应该以一颗积极与平和的心去掌管我们的生命。即使遇上人生的暴风雨，也不要放弃，不要丢失信心，不要抱怨生命。我们要心存希望和向往，迎接一个又一个雨后灿烂的太阳。把每个黎明都看作是生命的开始，希望从来就没有消失过，只是我们没有发现。

珍爱生命不仅仅是指不放弃生命，不放弃生命只是最基本的一个条件。没有这个条件，一切都是虚无和没有意义的。可是有了这个条件也不代表珍惜生命，借用惠特曼一句话，"当我活着，我要做生命的主宰，而不做它的奴隶"。我想这样就足够了，不做生命的奴隶就不会对命运束手无策，不做生命的奴隶就不会颓废地生活。

看看我们的大学生活吧，我们有没有因为自己虚度年华而悔恨，有没有因为碌碌无为而觉得羞耻。丰富多彩的校园生活、接连不断的晚会、充满诱惑的社会，我们是否感到迷茫。当我们筋疲力尽的参加完晚会躺在床上时，我们有没有问过自己：我们学到了什么，我们得到了什么，我们的生命有没有意义？

道理很简单，假如你现在说：没有关系，我有的是时间；没有关系，我还年轻；没有关系，死亡离我很遥远。我想说，我们每个人都有生病的经历，我们每个人都有身体不舒服的时候。那么当你生病或不舒服时，你是否想念你健康的时光？答案是会的，这是我们普通人的普遍心理。所以为了我们离开人世的时候不后悔，我们现在唯一可以做的就是珍惜自己的生命。

属于人的生命，也只有一次。在这短暂的生命历程中，交织着矛盾和痛苦，充满着求索和艰辛，遍布着荆棘和坎坷。渺小与伟大、可悲与丰富、失意与重塑、挫折与幸运……只有珍爱生命，把握自己，才能抛弃渺小、可悲、失意和挫折。要知道，生命是这样的可贵，连小草也在不断挑战极限、完善自我！

希望大家珍爱生命，珍惜家人，珍惜爱人，珍惜身边的人，珍惜自然，维护生命的一切！生命不只是你自己的生命，它属于爱你和你爱的人，同样也属于社会和全人类。所以为了爱我们的人们，为了我们的社会，我们要负起这最基本的责任！

第二节　充实生命

一、让生命之花绽放

生命，是每个人最珍贵的财富。生命是短暂的，一去不复返，不管一个人有多大的才能，失去生命，那才华也会离你而去。

这个世界为何如此美妙？因为有很多双手在创造。每个人都在努力着，都在奋斗着，都希望用自己的双手为这个社会创造出精彩的篇章，创造出永不泯灭的灵魂。但是千万不要放弃生命。创造来自双手，双手来自生命。

举世闻名，被称为科学巨人的霍金，深受病魔的折磨，不能走路，不能开口说话，头只能向右倾斜，全身只有3根手指能动。这种困境恐怕对于一个科学家来说是最困难的了。但身为科学巨人的霍金没有退缩，没有因命运而放弃自己最宝贵的生命，终于解决了世界性难题——黑洞。并以自己的力量，完成了世界最著名的《时间简史》，为科学事业做出了巨大贡献，以自己的智慧塑造了永不泯灭的灵魂。

我国著名史学家司马迁因为李陵兵败匈奴之事辩解，触怒了汉武帝，身受宫刑。经奇耻大辱，仍未放弃生命。他隐忍苟活，发愤著书，终于完成了一部52万字的辉煌巨著——《史记》，为我们现在学习历史者做出了巨大贡献。他虽然人已走了，但他的灵魂却永远留在了这个美丽的世界上。

【心理故事】

高贵的施舍

一个乞丐来到我家门口，向母亲乞讨。这个乞丐很可怜，他的整条右手臂断掉了，空空的衣袖晃荡着，让人看了很难受。我以为母亲一定会慷慨施舍的，可是母亲却指着门前一堆砖对乞丐说："你帮我把这堆砖搬到屋后去吧。"

乞丐生气地说："我只有一只手，你还忍心叫我搬砖。不愿给就不给，何必刁难我！"

母亲不生气，俯身搬起砖来。她故意只用一只手搬，搬了一趟才说："你看，一只手也能干活。我能干,你为什么不能干呢?"

乞丐怔住了,他用异样的目光看着我母亲,尖突的喉结像一枚橄榄上下滑动两下,终于俯下身子,用他唯一的一只手搬起砖来,一次只能搬两块。他整整搬了两个小时,才把砖搬完,累得气喘如牛,脸上有很多灰尘,几缕乱发被汗水濡湿了,斜贴额头上。

母亲递给乞丐一条雪白的毛巾。

乞丐接过去,很仔细地把脸面和脖子擦一遍,白毛巾变成了黑毛巾。

母亲又递给乞丐20元钱。乞丐接过钱,很感激地说:"谢谢你。"

母亲说:"你不用谢我,这是你自己凭力气挣的工钱。"

乞丐说:"我不会忘记你的。"对我母亲深深地鞠一躬,就上路了。

几年后,有个很体面的人来到我家。他西装革履,气度不凡,跟电视上那些老板一模一样。美中不足的是,这个老板只有一只左手,右边是一条空空的衣袖,一荡一荡的,他就是当年在我家搬砖的乞丐。

每个人对于国家、社会和他人都是有价值的,我们在肯定自己生命价值的同时也要肯定他人的价值,尊重他人的生命。幸福快乐的生活从悦纳生命开始。

生命是可贵的,珍爱生命的人,无论何时何地,无论遇到多大挫折都不会放弃生的希望。

人的生命不在于长短,而在于对社会的贡献。有的人死了,但他对社会做出了巨大的贡献,人们纪念他,忘不了他。这样,他的生命价值得以延伸,那伟大的灵魂,变成一朵生命之花,绽放在这个伟大的世界上。

现在没有战争了,不要放弃自己的生命,去建设这个社会,去创造这个社会,为这个社会做出贡献,发挥自己的才华,让自己的生命之花永远迎着金色的阳光绽放。

二、生命是一种过程

生命是一种过程,你无法超越。无论你出身豪门深宅还是穷家陋室,向人世间报到的第一声必定是嘹亮的啼哭。从咿呀学语到蹒跚学步,你必须在大人的帮助下,完成属于你的生命初级阶段的探索。从风华正茂的青年到成熟的中年再到壮志心不已的暮年,每个人的生命历程必须被时间的轮船载着驶向不同的港湾,这个过程是不可逆转的。所以有圣人感叹:逝者如斯夫,不舍昼夜。所以有的哲人高呼:当机会迎面扑来的时候,你牢牢抓住它,你就是天才。

作为常人,最重要的是把握自己!当生命的过程临近尾声时,回首自己走过的路,你只要说一句:我努力过,我奋斗过,此生无悔矣!你的生命便结出了丰硕但饱满的果实。

从这个意义上说,过程比结果重要得多。

三、感恩生命

中国社会调查所的一项调查显示,26%的受访大学生有过自杀的想法。而另一项确切的统计是,2008年,仅教育部直属高校就发生63起大学生自杀事件;仅在2009年的上半年,北京市共发生了14例大学生自杀身亡案件。有关数据表明,自杀已经取代突发疾病和交通意外,成为大学生意外死亡的第一大原因。这项调查令人心寒。

第八章 活着就是王道——生命教育与心理危机干预

现在的大学生承受着学习压力、生活压力、就业压力、社会压力等各种各样的压力，但是这并不代表着他们就可以用自杀来结束自己的生命，这是一种懦弱且不负责任的表现。人从一出生就处于稳固的社会纽带中，纽带的一头是你，另一头是你的父母，兄弟姐妹，师长和朋友，他们为你的快乐而快乐，为你的悲伤而悲伤，他们是你最亲近的人。突然有一天，你丢弃他们走了，留给他们的是无尽的痛苦和灰暗的回忆。试问，以这样的方式来结束自己的生命对他们来说公平吗？

汶川大地震发生后有许多人被掩埋在废墟下，黑暗无助和无情的瓦砾夺走了很多人的生命，然而也有一些勇敢的人在与死神抗争过后顽强的活了下来，废墟下一片漆黑，没有水没有食物，这对生命是极大的威胁。于是为了活下去，绝境中的人想尽了各种方法来维持自己的生命。有的人吃下了卫生纸，有人吃烟头，也有人吞下活生生的蚯蚓，喝自己的尿和写字的墨水……平日里没有人会做出这样的行为，而在死亡的边缘，为了挽留自己的生命什么东西都能吃得下，喝得下，这一切都是为了能活下去！

但凡经历过汶川地震的人，他们都参透了生命的本质，他们坚强地活着，为失去的亲人，为生养他的祖国，也为了自己而努力地活着。在生命面前，财富、地位、容貌都不值一提，唯有健康和生命是陪伴我们一生的，唯有它们，才能给予我们勇气、力量和希望，只有正直踏实地活着才是最重要的。人的一生，不管有多少苦难，只要你不逃避，不放弃，勇敢地去面对，生活总会向你展开笑颜。现代大学生要珍惜生命，好好地活着，肩负起自己的责任。

感恩生命，生命给了我们欢笑和苦痛，因为欢笑，我们明白生活是如此的美好、如此的灿烂；因为苦痛，我们更了解自己，我们的心智逐渐成熟，我们逐渐地成长。

感恩生命，在成长的路上，我们学会宽容和理解，我们学会用积极乐观的态度去面对人生路上的风雨，我们学会静心守候风雨之后的彩虹，这一路上我们也累积了自身生命的厚度。

感恩生命，让我们真真实实地活着。生命不会重来，让我们学会善待自己，同时也学会珍爱别人的生命！

【案例分析】

霍金是伟大的物理学家，但他却患有卢伽雷病，完全失去了行动自由和生活自理能力。一次，当他刚作完学术报告，一位记者就跃上讲坛，问了一个突兀而尖锐的问题："霍金先生，卢伽雷病已经将你永远固定在轮椅上，你不认为命运让你失去了太多吗？"整个报告厅顿时鸦雀无声，霍金用还能活动的手指艰难地敲击着键盘，投影屏上缓慢而醒目地显示出："我的手指还能活动；我的大脑还能思考；我有终身追求的理想，有我爱和爱我的亲人和朋友；对了，我还有一颗感恩的心……"顿时，报告厅内掌声雷动。

这个案例告诉我们生命中不仅充满欢乐，也会有一些烦恼、困难和痛苦，无论遇到怎样的不如意，面对怎样的挫折，都不能轻易放弃生的希望。于娟在她的日志中写道："哪怕我那般痛，痛得不能动，每日污衣垢面趴在国泰路政立路的十字路口上，任千人唾骂万人践踏，只要能看着我爸妈牵着土豆（于娟儿子的小名）的手去幼儿园上学，我也是愿意的。"或许正因为经历病痛折磨，面对失去生命的威胁，才能意识到生命的宝贵。如果不是有了生命，我们怎么会体会到人生的各种滋味，感受到生命的美好。因此，我们又有什么理由不感恩生命呢？

毕淑敏在她的《我很重要》一书中写道："对于我们的父母，我们永远是不可重复的孤本。无论他们有多少儿女，我们都是独特的一个。假如我不存在了，他们就空留一份慈爱，在风中蛛丝般无法附丽地飘荡。假如我生了病，他们的心就会皱缩成石块，无数次向上苍祈祷我的康复，甚至愿灾痛以十倍的烈度降临于他们自身，以换取我的平安。我的每一滴成功，都如同经过放大镜，进入他们的瞳孔，摄入他们的心底。假如我们先他们而去，他们的白发会从日出垂到日暮，他们的泪水会使太平洋为之涨潮。面对这无法承载的亲情，我们还敢说我不重要吗？"所以无论你身处何种困境，甚至绝境，都请记住：你有责任坚强地走下去！你无权选择放弃。无论何时都要把活着放在你选择的第一位。这是对父母的感恩，更是对生命的感恩。

第三节 呵护生命

一、直面危机

日常生活中，我们经常听到"经济危机""政治危机"这样的名词，对于"心理危机"很多人感到还很陌生。什么是心理危机呢？心理危机这一概念是美国心理学家卡普兰（G. Caplan）首次提出的。他认为，心理危机是当个体面临突然或重大生活事件（如亲人死亡、婚姻破裂或天灾人祸）时所出现的心理失衡状态。他认为，每个人都在努力保持一种内心的稳定状态，使自身与环境稳定协调，当重大问题和剧烈变化使个体感到问题难以解决，平衡就会打破，正常的生活受到干扰，内心的紧张不断积累，继而出现无所适从甚至思维和行为的紊乱，进入一种失衡状态，这就是心理危机的状态。

可见，危机是个体无法用现有的资源和惯常应对机制加以处理的事件和遭遇。危机有两层含义：一是指突发事件，出乎人们意料发生的，如地震、水灾、空难、疾病暴发、亲人丧失、恐怖袭击、战争等；二是指人所处的紧急状态。心理危机可以分为发展性和意外性两类。发展性心理危机是可以预料的，如生命周期中不同发展阶段所遇到的重大问题，其特征是情绪的剧烈变化，导致个人心理失衡，如青春期的心理危机；意外性危机是突如其来的、无法预料的，如受到恐吓、自然灾害、躯体重大疾病等。心理危机发生后，如果得不到及时有效的帮助和支持，通过调动其自身的潜能重新建立和恢复其危机水平前的心理水平，则可导致精神崩溃，产生自杀或攻击他人的不良后果。当一个人出现心理危机时，当事人可能及时察觉，也有可能"未知未觉"。无论何种情形，当个体面对危机时会产生一系列身心反应，一般危机反应会维持6~8周。危机反应主要表现在生理、情绪、认知和行为上。生理方面：肠胃不适，腹泻，食欲缺乏，头痛，疲乏，失眠，做噩梦，易惊吓，感觉呼吸困难或窒息和有哽塞感，肌肉紧张，等。情绪方面：害怕，焦虑，恐惧，怀疑，不信任，沮丧，忧郁，悲伤，易怒，绝望，无助，麻木，否认，孤独，紧张，不安，愤怒，烦躁，自责，过分敏感或警觉，无法放松，持续担忧，担心家人安全和害怕死去等。认知方面：注意力不集中，缺乏自信，无法作决定，健忘，效能降低，不能把思想从危机事件上转移等。行为方面：社交退缩，逃避与疏离，不敢出门，容易自责或怪罪他人，不易信任他人等。

二、危机预防

社会竞争激烈，学习和就业压力增大，加上身心疾病、感情波折和经济困难等因素，大学生心理危机时有发生，甚至出现自杀和违法犯罪等恶性事件。大学生心理危机问题已经开始引起全社会的广泛关注。

大学生心理危机的诱因很多，蔺桂瑞教授将其归纳为8个方面。第一，学生家庭父母关系不合、离异，造成学生的心理创伤。第二，社会就业竞争激烈。第三，不适应大学生活环境。同宿舍的学生都是独生子女，各有各的个性，不能相互容纳，由此发生矛盾冲突，日积月累，却又不敢表达，因为这些原因造成大学生的心理问题最多。第四，不适应大学学习环境。某些学生上高中时，考大学的目标非常明确，上大学后，突然失去了目标，心中茫然，有一种失落感。第五，恋爱与失恋问题。第六，性行为问题。一类学生是过于封闭自我，导致性压抑，另一类学生是过于开放，随意发生性关系，之后又非常后悔自责。第七，就业观念滞后，就业期望值过高。我们国家过去是精英教育，能上大学的就是人才。现在大学扩招，教育已趋向普及化，大家都有受教育的机会。可是一些学生和家长的观念却没有转变，求职期望值非常高，与现实不符。这样就给学生造成极大的心理压力。第八，社会贫富差距大。有的学生家里经济条件比较好，穿名牌衣服，过生日请同学吃饭，这都会对那些贫困生的心理造成很大的压力。

我们认为，大学生是一个独特的群体，其心理危机具有以下两方面的鲜明特点。第一，发展性。大学生面对许多成长中必须解决的发展性课题，这些课题反映了社会对大学生角色的要求，它们既是大学生成长的外部动力，也是潜在的应激源。大学生许多心理危机具有发展性的特征，如果能够得到及时干预处理，帮助他们安全渡过危机，会使他们从中获得宝贵的经验。第二，易发性。大学生处在走向成熟的过渡阶段，生理方面更多具备了成人的特征，但社会阅历和经验相对不足，处理问题的社会经验和能力更是有限，这种反差使得心理危机在他们身上十分容易得到表现乃至爆发。近年来，高校自杀学生人数不断增加，像马加爵杀人案等恶性事件时有发生，都从另一角度佐证了大学生心理危机的易发性。

构建完善的大学生心理健康教育体系，培养健全的人格，是预防心理危机的根本途径。

（一）重视提升自身心理素质

心理素质差是导致心理危机的最直接的内在动因。因此，个人在平常生活里就应该关注自身心理健康，主动了解基本的心理健康知识，并且积极地去培养自身的心理素质。大学生尤其要注意培养自己对挫折的忍受能力和对情绪的调控能力，不要抱着一种侥幸心态敷衍了事。此外，还要提高对自身心理状况的觉察力，一旦发现产生自杀意念，便要及时实施自我救助，例如转移注意、避开刺激物等。

（二）重视打造自己的社会支持系统

一个人在面临心理危机的时候，一个成熟的社会支持系统可以给予莫大的帮助。所以大学生一定要意识到人际支持的重要性，学会和他人交流与沟通，掌握"聆听"和"倾诉"的技能，努力建立一个有一定规模、密度并具异质性的支持系统。

(三) 培养参与文体活动的习惯

参与体育运动或文娱活动,在一定程度上有助于不良情绪的释放和宣泄。因此,大学生在平常生活里应该积极参与各种文体活动,维持自身的情绪健康。

(四) 学会向心理咨询专业人士寻求帮助

受传统文化的影响,大学生在面对个人生活困难的时候,倾向于"自我消化",认为"时间是最好的心理医生"。这种"时间疗法"对一些琐事是有效的,但是在面临个人重大生活事件的时候,个体往往难以自己排解,这种"自我消化"就无异于"自我折磨"。独立解决问题固然是一项优秀的特质,学会求助也是现代人应该具备的素质之一。尤其面临自杀危机的时候,大学生应该尽快向心理老师等心理咨询专业人员寻求帮助。

三、自杀干预

自杀干预,是指采用各种影响策略,对存在自杀倾向或自杀行为的人进行直接危机干预的过程,是自杀预防的重要组成部分。一般来说,这种干预是由学校里的专业心理咨询人员来进行的。但从"以防万一"的角度出发,我们认为大学生也应该对这种干预策略有初步的了解。

(一) 倾听

任何一个处于心理危机中的人,他最迫切的需要就是有人能够倾听他所传达出的信息。对有自杀可能的人的指责只会阻碍有效的交流。我们应努力去了解有自杀可能的人的潜在情感。

(二) 对处于危机中的人的思想和情感进行评估

对任何自杀的想法都要认真对待。如果处于危机中的人已对自杀作了详细的计划,那么自杀的可能性要比仅仅想到自杀时大得多。在做出自杀行动之前,他们既可能表现得很安静,也可能表现得情绪波动大。如果个体既处于明显的抑郁之中,又伴有焦躁不安,这时出现自杀的危险性最大。

(三) 接受所有的抱怨和情感

对于危机中的人的任何抱怨都不要轻视或忽视,因为这可能对他们来说是非常严重的问题。在某些情况下,处于危机中的人可能以一种不经意的方式谈到他们的不满或抱怨,但内心却有着剧烈的情感波动。

(四) 不要担心直接问及自杀

处于情绪危机中的人可能会隐约涉及自杀问题,但却不一定明确提出来。根据过去的经验,在适当的时候直接询问这一问题并不会产生不良的结果。但一般应在会谈进行顺利时询问这一问题,当然,与处于危机中的人建立良好的协调关系后再问这一问题效果会更好。处于危机中的人一般比较喜欢被直接问及自杀的问题,并能公开地对此进行讨论。

(五) 要特别注意那些很快"反悔"的人

处于危机中的人经常会因为讲出了自杀的念头而感到放松,并且容易错误地以为危机已过。然而问题往往会再次出现,这时的自杀预防工作就更为重要。

（六）做他们的辩护者

处于危机中的人，他们的生活需要有坚定、具体的指导。这时，我们要向他们传达这样的信息：他们所面对的问题已处于控制之中，并且治疗者会尽全力阻止当事人自杀。这样可以让当事人有力量感。

（七）充分利用合适的资源

每一个个体都既有内部资源，又有外部资源。心理资源包括理性化、合理化以及对精神痛苦的领悟能力等。如果这些资源缺乏，问题就很严重，必须有外界的支持和帮助。

（八）采取具体的行动

要让当事人了解你已经做好了必要的安排，例如，在必要时安排他住院或接受心理治疗等。对一个处于危机中的人来说，如果他觉得在会谈中一无所获，他会感到一种挫折感。

（九）及时与专家商讨和咨询

根据问题的严重程度，要及时与有关专家取得联系，任何事都由自己一个人去处理是很不明智的。但同时应在处于危机中的人面前表现得沉着，让对方感到他的问题已处于完全的控制之中。

（十）决不排斥或试图否认任何自杀念头的"合理性"

当有人谈到自杀时，决不能把这一问题看成是"操纵性的"或并不是真的想自杀。如果这样做，处于危机中的人会真切地感受到这种排斥或谴责，这是很不明智的。

（十一）不要试图"大喝一声"就让试图自杀的人幡然醒悟

公开与试图自杀的人讨论自杀并劝告他停止自杀，并相信这种讨论会使对方认清自己的问题，这种想法是很危险的，可能会导致悲剧的发生。人们应该指出如果当事人的选择是死亡，那么这样的决定就是不可逆的。只要生命尚存，就有机会解决存在的问题，而死亡同时也终止了任何出现转机的机会。同时也应该强调情绪低落的阶段是会过去的，情绪低落虽然是对自我的限制，但它也是有周期的。当抑郁症状再次出现时，人们应同时看到它不久又会消失。当事人正处于自杀或其他的情绪危机中时，不能自己一个人单独去面对。当一个人孤立无援或缺乏人际接触时，自杀的危险性会大大提高。

总之，生命是宝贵的，生命是美丽的，生命是值得赞颂和尊重的，维持并珍惜生命是一种善，而破坏或阻止生命则是恶。选择自杀，不是由于对死亡有多么迷恋，而是把死亡当成解决问题或消除痛苦的一种方法。不过，这是一种最糟糕的方法，而自杀是一种不必要的死亡。人生路上多风雨，无论面临多大的困难，我们每个人都应该深深地铭记：脚下，始终有路；身边，始终有人。

第四节　直视骄阳

死亡这个话题往往是沉重的，令人忌讳的，甚至是让我们心生畏惧的。也许是出于对未知领域的恐惧抑或是对于美好生活、人情冷暖的不舍，都会加剧这种不安和恐惧。

那么，如何正确面对死亡呢？

一、摆正心态

生命的逝去是自然界中再平常不过的一种现象，它不仅是意味着往事记忆的完结，更是迈向新生的必经之路。所以有生老病死，人之常情的慨叹。相对于钱权名利、身世背景来说，每个人的生命只有一次，这是绝对的公平，所以我们应该摆正心态，顺势而为即可。

二、珍视当下

珍视当下，其实就是珍惜时间，为什么大多数人为了钱权名利整日忙忙碌碌，当财富到手的时候得到的并不是真正的幸福和快乐呢？盲目、贪婪地拿时间与健康去换取浮夸的物质生活，得到的只能是精神世界的空虚和子欲养而亲不待的悲凉。

三、少留遗憾

人生不如意十有八九，所以难免会有所遗憾，我们可以做的就是尽量让遗憾和悔恨在可控范围内减少一些，比如多陪伴长辈，进行一次说走就走的旅行，向暗恋的女孩儿表白，等等。只要是力所能及的，都可以去努力尝试。

四、坚强独立

坚强独立也是克服死亡恐惧的一个重要的因素，因为过度的依赖性会造成你对未来生活的迷茫和恐慌，当大灾大难或不可预知的噩耗来临时，一旦长期的依靠倒下，你的精神世界也会随之崩塌，不利于你勇敢地面对新的生活。真正有信仰的人，他的精神世界是超脱生与死的。

五、与人为善

不仅要对自己的亲戚朋友好，还要学会善待身边人，不要轻易与任何人结仇结怨，俗话说："冤家宜解不宜结。"只有珍惜眼前人，尝试着换位思考才能充分感受到生存的意义。

【心灵拓展】

一、团体活动

沧海一粟——树与人

活动目标：

（1）协助学生感悟生命存在的意义；

（2）协助学生检视自己的生命历程；

（3）协助学生领悟人生命的可贵。

活动主题：生命存在的意义。

活动目的：体验人生的短暂。

活动内容：

（1）参天大树；

（2）树与人的对话；

（3）分享时刻。

理论分析：生命教育在生理与身体层面的目标，主要是促进学生本人生理与身体的成长和发展，增进身体的健康；学习对物质适度的感受与期待，使个人得以减少对物质的沉迷，以使有限的人生不至于过度耗费在追逐感官的享受与物欲的满足上，而能投注精力在心理层面的成长与发展上，努力发展出更具独特性与社会性的生命意义，提升个人的人生与生命的价值。

活动方式：绘画法。

活动材料：纸、彩笔。

活动过程如下。

（一）热身活动

自然界中都有哪些种类的树？你喜欢哪种树？

（二）分组

按树的种类分组（杨树组、松树组、白桦树组、柳树组、苹果树组等）。

（三）发展活动

（1）参天大树。

每个同学画出自己喜欢的大树，想象它有多少岁，经历了多少风风雨雨，饱受了多少世间沧桑，它都有哪些价值？自己和它相比，是怎样的感觉？

（2）树与人的对话。

每个同学与自己画的树进行一次心灵的对话，并将对话写在树的下方。

（3）分享时刻。

①小组分享与讨论。

②全班分享与讨论。

③辅导教师结合大家的"作品"进行总结。

二、电影欣赏

观看电影《荒岛余生》，并进行分享与讨论：如果让你用几句话来形容生命，或对生命的看法，你会怎么诠释呢？

第九章

成长中的助力器——心理咨询

写在篇前

社会的发展与进步,时空的延伸与扩展,给予人们更多的自由和选择,也给予人们更多的烦恼和压力。据世界卫生组织统计,在21世纪,全球每5人中就有1人患有不同程度的心理疾病。在竞争激烈的今天,拥有健康的心理,提高生命的质量,已成为越来越多人的愿望。现代人需要心理咨询,现代人离不开心理咨询,心理咨询是现代人的精神按摩。

心理格言

这世界除了心理上的失败,实际上并不存在什么失败,只要不是一败涂地,你一定会取得胜利的。
——(英)亨·奥斯汀

尊重生命,尊重他人,也尊重自己,是生命进程中的伴随物,也是心理健康的一个条件。
——(美)弗洛姆

不要每逢看见儿童受了一点点痛苦就去哀怜他们,或让他们自己去怜悯自己。我们此时应该尽力帮助他们,安慰他们,可是千万不能怜悯他们。因为怜悯会使他们的心理变脆弱,使他们遭受一点点轻微的伤害就支持不住,结果往往是,他们更加沉浸于受伤的部分,伤害更加扩大化了。
——(英)洛克

知识导航

第一节 心理咨询概述

一、心理咨询的起源与发展

心理咨询,作为心理学为人们提供帮助的一种实践应用,是在心理学理论与技术充分发展的前提下，顺应社会发展的需要而诞生的。现代意义上的心理咨询最早出现于20世纪的美国。它以帕森斯（F. Parsons）的职业指导运动、比尔斯（C. Beers）的心理卫生运动、心理测量运动和心理学中对个体差异的研究及以罗杰斯（C. Rogers）为代表的非医学、非心理分析的咨询与心理治疗的崛起为起源。到1951年，美同心理协会（APA）成立了第17个分会——心理咨询与指导分会。1953年改名为咨询心理分会，同年，创办《咨询心理学》杂志。20世纪60年代以后，心理咨询开始走出美国，走向世界。20世纪70年代以后，西方心理咨询进入大发展阶段。在上述各阶段，都出现了代表性的人物、理论流派和著作。

我国现代意义上的心理咨询和治疗最早见于文献的是1917年江苏的"中华职业教育社"。改革开放为心理咨询和治疗创造了良好的条件，我国的心理咨询工作发展很快。首先是在医疗卫生部门如一些精神病治疗机构和综合性医院开设了心理咨询门诊。20世纪80年代中期，武汉、上海、浙江、北京的一些高等学校也开展了心理咨询工作。此后，许多高校也相继建立了心理咨询中心或心理咨询室。1990年"中国心理卫生协会大学生心理咨询专业委员会"正式成立，一些省、市相继成立了省级协会，这些学术组织在加强大学生心理咨询学术探讨、经验交流、人员培训等方面发挥了积极的作用。2001年3月16日，教育部下发了《关于加强普通高等学校大学生心理健康教育工作意见》，对高校心理健康教育与心理咨询工作提出了新的要求，规定了高校心理健康教育的主要任务和内容，确定了工作的原则、途径和方法，对队伍建设、师资培训、经费来源与保障等提出了可行性建议。2005年1月12日，教育部、卫生部、共青团中央联合下发了《关于进一步加强和改进大学生心理健康教育的意见》，进一步明确了大学生心理健康教育的总体要求和心理健康教育及心理咨询的工作目标。2011年2月23日教育部印发了《普通高等学校学生心理健康教育工作基本建设标准（试行）》，进一步规范了大学生心理健康教育建设标准。以上一些政策性文件的下发，对我国大学生心理健康教育和心理咨询工作起到积极的推动作用。

二、心理咨询的定义

咨询（counseling）一词译为"咨商"或"辅导"，含有商谈、会谈、征求意见、寻求帮助、顾问、参谋、劝导、辅导等意思。"心理咨询"一词既可以表示一门学科，即"咨询心理学"，也可以表示一项工作，即心理咨询服务。在我国香港，一般将心理咨询称为心理辅导。

心理咨询至今尚未统一定义，古今中外的不同学者有着不同的说法。著名的心理学家泰勒（L. E. Tyler）认为："咨询是一种从心理上进行帮助的活动，它集中于自我同一感的成长，以及按照个人意愿进行选择和做出行动的问题。"人本主义心理学家罗杰斯认为，心理咨询是通过与个体持续的、直接的接触，向其提供心理帮助并力图促使其行为态度发生变化的过程。美国心理学家卡尔纳对咨询的定义是：心理咨询是指一种专门向他人提供帮助与寻求这种帮助的人们之间的关系。在这种关系中，助人者的手段及其所创造的气氛使人们逐步学会以更积极的方法对待自己和他人，心理咨询能够为人们提供全新的人生经验和体验。我国台湾心理学家郑心雄认为"心理咨询是受过专业训练的、合格的专业人员帮助来访者，使其能够发动、整理并综合自身的思维能力，进而求得自我了解，迈向自我实现的过程"。我国香港学者林梦平博士对心理咨询的定义为："咨询是通过人际关系，应用心理学方法，帮助来访者自强自立的过程"。

我们发现，对心理咨询的内涵与外延的界定往往因理论流派及职业特点等因素的差异而不同。无论怎样对心理咨询下定义，要想正确地理解心理咨询，必须重点把握以下几点。第一，心理咨询建立在良好的咨访关系基础上。在心理咨询的过程中，咨询师与求助者需建立起一种信任、真诚、尊重、友好的关系。即，来访者充分地信赖咨询师，向咨询师敞开心扉，毫无保留地倾诉自己内心的烦恼和困惑；同时咨询师给予来访者充分地理解、关注和支持。正是这样尊重、理解和相互信任的关系，使咨询师能在来访者的倾诉中找到问题的症结所在，从而帮助来访者重新认识和调整自己，获得自我发展和自我成长。第二，心理咨询是在心理学有关理论指导下，由受过训练的专业咨询师进行的活动。在日常生活中，人们可以通过谈心或谈话来提出建议，安抚不良情绪，为他人提供帮助，但这都不是心理咨询。心理咨询必须以心理学的理论为基础，以心理学的方法和技术为手段，帮助来访者解除心理困扰，促进心理健康成长。第三，心理咨询的过程是一个"助人自助"的过程。咨询的重点是站在更高的层次上给予来访者以人生的启迪，使其能够敢于面对自己和自己的感觉，并作出积极的行动，即进行自助，而不仅仅是教导、安慰和鼓励等，更不是包办解决问题和帮助进行决策，咨询不应给来访者提供结论性意见，应促使来访者自己负起责任。第四，咨询的过程中有时需要通过心理测验对来访者进行判断（如智力、个性、心理健康状况等），但仅有心理测验是不够的，不能算是心理咨询。

三、心理咨询的对象

社会上不少人对心理咨询存在误解，认为接受心理咨询就是有心理问题，甚至将心理问题与精神病等同起来。为更好理解心理咨询的对象，我们引用国内学者张小乔的观点对心理咨询的对象进行描述。张小乔指出：如果把精神正常比作白色，把精神不正常比作黑色，把介于正常与不正常之间的灰色区域分为浅灰色与深灰色，则各色系上的人群特点及心理咨询师的工作重点如图9-1所示。

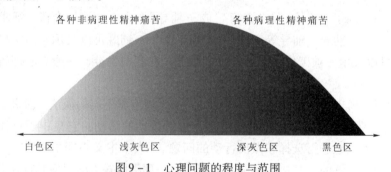

图9-1　心理问题的程度与范围

白色区——健康人格；浅灰色区——有心理冲突者；深灰色区——人格异常者；黑色区——人格变态者

（一）白色区域

白色区域为完全健康的人。这类人有很好的自我调适能力，很少主动寻求心理咨询的帮助。咨询师以提供发展性咨询为主，比如在他们面临择业求学、婚姻家庭、社会适应等发展问题时，指导他们作出理性选择。

（二）浅灰色区域

浅灰色区域为有一般心理问题的人。这类人通常由于学习工作压力、情感纠葛、家庭变故、丧失亲人、人际关系、意外事件等问题引发了内心强烈的矛盾冲突、精神压抑等，如果长期无法自行调节，就容易导致适应及情绪障碍。这类人属于心理咨询的服务对象，也是高校心理咨询的主要对象。

（三）深灰色区域

深灰色区域为各种神经症、人格障碍和性心理障碍等比较严重的心理障碍患者。这类人心理问题相对比较严重，咨询花费的时间会比较长，应当由心理医生进行心理治疗和干预。但由于我国心理咨询和心理治疗工作起步较晚，只有部分心理咨询师在承担这方面的工作。但是，自2013年5月1日新《精神卫生法》生效以来，心理咨询师已不再具有接诊这类人的资格了。

（四）黑色区域

黑色区域的是心理不正常的人，一般指精神病人，这类病人在发病期间对自己的病情缺乏自知力，不能对自己的问题进行理性的思考和分析，属于精神医院精神科医师的工作对象。不过这类人在恢复意识的康复期，可在心理咨询师与精神科医师的协同下对其进行心理咨询的辅助治疗，以帮助其恢复社会功能。

四、心理咨询的形式

心理咨询按照不同的划分标准，有不同的形式。

（一）按照咨询的时长分类

可分为短程咨询、中程咨询和长程咨询。

1. 短程咨询

短程咨询是指在相对短的时间内（一般是1~3周）完成咨询。资料的收集和分析集中在心理问题的关键点上，就事论事地解决来访者的一般心理问题，追求近期疗效，对中、远期疗效不做严格规定。

2. 中程咨询

中程咨询是指在1~3个月完成咨询，可涉及较严重的心理问题，咨询师应制定完整的咨询计划，追求中期以上疗效。

3. 长程咨询

对于存在严重心理问题或神经症性心理问题的患者，需要采用长程心理咨询，一般用时在3个月以上。咨询师要制订详细的咨询计划，追求中期以上的疗效，建立良好的治疗联盟，保障来访者坚持治疗。

（二）按照咨询对象的数量分类

可分为个别咨询和团体咨询。

1. 个别咨询

个别咨询是由一名咨询师对单个来访者进行单独咨询，它是心理咨询的主要形式。这种咨询既可以采用面谈的方式，也可以通过电话、信函等其他途径进行。其优点是来访者顾虑较少，可基本无保留地倾吐内心的秘密；咨询人员可以耐心、深入地进行解答、劝导和帮助。不足之处是咨询对象少，费时费力，社会影响也较小。

2. 团体咨询

团体咨询是由求助者组成小组（每组2人以上至几十人，一般以10人左右为宜），在咨询师的带领下，运用适当的策略和方法对小组共同存在的问题进行体验、探讨、交流和学习，从而解决他们共同的心理问题的一种形式（图9-2）。其优点是：①感染力强。团体咨询不像个别咨询那样是单向或双向影响，而是多向性交流。来访者可以观察到其他人也有与自己类似的苦恼，有助于自我认识，也有助于稳定情绪。由于来访者之间的问题比较接近，解决问题的迫切性相同，从而促使他们开展讨论，集思广益，也促使他们相互支持，相互影响。这就是所谓的"集体方程"。②效率高。团体咨询可解决咨询人员不足的矛盾，扩大咨询对象的数量，提高咨询工作的效率。③对治疗孤独、焦虑、害羞等人际交往问题具有重要作用。

图9-2 团体治疗模型

团体咨询活动本身就可以给咨询对象提供参加社交活动的机会，通过示范、模仿、练习等方法，逐渐克服各种交往障碍。不足之处是难以对个体进行深入研究，成员间不易倾吐心中的隐私，也不好评估咨询工作的效果。

（三）按照咨询的途径分类

可分为门诊咨询，网络咨询，电话咨询，现场咨询和宣传咨询。

1. 门诊咨询

门诊咨询是通过医院或咨询中心的心理咨询门诊进行咨询的一种形式。咨询程序与医院的临床各科门诊程序相仿，首先由来访者挂号，办理门诊手续，然后由心理咨询人员接诊。在接诊中，咨询人员通过来访者的倾诉或必要的心理检查，搞清来访者的问题症结和心理疾病的本质，作出正确的病情判断，并施以相应的心理治疗。门诊咨询对咨询人员有较高的要求，咨询人员不仅应具有一般的临床知识和经验，而且还要具备比较全面的心理学知识和心理咨询、心理治疗的专门技能，否则很难起到良好的咨询效果。

2. 网络咨询

网络咨询是由咨询人员以网络的方式解答心理问题的一种形式。其优点是简便易行,可以不受距离远近的约束,不足之处是受咨询人员的文化水平、思维方式、义化修养等限制,对咨询对象的心理状况、病态表现等无法全面地观察,这些都限制了网络咨询的效果。

3. 电话咨询

电话咨询是利用电话给咨询对象以劝告和安慰的一种咨询形式。电话咨询在防止由于心理危机所酿成的悲剧(如自杀与犯罪)方面有特殊价值。心理咨询人员日夜守候在电话机旁随时帮助咨询对象度过危机,必要时还可以赶赴咨询对象的所在地进行直接疏导帮助。电话咨询被人们誉为"希望线""生命线"。电话咨询的优点是咨询速度及时,不分昼夜,不论远近。当事人在精神崩溃的紧急关头,如果能得到心理上的支持,的确可起到扭转乾坤的作用。

4. 现场咨询

现场咨询是由咨询人员深入学校、家庭等现场,对咨询对象提出的问题给予帮助或解答的一种咨询形式。咨询人员通过对咨询对象所处的实际环境与背景的了解,可以提出更加准确、中肯而有效的意见。对咨询对象来说,则比较方便和自然。在我国心理咨询服务尚未形成合理的组织体系时,咨询人员适当开展巡回咨询、现场咨询,对于满足社会成员的现实需求有着重要作用。

5. 宣传咨询

宣传咨询是通过报纸、杂志、广播、电视等大众媒介,对读者、听众或观众提出的典型心理问题进行解答的一种咨询形式。这种宣传性质的咨询目前比较普及。许多报刊、电台都设置了专栏或专题节目,对读者或听众提出的各种问题进行解答。宣传咨询的优点是面广量大,具有治疗与预防并重的功能,好的专栏或节目会引起人们的关注,是普及心理健康知识的良好方法,这是其他形式的心理咨询所不及的。

(四)按照咨询的内容分类

可分为障碍咨询和发展咨询。

障碍咨询指针对存在不同程度心理障碍的来访者进行的咨询,从轻微精神病患者到轻微心理失调者;发展咨询指对希望开发自己潜能、作出更好选择的来访者进行的咨询。

五、心理咨询的作用与原则

(一)心理咨询的作用

(1)教会当事人管理自己的情绪,使当事人拥有积极稳定的情绪。

(2)帮助当事人学会认识自我和世界,拥有完善的认知体系。

(3)帮助当事人恢复爱的能力,学会幸福的工作和幸福的爱。

(4)拥有健全人格,摆脱自卑、自恋、自闭等不良心态。

(5)帮助当事人摆脱痛苦,教会当事人应付挫折的方法。

(6)帮助当事人度过人生各个发展阶段的种种危机。

(7)习得新的经验,提高处理自身和外部世界关系的心理能力。

(二) 心理咨询的原则

1. 咨询师应遵循的原则

（1）共情原则。

共情（empathy）也叫作共感或同感。罗杰斯这样描述共情：共情就是咨询师要设法站到来访者的眼球背后，用来访者的眼睛来看他（她）所看到的那个世界。这也是中国文化所崇尚的设身处地、将心比心的境界。我国香港心理学家林孟平曾经用一个很形象的方式来解释"共情"。她站在讲台上，右手举着一块手表，请大家看这手表。她提醒大家注意，这时候大家看见的这块手表的形状和她侧脸看着的手表形状是不一样的，大家看见的是手表的正面，林孟平看见的是手表的侧面。这时她解释说，假如在座的哪一位与她有同感，就必须设法看见她眼中这块手表的形状。也就是说这个人必须站起来，离开自己的位子，站到林孟平边上，而且要尽可能贴近她，才可能大体接近看见林孟平眼中那块手表的形状。这就是共情。

（2）尊重原则。

心理咨询师要尊重每一位来访者，把来访者当一个人来尊敬，让来访者能够充分感知到有人真正相信他（她）是有意愿和能力去发掘自我内在的潜能的。尊重来访者是一个重要的前提，在这个基础上，咨询师才能营造一个向上的氛围，促动来访者去自主权衡、抉择，去激活自我内在的积极的潜能。

（3）无条件接纳原则。

没有任何隐含条件地完整地接纳每一位来访者。"接纳"不等于"接受"，不等于"赞同"。接纳指的是不排斥来访者，完整地正视来访者，而不是选择性地注意来访者。只有这样才可能真正同感来访者，理解来访者，才可能达到帮助来访者的目的。心理咨询没有要求咨询师必须赞同来访者，但是必须接纳、共情和理解来访者。

（4）助人自助原则。

助人自助即帮助来访者是为了让来访者能够更好地帮助自己，而不要让来访者在心理咨询的过程中靠到了心理咨询师的肩上，依赖心理咨询师。在心理咨询的过程中做到"助人自助"的技术有两个方面。一方面，在心理咨询过程中，咨询师不是提供要怎么做的具体方法，而是要提供能够帮助来访者自己最终找到解决问题的各项前提条件。譬如，不是告诉来访者怎样处理同学间关系导致的心理问题，而是通过共情、理解、解释、启发性提问等技术，让来访者自己找到最适合自身情况的解决人际心理问题的具体方法。另一方面，适当地介绍一些咨询心理学的理论与方法。譬如，面对人际关系导致的心理问题，可以介绍一些暗示、投射，以及认知心理疗法和行为心理疗法的具体方法。这样的处理比较容易帮助来访者在以后遇到类似问题时，能够自己帮助自己，甚至帮助身边的人。

2. 来访者应遵循的原则

（1）自愿原则。

自愿原则是指每一次咨询都是以来访者愿意使自己有所改变为前提，主动寻求咨询师的帮助，同时咨询师以"来者不拒，去者不追"的态度尊重来访者的意愿。自愿原则也指来访者与咨询师匹配的过程中，对咨询师进行了解，自主选择自己信任的咨询师。

(2) 开放原则。

首先,开放原则要求来访者以坦诚的态度表露自己的真实想法,只有这样,咨询师才能全面了解来访者的信息,找到解决问题的切入点。其次,心理咨询过程中会用到一些特殊的技术和方法,咨询师也会对来访者提出一些建议和要求,来访者只有以开放的心态去接纳、尝试,才有可能带来真正的改变。当然,来访者的开放是以咨询师遵守保密原则为前提的。

(3) 主动投入原则。

我们知道,来访者是自我成长、自我改变的责任主体,咨询师只是实现来访者自我觉察与分析的促进者。因此,来访者的投入不仅表现在咨询室中,而且在实际的生活情境中,而且来访者也应该学着用咨询室里学到的新视角和新方法来看待事物,做到每时每刻都保持努力觉察和分析自己,尝试新的处理问题的方法,学习新的行为,获得新的体验。

六、心理咨询的基本理论和方法

心理咨询作为一门科学,有其自身的理论和方法。近百年来,经许多学者的努力,已形成了诸多流派。下面简单介绍几种具有代表性的流派的基本理论和方法。

(一) 心理分析法

在所有心理咨询与治疗理论中,由弗洛伊德 (S. Freud, 1856—1939) 在 19 世纪末所创立的精神分析是历史最悠久、影响最深远的一个学派。其理论要点及技术特征如下。

(1) 人的心理活动分为意识、前意识和潜意识 3 个部分。意识是觉知到的经验;前意识是平时感觉不到却可以经回忆而觉知到的经验;潜意识是指觉知不到却没有被清除而是被压抑了的经验。许多心理障碍是由于那些被压抑在潜意识中的本能欲望没有得到释放的结果。

(2) 人格由"本我""自我""超我"3 部分组成。其中本我是个人最原始、最本能的冲动,依照"快乐原则"行事;自我是个人在与环境接触中由本我衍生而来的,它依照"现实原则"行事,并调节本我的冲动,采取社会所允许的方式行事;超我是道德化的自我,依照"道德原则"行事,是良知与负疚感形成的基础。本我、自我、超我之间的矛盾冲突与协调构成了一个人的人格基础。个体的心理健康源于三者的协调一致。

(3) 个人消除焦虑、维护心理健康时,常采用"自我防卫机制",如解脱、补偿、合理化、投射、转移、升华及理想化等方式。这些心理防卫都是潜意识的,但若过分使用,则可能造成心理疾病和人格扭曲。

(4) 治疗心理疾病的主要方法是梦的解析、自由联想、阻抗的破除、移情和解释。其特点是强调通过对以前经验的再分析来解除压抑,使潜意识化为意识并在情绪上有所领悟。

精神分析法是以来访者愿意接受咨询,受过适当教育,能理解咨询师的解释,并遵守咨询规则为前提的。精神分析法所需时间较长,半年、一年或更长,每周一般 2~3 次,且不宜间断。

(二) 行为疗法

行为疗法也称行为矫正法,强调通过对环境的控制来改变人的行为表现。行为疗法的基本理论由 3 部分组成,即著名生理学家巴甫洛夫 (Z. P. Pavlov) 的经典条件反射理论、著名心理学家斯金纳（B. F. Skinner）的操作条件反射理论和班杜拉（A. Bandural）的社会学习理论（模仿学习理论）。其主要理论要点及技术特征如下。

（1）人的所有行为都是通过条件作用而习得的习惯性反应，正强化该行为便巩固，负强化该行为则消退。

（2）心理咨询与治疗的目的在于利用强化使患者模仿或消除某一特定的行为习惯，建立新的行为方式。因此，心理咨询的目标要明确和具体，主张对患者的问题采取就事论事的处理方法，而不必追究诸如个人潜意识和本能欲望等心理原因对偏差行为的作用。

（3）行为疗法的常用技术包括放松训练、系统脱敏法、厌恶疗法、代币制、生物反馈、条件操作法、模仿法等，其核心是控制环境和实施强化，使患者习得良好行为，矫正不良行为。

行为疗法可操作性强、效果好，深受咨询师和来访者的欢迎，广泛运用于咨询的实践中，尤其对消除大学生的考试焦虑情绪有特殊的作用。目前行为疗法的一些简单的技术已在国内普遍运用。但在实际实施的过程中，还应注意强化的实际和强化量的大小。

（三）人本主义疗法

人本主义疗法是以接受咨询的来访者为中心的一种疗法，是由人本主义心理学或人本论的理论发展而成的一种疗法。人本主义心理学中有两大重要理论：一是马斯洛的以需求层次为基础的自我实现理论，如图9-3所示；二是罗杰斯的以自我观念为基础的自我论。人本主义疗法的理论和技术要点如下。

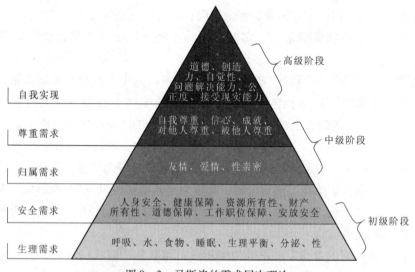

图9-3 马斯洛的需求层次理论

（1）人性都是积极向上的，且都有能力发现自己的缺陷和不足并加以改进。心理咨询关注的是当事人的情感体验，其目的不在于操纵一个被动的人格，而是协助来访者自省自悟，充分发挥其潜能，帮助当事人达到自我实现的理想人生境界。

（2）在心理咨询中咨询者要以真诚、无条件的尊重和同理心来接待来访者，重视来访者在现实中面临的问题，而避免对来访者进行诊断。心理咨询过程从来访者陈述开始。由此，来访者及咨询专家都能够对问题有一个充分的理解和洞察。在这一过程中，咨询者与来访者充分地就今后的咨询方法、方向及解决问题的手段等问题进行磋商，来访者据此做出决定。在整个咨询过程中，咨询者只从侧面向来访者提供心理援助。由于这种方法不向来访者作出指示或具体指导，因此又被称为非指示的心理咨询。

（3）在操作技巧上，人本主义疗法反对操纵或支配来访者，主张在谈话中采取不指责、不评论和不干涉的方式，鼓励来访者言尽其意、直抒己见，以创造一个充满真诚、温暖和信任的气氛，使来访者无忧无虑地放开自我。

（四）认知疗法

认知疗法是指经由解说和指导的再教育方式纠正来访者既有的对人、对己、对事理的错误思想和观念，从而协助其重组认知结构，使来访者自行感受到"今是而昨非"的咨询效果。认知疗法是以认知理论为基础而发展来的。以心理学家艾利斯（A. Ellis）在20世纪50年代创立的合理情绪疗法，也称理情疗法或理性情绪疗法（Rational – emotive Therapy，RET）颇具代表性。其主要理论和技术观点如下。

（1）人既是理性的，又是非理性的。人的精神烦恼和情绪困扰大多来自其思维中的非理性信念。它使人逃避现实，自怨自艾，不敢面对现实中的挑战。当人们长期坚持某些不合理的信念时，便会导致不良的情绪体验；而当人们接受更加理性与合理的信念时，其焦虑及其他不良情绪就会得到缓解。

（2）合理情绪疗法的咨询目标是以正确的、理性的信念除去和取代来访者非理性的、不合理的谬误信念。来访者的非理性信念常常有3个特征：绝对化的要求、过分概括化和糟糕透顶。例如，有价值的人应该在各方面都比别人强；任何事物都应按自己的意愿发展，否则会很糟糕；人应该得到生活中所有对自己重要的人的喜爱和赞许；等等。

（3）其核心是ABC理论。A指诱发性事件；B指个体在遇到A之后，对该事件的看法、解释和评价，即信念；C指该事件后个体的情绪及行为结果。ABC理论认为，不是A引发了C，是B引发了C，即不是事件直接引发了不良情绪结果，而是由信念引发的。

（4）该疗法主要包括4个步骤。第一，帮助来访者明了自己的非理性信念，以及与消极情绪之间的联系；第二，来访者明了目前的消极情绪来自自己，自己应对自己的消极情绪和行为负责；第三，帮助来访者改变非理性信念，调整认知结构；第四，帮助来访者学习理性信念，并使之内化为自己的信念。常用技术有辩论法、理性情绪想象法以及家庭作业法等。

（五）格式塔疗法

格式塔疗法是由美国心理治疗专家弗雷里克·S·皮尔斯博士创立的。格式塔疗法是自己对自己所作所为的觉察、体会和醒悟，是一种修身养性的疗法。其基本原则如下。

（1）生活在现在。不要老是惦念明天的事，也不要总是懊悔昨天发生的事，把你的精神集中在今天要干什么上。

（2）生活在这里。对于远方发生的事，我们无能为力。杞人忧天，对于事情毫无帮助。所以记住：你现在就生活在此地，而不是生活在其他地方。

（3）停止猜想，面向实际。

（4）暂停思考，多去感受。现代社会要求人们多去思考而少去感受。人们整天所想的，就是怎样做好工作,怎样考出好成绩,怎样搞好和领导与同事的关系等,因而容易忽视或者没有心思去观赏美景,聆听悦耳的音乐。感受可以调整、丰富你的思考。

(5) 接受不愉快的情感。人们通常都希望有愉快的情感,而不愿意接受忧郁的、悲哀的、不愉快的情感。正确的态度是既要接受愉快情绪,也要有接受不愉快情绪的思想准备。

(6) 不要随意作判断。先要说出你是怎样认为的。这样做,就可以避免与他人不必要的摩擦和矛盾冲突,也可以避免自己产生无谓的烦恼与苦闷。

(7) 不要盲目地崇拜偶像和权威。

(8) 我就是我。从起点做起,充分发挥自己的潜能,做好我能够做好的事情。

(9) 对自己负责。人们往往容易逃避责任,寻找借口,把自己的过错、失败都推到客观原因上。

(10) 正确自我估计。把自己摆在准确的位置上。光阴似箭,日月如梭,生命是没有轮回的单轨道,让每个人都能重新审视自己,享受快乐的人生。

(六) 交互分析疗法

"交互分析疗法",由伯尔尼(Eric Berne,1910—1970)创立于20世纪50年代,其主要观点有以下几点。

(1) 人格由3种自我状态组成,即"父母式自我"(Parsent Self)、"成人式自我"(Adult Self)和"儿童式自我"(Child Self)。其中P代表父母的价值观,是其内化的结果,偏向权威化;A是个人对外界环境的客观反映与评价,它既不情绪化,也不权威化;C是人格中的儿童欲望与冲动的表现,是其本能部分,偏向情绪化。这三种自我状态,构成了人格冲突与平衡的基础。

(2) 人皆渴望得到他人,特别是得到生活中对自己重要的人的爱护与肯定。这通常包括父母、师长、领导、朋友、恋人等。个人在人格成长中得到的关爱与肯定越多,其人格冲突便越少,自信心则越强。正面的"父母式自我""成人式自我""儿童式自我"之间的交互作用,会产生积极、正面的生活脚本(Life Script);反之,则会导致不良的人格表现,使人在交往中充满焦虑和自卑。

(3) 心理咨询的目的,在于使来访者成为一个统合之人(Integrated Person),使个人从"父母式自我"与"儿童式自我"的交互模式中解脱出来,增强"成人式自我"的效能,而不再受他人的支配。由此,学会与人建立亲密的人际关系,并在交往中学会自我反省,是"交互分析疗法"的核心任务之一。

(4) 在操作技巧上,"交互分析疗法"十分强调倾听分析的作用。它旨在推动来访者深刻反省其人格中"父母式自我"与"儿童式自我"的冲突,以"成人式自我"的眼光来审视个人的生活脚本,积极地面对生活的各种挑战,增强自信心。

第二节 大学生心理咨询

大学生心理咨询从学科性质上来看属于学校心理咨询,是学校心理咨询人员在良好的咨访关系基础上,运用心理学的理论和方法,对在校大学生的学习、适应、发展、择业等问题给予直接或间接的指导和帮助,并对有关的心理障碍和精神疾病做初步评估以及心理恢复期的指导和帮助的过程。咨询的根本目标是促进大学生人格的完善和潜能的发挥。

一、大学生心理咨询的特点

目前我国高校心理咨询发展的状况呈现出以下特点。

1. 咨询的内容以发展性的咨询为主

高校心理咨询主要分为两大类型，即发展性心理咨询和障碍性心理咨询。发展性心理咨询是指根据个体身心发展的一般规律和特点，帮助不同年龄阶段的个体尽可能圆满地完成各自的心理发展课题，妥善地解决心理矛盾，更好地认识自己和社会，开发潜能，促进个性的发展和人格的完善。障碍性心理咨询则主要是为各种有障碍性心理问题的咨询对象提供心理援助、支持、干预、治疗，以消除咨询对象的心理障碍，促进其心理朝着健康方向发展。高校心理咨询当然会包含相当一部分的障碍性咨询，但从高校心理咨询的主体、高校心理咨询的目标来看，高校心理咨询中心服务的主要对象是心理健康或存在一定心理问题的全体大学生。事实上，高校心理咨询中心实际接待的学生情况也是如此。根据近十年江西农业大学心理咨询中心接待咨询个案的统计发现，近70%的学生进行的是发展性心理咨询。他们通过心理咨询来解决他们在人际关系、性格探索与完善、学习、职业生涯规划、恋爱、亲子关系等方面遇到的困惑，而这些问题是所有大学生或多或少都会遭遇到的发展性问题。

2. 大学生对心理咨询的接纳程度更高

大学生接受新信息、新观念的速度非常快，当他们遇到心理困扰的时候，更愿意寻求心理咨询的帮助。王水珍等的研究表明95.5%的大学生认为学校有必要开展心理咨询，92.9%的大学生认为心理咨询有效果。陈昱文等的研究表明20.1%的大学生曾经在学校心理咨询中心接受过咨询。

3. 大学生更能受益于心理咨询

心理咨询中心向来有这样一个说法，认为符合"YAVIS"的当事人在咨询中较易获得效果。"YAVIS"是5种个人特点的英文缩写，即年轻（Young）、有吸引力（Attractive）、善言谈（Verbal）、聪慧（Intelligent）和成功（Successful）。大学生年轻，智商高，领悟力好，表达能力强，适应能力突出，正好符合上述特点。因而更容易在咨询中获得新的领悟与改变，能更快更好地达到咨询目标。如在武汉的几所部属高校中，心理咨询中心的年接待量一般在1200~3000人次，大部分学生都通过心理咨询解决或部分缓解了自己的心理困扰和心理疾病。

二、学校心理咨询的主要内容

有人的地方就会有心理问题。在我们的生活中，只要我们需要面对不同的人和事，只要我们需要应对各种任务和压力，只要我们对自己或他人抱有各种期望，就会遇到各种各样的问题。对大学生而言，学习成绩优秀并不代表心理素质也优秀，有些学生到大学后才发现不知道怎么展示自我、怎么跟人相处、怎样谈恋爱，不知道自己到底适合做什么，该往哪个方向走等。总的来说，大学生寻求心理咨询的问题主要有以下3个方面。

（一）发展过程中的心理困扰

大学生处在向社会过渡的时期，其主要的发展任务是为进入社会做好各方面的充分准备，包括专业学习、人格的成熟与完善、学会处理人际关系，还有恋爱、考研、求职等，在这个追求成熟与卓越的过程中，他们也会碰到许多的挑战，经历许多的焦虑、挫折和冲突，并对他们的认知、情感和行为造成较大的影响，产生许多心理上的困扰。心理咨询的重点在于帮助来访者充分全面地认识自我，积极整合外部资源，制定合理的发展策略，充分调动自身潜能，以实现个人成长完善。

（二）适应过程中的心理困扰

大学生进入新环境后，人际环境、生活环境和学习环境都发生了很大变化，这些变化要求学生调整原有的心理模式，建立新的适应系统来应对变化所带来的冲击，但有些学生会因为适应不良而出现不同程度的心理问题。为更好排解精神的痛苦、解决心理问题，大学生此时应该寻求心理咨询的帮助。

（三）心理或行为障碍的困扰

心理或行为障碍包括各种神经症（神经衰弱、恐怖症、强迫症、抑郁症、焦虑症、癔症等）、性心理或性行为异常、各类行为障碍、人格障碍或病态人格等。这类人在大学生中所占比例不高，但因其症状时间长，痛苦程度深，社会功能严重受损，需要咨询师重点关注，必要时考虑转介至心理治疗能力更完善的机构。

三、大学生心理咨询的工作原则

（一）开发潜能的原则

人本主义心理学家认为，人本质上是可以信赖的，有理解自己、解决自己问题的潜能，在环境适当时，人的这种潜能会自己开发出来，将有能力指导和控制自己，达到良好的选择和适应。大学生处于自我意识强和心理相对较单纯的发展阶段，在咨询的过程中，立足开发潜能的原则，咨询员要创造一种尊重、信赖、理解和支持激励成长的氛围，对来访学生的思想暴露和行为表现不予任何批评和是非判断，而是真诚地鼓励对方自己判断个人的行为，导引学生主动、有效地发挥自己的潜能，积极成长。

（二）保密性原则

保密性原则是指保守咨询谈话内容的秘密。保密性原则既是咨访双方建立和维系信赖关系的基础，也是维护心理咨询工作信誉以及心理咨询工作能否有效开展的根本保证。坚持为大学生保守秘密，是对大学生的尊重，也是咨询师的一项基本职业道德。具体包括以下内容。

第一，除非征得来访者本人的同意，否则不得向其父母亲朋、学校领导以及有关的教师谈及求询者隐私。若发现可能会出现自杀或危及他人生命安全，确实需要阻止的紧急情况时，一定要注意阻止的方法、技巧和范围。

第二，不能公开或发表来访者的隐私，典型案例分析也必须注意文字技巧，不能透露任何可能体现来访者特征的内容。

第三，除相关的咨询人员外，不允许任何他人查阅心理咨询档案。

第四，除来访者触犯法律，并经公检法机关认定证明外，任何机关和个人不得借用心理咨询档案。

（三）灵活性原则

灵活性原则要求咨询师在把握来访者共性的基础上，最大限度地根据来访者的个性、特殊性作出判断，并在不违背其他咨询原则的同时，灵活地应用各种咨询理论、方法，采取灵活的步骤，以取得最有效的咨询效果。

（四）平等性原则

这里所讲的平等并不是形式上的，而是一种平等相待的态度。建立平等信赖的关系是心理咨询能否取得成效的前提和基础。在学校开展心理咨询时把握这一点尤为重要。因为学校普遍存在教育者与被教育者的既定关系模式，咨询师事实上可能处在教育者的角色，而来访者则可能是被教育者，从而带有某种不平等的意味。因此，在学校心理咨询过程中，咨询双方都应积极地调整心态，以解决好角色转化问题。

（五）发展性原则

发展性原则是指在咨询过程中，咨询员要以发展的观点来看待来访者的问题，不仅要在分析问题和把握本质时善于用发展的眼光做动态考察，而且在对问题的解决和咨询结果的预测上也应如此。学生的问题大多处在发展变化过程中，咨询双方都不应把问题"看死了"。发展性咨询的目的不仅在于了解来访者已有的发展历程和发展结果，更重要的还在于提示来访者今后发展的可能性和发展方向。

（六）多样性原则

心理咨询的形式是多种多样的。除个别咨询，还有团体咨询；除了直接咨询，还有间接咨询；除了面谈，还有电话、信函等咨询形式。在学校开展心理咨询，多样化的心理咨询形式可以满足大学生不同的需求。

（七）防重于治原则

贯彻防重于治的原则，要在学校中开展心理卫生知识的宣传普及教育，使预防重于治疗的观念深入人心，以保障绝大多数学生的心理健康。此外，咨询人员还应注意加强对学生常见心理障碍的分析和研究工作，努力掌握学生各种常见心理障碍发生、发展的一般规律，促进学生常见心理障碍的早期发现和早期诊治。

四、大学生对心理咨询的常见误区

由于对心理咨询不够了解，人们容易对心理咨询产生误解。这些误区有时会使咨询对象不愿意接受心理咨询，有时需要花费咨询师不少时间予以澄清，有时会使咨访双方"走弯路"，甚至直接影响最终的咨询效果。

（一）心理咨询的对象 ≠ 精神病病人

个人在成长的不同阶段及生活工作的不同方面，经常会遇到心理问题，就这些问题求助于心理咨询并不意味着有什么不正常或是见不得人的隐私。如果不能及时加以正确处理，则有可能会遇到这样那样的困境，导致心理问题的产生，甚至导致心理障碍。因此，对这些问题如果个体能积极对待，主动寻求心理咨询，而不是回避和否认问题，是个体顺利健康发展的保障。但是，有相当一部分人认为去做心理咨询的人就是有精神病，其实他们所说的精神病严格来讲是重症精神病，如精神分裂症、躁郁症等，它与一般的心理问题和轻度心理障碍有很大区别。

（二）心理咨询师≠洞穿人心

许多来访者不愿或羞于吐露自己的心理问题，认为只要简单说几句，咨询师就应该能猜出他心中的想法，不然就表明咨询师水平不高。其实心理咨询师没有什么特异功能，他们只是应用心理学的理论和方法，对来访者提供的一定信息进行讨论和分析，并进行咨询与治疗。因此，来访者需详尽地提供有关情况，才能帮助医患双方共同找到问题的症结，有利于治疗师做出正确的诊断并进行恰当的治疗。

（三）心理咨询≠给人提供心理安慰

当一个人心理上遇到难以排解的困苦时，他可以找个亲朋好友诉一番苦或痛哭一场，那样可以听到许多宽心话，也可以得到不少精神安慰。一般说来，安慰具有情绪宣泄和暂时恢复心理平衡的功能。但心理咨询不同于一般的安慰，因为它不仅要使人开心，更要促使人成长。一般人在相互安慰时，总是会劝说对方尽快尽早地忘却其不快的经历。但心理咨询人员不会这样简单地劝说来访者忘却过去，而是竭力使人积极地看待个人所经受的挫折与磨难，将不愉快的经历当作自我成长的良机。与一般安慰不同的另一点是，心理咨询要避免来访者依赖他人，要促进其独立性与自立性。虽然心理咨询不同于一般的安慰，但它并不排斥使用安慰效应。

（四）心理咨询效果≠立竿见影

对于大多数学生来讲，寻求心理咨询是问题到了较为严重或没办法解决的程度，所以往往希望咨询能立竿见影地帮助他们解决问题。但从咨询规律来讲，第一至三次都是咨询师为来访者做评估与诊断的时间，这个时期来访者叙述自己的情况（倾诉），咨询师会有重点、有序列地收集相关资料，有时还要安排心理测评等内容。所以，除非问题比较简单，来访者的叙述也很清楚，可能两三次就能解决问题，不然前几次咨询不会有实质性效果。有些学生可能会感到失望，怀疑咨询师的能力，甚至放弃咨询。实际上，心理咨询是一个连续的、艰难的改变过程，心理问题常与来访者的个性及生活经历有关，就像一座冰山，冰封已久，没有强烈的求助、改变的动机，没有恒久的决心与之抗衡，雪融是难以冰消的。所以来访者需有打"持久战"的心理准备。

（五）心理咨询师≠救世主

一些来访者把心理咨询师当作"救世主"，将自己的所有心理包袱全部丢给咨询师，以为咨询师应该有能力把它们一一解开，而自己无须思考、无须努力、无须承担责任。多年来传统的生物医学模式就是，病人看病，医生诊断、开药、治疗，一切由医生说了算，要求病人绝对服从、配合，因此来访者自然而然地把这种旧的医学模式带进心理咨询。然而，心理咨询与心理治疗是新的事物，是心理—社会—医学模式的产物，心理咨询师只能起到分析、引导、启发、支持、促进来访者改变和人格成长的作用，他无权把自己的价值观和愿望强加给来访者，更不能替来访者去改变或作决定。来访者需认识到，"救世主"只有一个，那就是自己。只有改变自己，战胜自己，最终才能超越自我，达到理想目标，倘若把自己完全交给咨询师，消极被动，推卸责任，只会一事无成。

（六）心理咨询工作≠思想政治教育工作

部分来访者有一种极端的认识，就是认为心理咨询没多大用处，无非是讲些道理，因而忽视或未意识到心理问题是需要治疗的。心理咨询作为医学中的一门学科，有着严谨的理论基础和诊疗程序，它与思想工作是有本质区别的。思想工作的目的是说服对方服从、遵循社会规范、道德标准及集体意志，而心理咨询则是运用专门的理论和技巧寻找心理问题的症结，予以帮助。咨询者持客观、中立的态度，而不是对来访者进行批评教育。另外，某些心理障碍同时具有神经生化改变的基础，需要结合药物治疗，这更是思想工作所不能取代的。

（七）心理咨询的目的≠对答案

大学生都具备一定的解决问题的能力，"心理咨询"也可能不是他们解决问题的首选，很多人来咨询前已经与心理困惑斗争了很久，并得出了自己的方法与答案，前来咨询只是为了验证自己的答案是否正确。事实上，真正的心理咨询是没有答案的，至少咨询师不会给他们答案。正如"来访者中心疗法"所推崇的，咨询师关注的是来访者本身，而不是问题。从这个角度来讲，来访者得出的答案都是对的，咨询师的目的就是引导他们自己找出答案。对这样的来访者，让他们认识到咨询的实质，关注内心的需求，鼓励他们按自己的方式解除困惑，是比较好的办法。

（八）心理咨询≠心理催眠

有些学生在接受咨询前就自学过一些心理咨询的知识，了解一些心理咨询的方法，因此一开始就会要求咨询师为其采取一些特殊的治疗方法，比如"催眠治疗"，并且觉得不这样就治不好他们的病。现实情况是，心理咨询师有自己擅长的领域或方法，会根据不同来访者的情况合理采用不同的方法，而不是由来访者决定的。而且高校心理咨询师一般专业能力有限，大部分不会掌握很多咨询方法。因此咨询师必须让来访者明白，不管用什么方法，解决好问题才是根本。同时，心理咨询与治疗技术也在与时俱进，不断会有更好的理论和技术出现。

（九）咨询效果不好≠咨询师水平不高

良好咨询关系的建立是咨询成功的关键，这既要求咨询师的方法得当，也离不开来访者的努力。反过来，咨询关系出现问题将直接影响咨询的效果，甚至导致咨询终止。比如，有些学生在咨询过程中遇到一些问题，就开始不断地埋怨咨询师，把问题都归结于咨询师。他们把咨询师和自己看作医生和病人的关系，病人的问题都交给医生，治不好病或者疗效不好，就得由医生负责。其实，咨询关系是一种平等的关系，任何问题都可以和咨询师协商。心理咨询的关系实质上是求助者与咨询师之间形成的一个工作联盟，如果破坏了这个联盟，咨询就很难达到效果。因此当来访者责怪咨询师时，我们除了要理解他们的这种情感外，还要消除他们对咨询关系的误解，使双方共同为咨询成功而努力。

（十）咨访关系≠朋友关系

高校心理咨询师也是学校教师，有些来咨询的学生觉得咨询师和蔼可亲（建立良好咨询关系的需要），既像老师一样可以指点迷津，又不会干涉个人私事或进行说教，所以很想和咨询师成为朋友。作为专业的心理咨询师，应该避免"双重关系"的出现，不论是在咨询中还是咨询结束后，这种关系对双方都会产生不良影响。所以，我们要让来访者明确，心理咨询是一项专业性很强的工作，区别于亲人和朋友的谈心帮助。如果咨访关系发生变化，就只能放弃咨询或更换咨询师。在咨询室以外的场合，咨询师不会与来访者谈及任何有关咨询的话题，不会向他人透露任何咨询的事情。

五、如何寻求心理咨询的帮助

（一）什么情况下需要心理咨询

当心理问题影响到我们的生活和工作的时候，你可以选择消极面对，让时间帮助自己治疗，也可以通过提高自身的心理免疫能力，让心理问题逐渐缓解。但有的问题是很难通过上述方式得到缓解的，随着时间的推移，反而会越来越严重，比如由于家庭成长环境、成长经历、个人的性格特征及处事方式、所面临的压力事件等因素的影响，大学生容易产生心理困扰，甚至罹患神经症，如强迫症、焦虑症、贪食或厌食症、抑郁症等。这些心理问题给当事人造成了巨大的痛苦，影响到他们的学习和工作效率，影响到其每一天的心绪，影响到当事人与其他人的关系甚至个人的发展等。此时，我们需要借助专业力量，来帮助自己探索解决之道，即寻求心理咨询的帮助。

（二）心理咨询"八知道"

1. 大学心理咨询中心："免费午餐"别错过

遵照教育部的要求，目前我国的大学都设有大学生心理健康教育中心或大学生心理咨询中心，为在校生提供免费心理咨询服务。随着心理咨询行业的规范、专业人员的增多及其专业素质的提高，大学心理咨询机构的心理咨询服务水平也越来越高。咨询中心往往会采取各种措施不断提升心理咨询师的业务水平，如要求咨询师定期参加理论学习、案例讨论、心理督导以及继续进修深造等。咨询中心对心理咨询过程的管理越来越规范和细致，建立了严格的心理咨询管理制度，对于预约、保密、资料保存等都有严格的要求，以期为当事人提供一个温馨而安全的咨询体验。由于学生心理健康问题频发，现在高校对心理健康教育越来越重视，投入也增加了，咨询中心的硬件设施也越来越好了。因此，目前高校的心理咨询中心能解决绝大部分学生的心理问题和心理疾病。而且，相对于社会心理咨询和治疗机构昂贵的收费而言，在大学里的心理咨询是免费的，是学校提供给在校学生的一个福利。因此，当你遇到心理困扰时，你可以首先向你所在学校的心理咨询机构寻求专业帮助。

2. 社会心理咨询机构：良莠不齐要分清

如果你不能充分信任或了解所在学校的心理咨询机构，你也可以尝试向校外的咨询机构寻求帮助。现在三甲医院一般都设有心理门诊，在一些大中城市及经济发达地区，也有一些私立心理咨询机构可以提供心理咨询帮助。但是，这些机构也有明显的局限性。如三甲医院的心理门诊，由于医院的人流量大，咨询人员的水平参差不齐，心理咨询的设置也比较混乱，很难进行系统、连续的咨询。许多心理门诊每人每次只能谈15分钟到半个小时，心理咨询常常处于简单了解情况及心理安慰、心理教育等初级层面。私立心理咨询机构的情况则更复杂一些。目前，私立心理咨询机构只需要持国家人力资源和社会保障部颁发的心理咨询师证书就可以开业。但我国目前对于心理咨询师的选拔与考核存在很多的问题。当然，在这些机构中，有许多机构具有很高的水准，其中有许多受过良好训练、长期从事临床心理咨询与治疗工作的专业人士。因此，在去这些机构进行心理咨询之前，一定要通过多种途径去了解该机构的资质和服务水平，了解你想要求助的咨询师的资质、背景、经验和人格、人品等，挑选好的、适合你的咨询机构和咨询师。当然，由于社会心理咨询机构一般收费都比较贵，目前的咨询价格为每小时200~600元不等，个别的甚至要收到每小时1000元以上，所以一定的经济准备也是必不可少的。

3. 选择一个合适的心理咨询师

在咨询过程中，有一些细节可以帮助你判断咨询师的专业性。专业的咨询师通常都会在开始的时候向你告知与咨询相关的规则，比如咨询资料的保密原则及保密例外，来访者有随时退出咨询的权利和自由等。专业的咨询师通常不会给你打包票，而是说"我会尽力的""我想我能够帮到你"。最重要的是你自己的感觉、直觉，专业的心理咨询师往往能让你产生温暖、亲切、信任的感觉。

4. 咨询前对自己的问题进行简单整理，以提高咨询的效率

自己在哪些方面存在困扰？这些问题是独立的还是有内在联系的？在解决这些问题的过程中你卡在哪里了？你做过哪些尝试？为什么没有效果？这些问题如何影响到你的情绪和行为？你自己对这些问题是怎么理解的？通过咨询，你想要达到的最终目标或效果是什么？等等。有了这些基本准备，在咨询过程中咨询方更容易找到咨询的目标和重点。

5. 为心理咨询留下固定的时间

这对于成功的心理咨询非常重要，时间保证不了，效果就无从谈起。三天打鱼、两天晒网，状态不好的时候去咨询，状态好时就觉得不需要。在这种情况下，咨询师无法就当事人的问题、性格特征及应对方式、情感体验等进行深入的探讨，这样的咨询往往无法取得好的效果。通常心理咨询每周一次，一次50分钟左右。一般问题在8次以内就可基本解决，但涉及人格改变、心理障碍的治疗等问题时，需要的时间则要长得多。所以，在决定咨询前必须做好时间安排。

6. 准备好承受咨询和改变过程中的痛苦

心理咨询的过程有时就是一个揭开过去的伤疤的过程。你可能曾经花了很长时间去处理这些伤口，好不容易包扎好了，现在又要被揭开，但是揭开是为了彻底治愈。只有让你更好地理解自己，理解自己的伤痛和冲突，理解自己在此过程中的角色和行为，只有伤口得到真正的处理，才能更好地愈合，从而开始新的人生。它相当于在外科手术中不可避免的疼痛和失血。这些痛苦在治疗的一定阶段，甚至会超过心理病本身给患者造成的痛苦。但是，"小痛小悟，大痛大悟，无痛不悟"。没有痛苦的心理咨询，只能算作止痛针和麻醉剂，真正的治疗并没有进行。没有勇气承受咨询痛苦的患者，是无法从真正的心理治疗中获益的。

7. 及时与咨询师就咨询过程进行沟通

一个好的咨询关系应该是平等自在的,你可以随时与咨询师讨论你在咨询过程中的感受,包括你对咨询过程、效果及咨询师的感受、看法和期待等。这样,可以帮助咨询师更好地了解你的需要,及时调整咨询的内容和方向。

8. 勇于承担改变的责任,主动探索,积极尝试

有人认为咨询有没有效果就看咨询师的水平高不高,其实不然。在咨询中,咨询师的作用固然不容忽视,但咨询有无效果,起决定作用的却是求助者本人,因为只有本人才是改变的主体,是咨询方案的最终执行者。尤其是在咨询改变阶段,求助者应主动探索解决问题的方法,按照与咨询师商定的方案积极尝试。

第三节 团体咨询概述

一、团体咨询概述

心理学研究证明,人类的生活方式离不开团体,每个人随时都要与形形色色的人打交道,建立各种形态的人际关系。由此所发生的互动,既可能满足人、发展人,也可能困惑人、伤害人。事实上,人类的许多适应或不适应、心理障碍或心理健康往往根源于人际关系中,发展于人际关系中,转变于人际关系中,人的心理适应主要是人际关系的适应。团体咨询的出现和流行正是基于这样一种背景。团体咨询是一种有针对性的咨询理论和方法,已被广泛应用于学校、企业、家庭、医院和军队等领域。

（一）什么是团体咨询

团体咨询是咨询员根据求询者的问题相似性,将求询者编入小组,通过共同商讨、训练、引导,解决求询者的共同发展课题或心理障碍。通常由一位或两位咨询员主持,多个求询者参加。团体的规模由咨询目标而定,少则2~3人,多则十几人,甚至几十人。团体咨询既是一种有效的心理治疗,又是一种有效的教育活动。

团体咨询不同于一般的学生社团,一般的学生社团都有其团体目标,服务的对象是学生群体,而团体咨询没有团体目标,只有成员的个人目标,帮助指导的对象是每一个团体成员,成员在团体咨询的过程中不断学习、体验、改变,达到促进成长与发展的目的。

（二）团体咨询的服务内容

团体咨询既可以用以治疗各种心理疾病,同时,也可以用以解决正常人的心理适应和潜能开发。一般来说,凡是个别咨询涉及的范围,团体咨询也都可以,比较而言,在以下领域团体咨询更合适。

（1）自我意识方面:如过于依赖或过于骄傲自大。

（2）情感体验方面:如情感体验的灵敏度低、情感自控力弱、情感不良等。

（3）人际功能方面:如不能建立亲密关系、在人群中紧张不自在、对人缺乏信任或过于依赖、难以与异性保持和发展关系等。

（4）个人才能的培养与发展:如创新能力的培养、自信心训练等。

（三）团体咨询的工作对象

具有某些特点的人更适合或更不适合团体咨询。有时候，一个咨询小组有一个不适宜的成员，就能使整个小组陷入混乱，甚至一无所获。

1. 一般来说，适宜团体咨询的人应具备以下基本特点
（1）自愿参加并有改变自己的愿望。
（2）不封闭自己，愿意向组内成员倾诉个人问题。
（3）能遵守小组纪律，不随意缺席、迟到、早退。
（4）对团体咨询有良好的评价，相信自己能从中获益。
（5）在身体和心理上都有能力参加小组活动。

2. 具有下列特点的个体，则可能对小组产生不良的影响
（1）不自愿者。
（2）不愿接受小组纪律约束者。
（3）有强烈敌意和侵犯性的人。
（4）在人群中过分霸道的人。
（5）极端内向、害羞、自我封闭者。

此外，还有一些人不适宜参加团体咨询，如严重抑郁症病人、急性精神分裂症病人、偏执型人格者、自恋癖者等等。

（四）团体咨询的功能

团体咨询具有教育、发展、预防和治疗4种功能。在咨询过程中，这4种功能常常是相互联系、相互渗透，共同起作用。

（1）教育功能表现在团体咨询是一个通过成员相互作用来协助他们增进自我了解、自我抉择、自我发展、自我实现的学习过程。这个过程有助于培养团体成员的社会性，学习社会规范及适应社会生活态度和习惯，养成互相尊重、互相了解、善于听取他人意见的良好作风，从而促进团体成员的全面发展。

（2）发展功能体现在它试图帮助团体成员达到充分发展并扫清其成长过程中的种种障碍，从而有益于正常人的健康发展。

（3）预防功能在于通过倾听团体成员的倾诉、观察团体成员的行为和相互间的研讨，来对比自己的言行，弄清什么是合适的言行，什么是不合适的言行，并对不合适的言行加以改进，以预防和减少心理问题发生的概率。

（4）治疗功能体现在团体通过咨询的过程可以减轻和消除团体成员已表现出来的不正常行为。

（五）团体咨询的优势及局限性

团体咨询的优势和局限性是相对于个别咨询而言的，个别咨询是咨询员与来访者通过一对一的交流来解决问题的，而团体咨询与个别咨询的最大区别在于来访者对自身问题的认识、解决是在团体中通过成员间相互交流、相互作用来实现的。这就使得团体咨询具有其独特的优势和独特的局限性。

1. 团体咨询的优势

（1）团体咨询感染力强，影响广泛。个别咨询的过程是咨询员与来访者之间单向或双向影响的过程，而团体咨询是多向交流的过程。团体中的成员既是影响其他成员的影响源，又是受其他团体成员影响的被影响者，对于每一个成员来说，都存在着多个影响源。此外，在团体情景下，成员可以从多角度观察自己，可以模仿多个成员的行为，集思广益，共同探讨解决问题的方法，减少了对咨询员的依赖。例如，在高校心理门诊的实践中，男大学生社交羞涩的现象较为普遍，且每个人都认为自己是最倒霉的人，个别咨询很难纠正这种认知，但是在团体情景下就很容易解决。在团体咨询的过程中，每位同学都诉说自己因社交羞涩而又无法改变所带来的种种不安和痛苦。通过这种交流，团体成员观察和认识到其他人也有和自己同样的痛苦，甚至情况更严重，并非自己最倒霉，由此获得了安慰；诉说、宣泄了长久压抑的痛苦，稳定了情绪；同感减轻了心理压力，增强了信心。在此基础上，经过进一步的探讨和相互启发，一般都能很快消除社交羞涩的心理。

（2）团体咨询效率高，既省时又省人。个别咨询是一人对一人的咨询，且每次咨询都需要50分钟左右的时间，而团体咨询是一人对多人，即一个咨询员可以同时指导多个来访者，增加了咨询人数，节省了咨询的人力和时间。

（3）团体咨询效果好，不易反复。团体咨询是创造了类似真实生活情景的场面，成员在团体中的言行往往是他们日常生活的复制。在这种场景下，通过示范、模仿、训练等方法，成员之间进行交流、探讨、模拟，寻求解决问题的方法和措施。这样的结果既贴近日常生活，又容易转移到日常生活中去，且不易反复。

（4）团体咨询对人际关系适应不良者效果明显，特别适宜于解决青年学生的人际关系问题。在团体情景中，团体成员间的真情倾诉和互动，可以有效地增强团体成员的信任感及成员对团体的归属感，这两点是改善不良人际关系的基础。

2. 团体咨询的局限性

团体咨询有优越于个别咨询的地方，同样也有不足之处。清华大学的樊富珉教授将团体咨询的局限性概括为5点。

（1）在团体情景中，个人深层次的问题不易暴露。

（2）在团体情景中，个体差异难以照顾周全。

（3）在团体情景中，有的成员可能会受到伤害。

（4）在团体咨询过程中获得一些关于某个人的隐私后，可能无意中泄露，会给当事人带来不便。

（5）团体咨询对指导者要求高。

二、团体咨询的常见形式

我们知道团体咨询的形式繁多，在高校最常用的形式主要有心理剧、交朋友小组和团体讨论。

（一）心理剧

心理剧是20世纪20年代初由莫雷诺首创的一种团体咨询形式，它是通过特殊的戏曲化形式，让团体成员扮演某种角色，以某种心理冲突情景下的自发表演为主。在表演过程中，主角的人格结构、人际关系、心理冲突和情绪问题逐渐呈现于舞台，达到倾诉、宣泄、消除压力和增强自信的目的，从而诱导其解决问题的主动性，使主角及其他配角找到自己的现实生活，找到问题的症结，提高适应环境和克服危机的能力。

心理剧的基本技法是角色扮演，它一般由导演、导演助理、主角、配角、舞台5个要素构成。导演即咨询员或心理医生，他的任务是确定角色，设计剧情，调动演员的主动性，利用道具，使剧情向预期的效果发展。导演助理实质上是辅助性角色，必须由受过角色扮演训练的人承担，在剧情中扮演主角过去生活中的某个人，呈现主角的现实生活环境，使主角自然而然地体会到与这种生活场景有关的心理冲突，并情不自禁地宣泄出来。主角是陷入心理矛盾的团体咨询成员，他身处导演设计的模拟场景中，在导演的启发下，根据剧情的发展，自然地、主动地加入演出，并创造性地去表演。配角也称观众，也是团体咨询的成员，他们随着剧情的发展，体验主角的感受，自然融入剧情，与主角同喜同悲，起支持演员、鼓励主角的作用。舞台也是心理剧的要素之一，主要是用来增强演员的表演意识和观众的注意力，促进演出效果。

心理剧的基本过程，一般分为3个阶段，即准备阶段、表演阶段和终结阶段。第一，准备阶段，它主要由两部分构成，即讲授心理剧的技法、要点、要求和放松活动。放松活动有语言方法和非语言方法两种形式。第二，表演阶段，导演助理和主角根据剧情进行即兴表演，这个阶段有两个任务：一是找到解决问题的线索，使问题得以解决；二是使问题扩大化，以达到化解冲突，宣泄精神，恢复健康的目的。第三，终结阶段，终结阶段是指终结演出的阶段，因为是即兴表演，所以常常没有明确的结尾。有些心理问题不可能在短时间内很快解决，导演视具体情况，适时宣布结束，终结演出。

(二) 交朋友小组

交朋友小组译自英文"Encounter Group"，是美国人本主义心理学家罗杰斯倡导并首创的团体咨询法，被誉为心与心的交流，也称会心团体咨询。即成员在团体内与其他成员进行不设防的自由交流，每个成员都以真实的自我出现，被其他人如实看待，并从其他成员中得到关于肯定或否定的反馈，从而真正地认识自我，培养自尊心和自信心，改变自己的适应不良行为，体会生活的真谛，使生活更加精彩。参加者多半是为了了解自己，探索自己，进一步激发潜能，更好地发展自我。所以，交朋友小组又称成长团体。

交朋友小组在罗杰斯的推动下发展很快，风靡了全世界，在我国的高校更是盛行。现在对交朋友小组的理解已经不再是过去单纯的交往小组，而发展成为一个有以下3种含义的专门用语：广义上指人类潜能的开发运动；一般指敏感性训练小组、心理剧、格式塔专题讨论会等活动；狭义上专指罗杰斯理论与实践而发展来的团体咨询，是集中团体体验的一种形式。

交朋友小组从开始到结束，整个过程一般经历困惑探索阶段、信任接受阶段、自我探索阶段、变化成长阶段4个发展阶段。常用技法主要有自我描述法、生命线法，盲人体验法，等等。

交朋友小组是一种很有效的团体咨询形式，主要有4个方面的作用：第一，提供了解自我探索的机会;第二,提供了在变化激烈的时代里生存的再学习机会;第三,提供与陌生人交往的机会;第四,具有心理治疗的作用。

交朋友小组是以促进健康人的心理发展为目的的,但是,存在心理适应问题的人通过小组活动,可以认识到自身存在的问题,找到解决问题的途径和方法,这实际上起到了矫正治疗的作用。需说明的是,对严重心理障碍者不宜使用。

(三) 团体讨论

团体讨论是高校团体咨询的一个重要方法,它是团体成员对一个共同问题进行深入、合作的讨论。在讨论过程中,大家表达自己的意见,聆听他人的见解,并做好修订自己的准备。

讨论的内容一般由咨询员根据本次咨询的目的而定。对于讨论的具体问题,要求简单明确,正面积极,并且不超出团体成员的能力范围。

讨论的主要方法如下。

1. 嗡嗡法

嗡嗡法也称分组讨论法,是指将参加团体咨询的成员分成若干小组进行讨论,使每个人都有表达自己意见的机会。每个小组 4~6 人,各个小组讨论的问题可以完全相同,也可以是同一个问题的不同层面。咨询员或者说是组长,一方面要鼓励每个成员都要积极参加讨论,另一方面还要做好总结发言,组长的总结发言是嗡嗡法的点睛部分。嗡嗡法常用于补救大团体咨询的缺陷。

2. 集体创思法

集体创思法是指鼓励成员有创意地从各个角度去探讨问题的方法。

3. 论坛讨论法

先有几位专家或指导者分别阐述各自不同的观点,然后团体成员再开始互相讨论,寻求一个适当的结果。

4. 陪席讨论法

一般由一位专家先发表意见,作为引导发言,然后团体成员针对专家的意见发表自己的见解。

团体讨论的效果体现在以下几方面:第一,通过团体讨论,团体成员明确地了解自己与别人立场不同的地方,养成理解尊重别人的态度;第二,养成从多角度、理性地思考问题、判断问题的习惯,避免感情用事;第三,提供了自我表现的机会,锻炼了学生;第四,通过讨论,由对问题看法的不统一到认识的一致,培养了团体成员统整合作的精神。

团体讨论的目的不在于讨论的结论,而在讨论过程的质量。因此,在讨论的过程中应注意做好以下几点:第一,使成员体验到积极自由的沟通意见对相互体谅、搞好关系的重要性,珍惜团体讨论所提供的沟通意见的机会;第二,注意引导成员相互观察和体会各自不同的思考问题和判断问题的方法,提高解决问题的能力;第三,让成员体会到尊重他人意见是搞好团体合作的基础,从而学会尊重他人。

三、团体咨询的组织与实施

团体咨询的类型较多,规模、名称、参加对象也各不相同。但是从组织和实施的角度看，一般都按确定目标、设计方案、组织团体、实施计划、评估终结5个步骤展开。

(一) 确定团体咨询的目标

确定团体咨询目标是做好团体咨询的重要环节。国内专家将团体咨询的目标从宏观的角度大致分为3类，即发展性团体咨询、敏感性训练小组和治疗性团体咨询。高校在团体咨询中最常用的是发展性团体咨询和敏感性训练小组两类。

1. 确定目标的准备工作

(1) 了解需要。

在确定团体目标前，领导者应该广泛收集各种资料，为拟订团体目标做准备。可以通过个别面谈、查访、信函等方法，事先征询预备成员的意见与看法，例如他们参加团体的意愿、参与团体的动机以及他们帮助团体达到目标的能力。

(2) 团体目标的考虑。

领导者在方案设计时打算呈现什么目标？团体的任务与功能是什么？团体目标是否清晰可测？团体目标、任务与功能的判断是否经由适当的程序？方案设计与实施前是否可预期咨询的成效？成效是否可实际测量评估？

(3) 文献资料的收集。

团体方案设计前是否已参考过其他同类型团体的方案？其实施效果如何？如何搜集相关文献？过去的同类方案实施效果如何，有无可以改进的地方？过去的同类方案是否适合运用在本次团体中？本次团体方案的设计者、主办者、赞助者及领导者对过去的惯例、方案及模式是否了解、熟悉？

(4) 社会文化的考虑。

任何团体方案设计者或团体领导者都必须考虑社会文化背景，否则团体形成后，接踵而来的问题若无法克服，必然会影响团体的发展。因此，团体心理咨询的领导者、设计者，必须从专业理论的角度出发思考该方案是否符合组织期待，是否考虑当地地区文化和成员的文化特性，例如，学校心理咨询老师带领团体，设计方案时必须要考虑学校性质、学生素质、区域文化、生活作息等因素。

2. 明确团体的不同目标

(1) 确定团体一般目标。

一般目标是指所有团体心理咨询都具有的。例如，增进心理健康，培养与他人相处及合作的能力，加深自我了解，提高自信心，加强团体的归属感和凝聚力等。

(2) 确定团体特定目标。

特定目标是指每个团体心理咨询将要达到的具体目标。例如，针对丧亲人士的"走出情绪的低谷"，针对吸烟人士的"戒烟小组"等。

(3) 确定每次团体会面的目标。

随着团体的发展，增加信任、自我探索、提供信息、解决问题等。

3. 确定团体的性质

(1) 结构式团体和非结构式团体。

结构式团体是指事先做了充分的计划和准备，安排有固定程序活动，让成员来实施咨询的团体。非结构式团体是不安排有程序的固定活动,让成员来实施咨询的团体。

(2) 开放式团体和封闭式团体。

开放式团体是指成员不固定,不断更换以随时加入的团体。封闭式团体是指一个固定团体,从第一次聚会到最后一次活动,其成员保持不变,一起进入团体,并且一起结束。

(3) 同质团体和异质团体。

同质团体指团体成员本身的条件或问题具有相似性。异质团体是指团体成员自身的条件或问题差异大、情况比较复杂,如年龄、经验、地位极不相同,成员所存在的问题也不同。

(4) 小团体和大团体。

团体规模较小,人数太少,团体活动的丰富性及成员交互作用的范围欠缺,成员会感到不满足、有压力,容易出现紧张、乏味和不舒畅的感觉。团体规模过大,人数太多,团体领导者难以关注每一个成员,成员之间沟通不便,参与和交往的机会受到限制,团体凝聚力难以建立,并且妨碍成员分享足够的交流时间,致使在探讨原因、处理问题、学习技能时流于形式,而影响活动的效果。

(二) 团体咨询的方案

团体咨询方案是团体活动的指导书,它指导着团体咨询的方向,关系着团体咨询的成败。因此,设计团体咨询方案时,必须做到:①计划的合理性;②目标的明确性;③操作的可行性;④过程进行的发展性;⑤团体效果的可评价性。一个完整的方案一般包括:团体咨询的名称;目的、规模、团体成员的特征;团体指导者的责任;团体成员的责任;详细活动内容、形式、时间、场所及注意事项;预期效果等部分。国外及香港等地的团体咨询在设计方案时,一般还单独制订一份书面计划,书面计划包括团体目的、成员特征、指导者责任、成员责任、活动与过程、预期成果6项内容。

大学生团体咨询的规模一般是 8~15 人较为合适。以敏感性训练为目标的团体咨询人数相对少一些,一般 10~12 人,以发展性为目标的团体咨询人数相对多一些,一般 12~20 人。团体咨询的组织形式可以是持续式的,也可以是集中式的。持续式的一般每周 1~2 次,每次 1.5~2 小时,持续 4~10 次,集中式一般 3~5 天为宜,最多不超过 1 周。场所要以适合活动的开展为宜。成员特征由活动的目的决定。

领导者在设计团体心理咨询方案时应注意以下事项。

(1) 避免为活动而活动。

任何一种方案或一项活动,都只是团体咨询的工具或手段,而不是目的。应尽量避免活动过多,而不注重交流分享的问题。为了发挥活动的功能,领导者必须能适当地运用领导效能及发展团体动力,有时更需要外在条件的配合,例如环境设备、成员参与和行政支持等。

(2) 避免"照葫芦画瓢"。

有些团体领导者在设计方案时,照葫芦画瓢,参考或抄袭他人的团体方案与活动,对于团体方案设计的概念及活动进行的操作方式并不清楚,且带领团体时缺乏弹性和灵活性,以致团体发展过程出现问题,成员权益受损,参与意愿不高。

(3) 避免不适当的活动。

团体发展需要循序渐进,由表及里,由浅入深。团体成员的心态也需要有一个适当和转变的过程。如果领导者对各类活动的应用范围和功能了解不足，常常会设计或安排不适当的活动，如开始即安排负向的活动等，常常会阻碍团体发展。

（4）避免活动衔接不当。

团体是一个不断发展的过程，团体中使用的各种活动不是孤立的、分离的，活动之间应该有内在的逻辑联系，配合团体目标，巧妙衔接，连贯流畅，一气呵成。如果活动衔接不当，就会使成员有一种跳跃、不确定的感觉，影响团体效能。

（5）接受督导与同行探讨。

方案设计后应该先向有经验的领导者或督导者请教，认真思考和研究此团体方案或活动带给成员的感受和经验以及认知收获，对个人及团体有哪些益处？针对上述问题仔细思考，或者能通过与同行探讨交流，激发思考，可以使设计的方案与活动得到确认和支持，为有效实施奠定基础。

（三）组织团体

组织团体主要包括招募团体成员，筛选团体成员，引导团体成员。

1. 招募团体成员

在团体咨询的方案确定后，就可以通过海报、宣传栏、广播等宣传工具开始团体成员的招募工作了。无论是哪种宣传方式，必须包括的内容有：团体组成的目的和目标；团体聚会的日期、时间、地点、次数和期限；参加团体所需费用及相关开支；团体领导者的姓名、联系方式、学历、专业训练及资格；负责机构的名称和联系电话等；其他，如地图、交通方式等。

2. 筛选团体成员

自愿申请报名参加的大学生，其特点不一定都适合团体咨询的形式，也不一定都符合本期团体成员的特征要求。因此，必须对申请者进行筛选。筛选成员常用的具体方法有以下几种。

（1）面谈法。

筛选的主要方法是团体领导者与申请者一对一的面谈。尽管个别的面谈相当耗费时间，但却非常必要。面谈的作用有以下5点。

① 团体领导者可以通过面谈，作出有效的评估，看看申请人是否适合参加团体咨询。面谈可以了解申请者的背景、个性、参加动机、问题类型等，并不是所有人都适合参加团体。那些无法在团体中获益，只会阻碍和破坏团体进程的人不宜参加。此外，有的团体咨询是有明确对象与明确目的的。比如，增强自信心团体是针对自卑感重的人设计的。但广告贴出后，报名的人大大超过团体可容纳的数量时，可以用心理测验的方法，如采用"自我评估"量表，筛选出自卑感重的人参加团体。动员那些自我形象比较健康的学生不参加，或以后参加其他更适合他们的团体。

② 通过个别面谈使团体领导者与成员增加了解，建立信任感，可以缓解害怕、担忧的心理。团体咨询的效果与团体成员对团体领导者的信任有重要关系。筛选是成员了解领导者、选择领导者的过程。如果成员对领导者难以信任，或对团体的具体活动不感兴趣，可以作出不参加的选择。也就是说，团体领导者和申请者可以互相帮助对方。申请者有权自己作

出抉择。

③ 团体领导者有责任预先向申请者详细说明团体的目标、规则、内容、运作及对参加者的要求、期望等，使申请者对团体的潜在价值有所了解。在招募成员的过程中，可能成为团体成员的人有权知道团体的目标、进行的基本程序、领导者对他的期望，以及在参与团体过程中可能会有哪些遭遇和收获，以便作出正确的选择。

④ 筛选面谈不仅仅限于申请者。领导者还可以通过与申请者有直接相关的人接触，比如家长、同学、同事和老师等，进一步全面地了解申请者。

⑤ 面谈一般为 15~25 分钟，主要提出如下问题。

a. 你为什么想要参加这个团体？

b. 你对团体的期望是什么？

c. 你以前参加过团体吗？

d. 你需要帮助的是什么问题？

e. 你是否有不愿与之在一起的某个人或某类人？

f. 你认为你会对团体做出哪些贡献？

g. 对于团体和领导者你有什么问题要问吗？

（2）心理测验法。

筛选还可以采用心理测验。早在 20 世纪 50 年代后期，威廉·舒兹（William Schutz）针对团体工作制定了一套基本人际关系指标，让领导者预知个别成员在团体中可能出现的性格或行为。这套指标主要测试 3 个层面：

① 成员与其他人能否建立深入而良好的关系，包括他是否有被人喜欢的倾向，自己是否喜欢他人或关心朋友等；

② 个人对权力的态度，包括自己如何接受权力或使用权力，对领导者的看法和服从的程度等；

③ 个人坚持自己原则的程度，包括在公开场合，如团体聚会时能否坚持己见等。

利用测验结果，不仅可以评价申请者是否适合参加团体，而且可决定将有同类型倾向的人组成团体还是不同类型的人组成团体。

（3）书面报告法。

筛选还可以用书面报告的形式。领导者要求申请者书面回答一些问题，作为筛选的依据。常见的问题有：你为什么想参加这个团体？你对团体有什么期望？你有什么问题希望在团体中得到帮助？你认为自己可以对团体有哪些贡献？请写一篇简单的自传，说明你生活中重要的事件与人物。

作为团体策划者在筛选成员时，无论采取哪些筛选方法，都要认真考虑以下问题。

① 为何他（她）要参加团体咨询？他（她）的主要问题是什么？

② 他（她）的自我形象如何？他（她）是否考虑改变？

③ 他（她）想从团体中获得些什么？团体是否能帮助他（她）实现目标？

④ 他（她）希望知道领导者或团体的哪些事情？

⑤ 他（她）是否了解团体的目的与性质？

⑥他（她）的受教育程度及智能水平怎样？
⑦他（她）以前是否有过团体经验？
⑧他（她）的性格特征及精神、身体健康状况如何？

团体成员的筛选工作费时，但十分重要，筛选工作在一定程度上可以减少冒险，对整个团体咨询的发展都有帮助。而且使参加者心理有了准备，对领导者有了基本的信任，对团体有适当的期望，以便在团体咨询中积极配合。

3. 引导团体成员

团体咨询的效果与团体成员积极投入团体活动密切相关，如何引导成员以积极的态度参加团体咨询，是一个重要的问题。引导团体成员的常用方法有：①阅读和观看一些相关的文献资料和影视资料；②对于心存疑虑，担心参加团体咨询会被别人误解为精神不正常、担心表露出的隐私会泄露等的大学生，在筛选面谈时，可以给予一定的承诺，并向其解释团体咨询的一些原则，解除疑虑，轻装上阵；③团体成员的责任、应遵循的守则、团体活动时的注意事项等内容，可以以协约的形式出现在学生面前。签订协约的过程是一个协商的过程，也是成员平等参与团体组织的过程。这个过程有助于加强指导者与团体成员的沟通，有助于团体成员了解团体的运作方式和具体要求，同时还可以降低紧张情绪，引发参与活动的积极性。为了进一步加强团体咨询的纪律和规则，可以以誓言的形式要求成员承诺保证做到，不愿承诺者，可以示其退出。誓言体现了团体活动的严肃性，有助于增强成员的安全感和参与活动的责任心。

同时，在面谈时当成员明确表示参加的意愿，领导者又认为合适时，可以给他提一些建议。主要有以下6个方面。

（1）把目标放在成长上。

团体是建立在一个假设上，即无论你目前的生活情况如何，团体可以使你有机会探索自己的感受、价值、信仰、态度、思想和考虑可能的改变，使你变得更丰富，使你得到成长。如果你认为这种探索方式只适合有严重问题的人，就会减少你很多改变的机会。即使你目前没有什么压力，没有多少问题，你将来可能碰到的问题，也值得去探索。活到老，完善到老，人的成长是无止境的。

（2）做个积极的参与者。

如果你在团体中扮演积极主动的角色，你可以给自己更多的帮助。一个沉默的旁观者，其收获是有限的。如果你不主动、热心地参与团体，那么就会阻碍团体的发展，同时也会剥夺别人从你这里学习的机会。

（3）把团体当作实验室。

团体情境相当于一个微缩的小社会，把团体当作你的实验室，可以用各种方法表达自己的不同侧面而不会觉得不安全和不自在。当你这么做时，可以在团体中寻找实践新行为的方式。

（4）给予和接受反馈。

当别人表达一些与你有关的事情时，你可以让他知道你的感受与反应，不管是正面或是负面。你直接坦诚地给予反馈，可以增加团体成员彼此之间的信任。当别人给予你反馈的时候,你应该认真去听、去思考,直到你了解其中的意思。

(5) 表达你的真实感受。

平时,人们常常会压抑自己的思想与感情,害怕表达不当、过于夸大或保留太多。从经验来看,只在脑子里思考和把思考的东西说出来,是有很大差别的。团体是一个探索表达思想的地方,把自己想的说出来,不要拐弯抹角,要直截了当,看看他人会怎样评价。

(6) 不要期望过高。

虽然你希望有些问题在团体中探讨,以得到帮助,但不可能所有的事都会如你所愿。比如,你想在生活上有些改变,但这种改变无法一蹴而就。你期望他人了解你,但他们也许只看到你的某些侧面。相信自己,努力尝试,团体咨询不能解决全部问题,但它会给你带来全新的体验与感受。

(四) 实施团体活动计划

实施团体活动计划的过程,也是团体咨询的运作过程,这个过程分为3个阶段。

(1) 导入阶段,是团体咨询的初期阶段,也是团体咨询热身活动阶段。

此阶段的任务是组建团体,并使之形成团结合作互助的氛围。这一阶段的活动主要有静态讨论和动态活动两种形式,前者适合解决问题的团体,后者适合各种类型的团体,尤其适合青少年。动态活动也有两种形式,即非语言式的交流和语言式交流。

(2) 实施阶段,是团体咨询的中期阶段,也是团体咨询的咨询和治疗阶段。

任务是通过活动和相互作用,使成员深化自我认识,提高理解他人的能力,改善心理问题,促进心理成长。采用的方法也多种多样。实施阶段是团体咨询的关键阶段,指导者和团体成员都应积极、认真地对待,决不能敷衍了事。

(3) 终结阶段,是团体咨询的结尾期。

任务是巩固团体咨询成果,做好分别的心理准备。这一个阶段也是不容忽视的阶段,因为过于仓促和拖拉的结束都会影响团体咨询的最终效果。团体咨询按计划自然结束是最理想的结果,若有意外,必须考虑周全,尽可能地减少提前终结给成员带来的新问题。

团体咨询虽然可以分为3个阶段,但必须说明的是:在实际操作中,团体咨询是一个连续的过程,由一个阶段到另一个阶段是渐进的,没有明显的界线,指导者必须抓住时机,及时准确地做好引导工作。

(五) 团体咨询的评估

团体咨询是否达到了预期的目标,效果如何,团体成员是否满意,今后应做哪些改进,等等问题,都需要经过评估才能科学地显示出来。团体咨询的评估主要有过程评估、总结评估和跟踪评估。评估方法主要有行为计量法、心理测验法、调查问卷法、调阅成员日记法、观察记录法等。目的不同所选用的方法也不同。

四、团体心理咨询与拓展训练比较

人们觉得拓展训练是团体心理咨询的一种。更由于国内很多所谓的"团体治疗"从头至尾贯穿的都是游戏,愈让人们觉得团体心理咨询就是游戏,是和拓展训练一样的东西。但实际上团体心理咨询与拓展训练的区别如下。

（一）基于经济学的不同方向

从经济学角度讲，谁买单就为谁服务。拓展训练作为企业给员工提供的一种培训，企业是买单者，所以最终的目标是为企业服务的。把拓展训练划到企业培训的名下，企业培训的目的永远是：企业目标第一，员工发展第二。

（二）团体心理咨询完全是另一个方向

团体成员是自己买单，而作为团体带领者，目标是帮助每个团体成员解决自己的问题，发展自己的需要。

（三）各自的目标

拓展训练作为企业培训的一种，基本目标或效果是：①提升团队凝聚力；②帮助新人融入团队；③沟通与协作；④提升士气和战斗力；⑤给培训换个方式；⑥与旅游相结合等。

人们会发现拓展训练的目标等同于团体的目标。而团体心理咨询中没有共同的目标，只有每个成员自己的目标。

（四）"团体"的概念

拓展训练中的"团体"这个词就是目标。而团体心理咨询中的"团体"是个形容词，是群体范围，指的是这个心理治疗不是个别咨询，而是一群人在进行。

【心灵拓展】

一、心理测验

你对心理咨询的态度是怎样的？

本问卷的目的在于了解你对心理咨询的看法，请根据自己的实际情况回答"是"或者"否"。

(1) 我认为心理咨询是非常有用的。
(2) 我大致了解心理咨询的收费情况。
(3) 我认为心理咨询师最重要的职业道德是保密。
(4) 我认为心理咨询对心理健康是必要的。
(5) 我认为心理咨询在日常生活中的应用并不广泛。
(6) 我认为心理咨询师可以看透别人的心理。
(7) 我认为接受了心理咨询就一定可以解决所有问题。
(8) 在心理咨询中，我只对催眠有兴趣。
(9) 如果可以的话，我愿意在固定时间去做心理咨询。
(10) 我认为去做心理咨询的都是心理有问题的。
(11) 我喜欢做杂志上的心理题。
(12) 我认为心理咨询就是心理治疗。

【计分方法】

各小题回答与以下答案一致记1分，不一致记0分：

(1) 是 (2) 是 (3) 是 (4) 是 (5) 否 (6) 否 (7) 否 (8) 否 (9) 是 (10) 否

(11) 否 (12) 否

【结果解释】

总分 12 分，分数越高说明对待心理咨询的态度越正确。

二、阅读分享

心理咨询师写给来访者的一封信（选摘）

尊敬的来访者：

当我这样称呼你时，通常，我们已经建立起一种咨访关系，即心理咨询师与来访者的工作联盟。

假如你在网上搜索"心理咨询"，页面下端会显示"为您找到相关结果约 91 900 000 条"，想必，在这 9000 多万条信息海洋中会有你想要的答案。此刻，我只是以一名普通咨询师的身份与你聊聊，但愿能澄清或消除你对心理咨询的某些误解。

你可能会问：做心理咨询，是不是意味着自己心理有病，得找医生看病吃药？

仅这个问题，就有好几个概念被混淆了。

任何一个人，都有可能在某个阶段遭遇某些方面（如读书考学、婚恋情感、职业发展、人际关系等）的不顺、挫折或打击，由此而产生相应的困惑、烦恼和痛苦。

种种负面情绪披着一件叫作"压力"的外套，张牙舞爪地攫夺你的身心健康，令你感到沮丧、厌倦、易怒、疲惫、不自由，失去活力和创造力，饮食与睡眠均受到影响，并且，好长一段时间都没有改善。那么，你可能需要找一位心理咨询师交流一下。

如果，你的这些状况不影响正常的社会功能，主客观一致，知情意协调，人格也基本完善，请不要轻易说自己"心理有病"。因为我们每个人都有可能出现以上状况，这被称为"一般心理问题"。通常，咨询师在了解完情况并与你达成咨询协议后，会运用自己所学的方法（精神分析疗法、认知行为疗法、人本主义疗法等）为你咨询。心理咨询师没有处方权，不可以开药。

如果，一个人已出现诸如幻觉、错觉、妄想、哭笑无常、行为怪异、社会功能严重退化等症状，这可能是真正意义上的心理障碍或精神分裂症，必须尽快去医院救治，否则很危险。心理医生或精神科医生具有处方权，会辅以药物治疗。

上述症状的诊断是一般心理问题、心理障碍还是精神疾病？须依据《中国精神障碍分类与诊断标准（第 3 版）》来界定。

你是否注意到，刚才我说"每个人都有可能出现一般心理问题"？是的，每个人，包括心理咨询师和精神科医生本人。因此，你完全不必将做心理咨询等同于"家丑外扬"。

换言之。

感冒，可治可不治，视主观意愿、难受程度、病情发展而定；一般心理问题，亦然。

感冒，得了会好，好了会再得，谁也无法保证自己终身免疫；一般心理问题，亦然。

感冒，过于忽视，有可能导致肺炎、心肌炎等更严重的疾病；一般心理问题，亦然。

你明白我想表达的意思，对吧。

下面，我说说我所理解的心理咨询。

尊敬的来访者，你之所以会找到我，是因为你需要倾诉，渴望理解，期待改变。而我，

第九章 成长中的助力器——心理咨询

因为某种机缘巧合，正好与你相遇。

我尊重你的独特经历与价值取向，尊重你的个人理想与实践方法，如同尊重我自己的这一份。假如，你还愿意在已有的知识经验外探索更多的可能性，我也不吝于贡献自己的小小视角。

我知道，很多人带着"究竟为什么"和"我该怎么办"这两个问题而来，迫切希望心理咨询师给出一个直接、简单并且行之有效的解决方案。别的同行如何回应我不清楚，就我而言，一定会如实相告。

没有人比你更清楚发生了什么事，也只有你最明白自己想要的生活。咨询师可以和你一起探寻事件背后的原因，找出令你痛苦的真相是什么，最后要怎么办，取决于你自己。

我不希望你高估心理咨询师的能力和作用，我们每个人都要面对各种难题与困境，生活也不会对咨询师格外开恩。

你问，那为何还要去做心理咨询？

当你遭遇某些事情不知该怎么办时，其实答案就隐匿在你的心底，只是它的声音太微弱了，别的声音又太喧嚣，常常听不清，所以你倍感苦恼。如果那些纷繁复杂的感受会说话，可以静下来听一听，它究竟想告诉你什么……

咨询师在心理疗法方面的专业训练，或许可以为你寻找答案提供一些线索，依循这些微妙而又清晰的线索，最终你会找到属于自己的答案——它可能是某种解决方案，也可能是对自身境遇更客观的解读。

当我们建立起一种咨访关系，你和我，并非强者与弱者，更不是老师和学生。

你是自己生命故事的讲述者，我是不带批判色彩的聆听者。

你是奋力走出困境的探路者，我是为你加油鼓气的陪伴者。

你是精彩生活蓝图的绘制者，我是充满喜悦赞叹的欣赏者。

理解和尊重持有不同价值观的来访者，以专业素养和人文关怀陪伴其勘探内在的心理资源，悦纳真实的自我，发掘有潜力的自我，最终达到身心平衡与健康。这，就是我个人理解的心理咨询。

成长之路，道阻且长。与人结伴，天地更宽。

润月与你共勉。

(资料来源：《壹心理》2013 年 6 月)

参 考 文 献

[1] [奥] 弗洛伊德. 爱情心理学 [M]. 林克明，译. 北京：作家出版社，1986.

[2] [美] 克里斯托弗·彼得森. 积极心理学 [M]. 徐红，译. 北京：北京群言出版社，2010.

[3] [英] 霭理士著，潘光旦译注. 性心理学 [M]. 上海：上海三联书店，1982.

[4] [美] 格里格，津巴多，王垒等译. 心理学与生活 [M]. 北京：人民邮电出版社，2003.

[5] [美] 罗伯特·J·斯滕伯格，凯琳·斯滕伯格，李朝旭译. 爱情心理学 [M]. 北京：世界图书出版公司，2010.

[6] 徐光兴. 爱情、婚姻、家庭心理案例集 [M]. 上海：上海教育出版社，2009.

[7] [美] 格雷·F·凯利. 性心理学 [M]. 耿文秀，译. 上海：上海人民出版社，2010.

[8] [美] 盖瑞·查普曼. 爱的五种语言 [M]. 王云良，译. 北京：中国轻工业出版社，2006.

[9] [美] 黄维仁. 活在爱中的秘诀 [M]. 北京：中国轻工业出版社，2010.

[10] [美] 约翰·格雷. 人来自火星，女人来自金星 [M]. 于海生，译. 长春：吉林文史出版社，2005.

[11] 施良方. 学习论——学习心理学的理论与原理 [M]. 北京：人民教育出版社，1994.

[12] 莫雷. 教育心理学 [M]. 北京：教育科学出版社，2012.

[13] 王建东，孙彦飞，张迪. 大学生学习现状分析及对策研究 [J]. 学园，2015 (5).

[14] 王晟昱. 浅析如何优化大学生学习 [J]. 高校论坛，2015 (3).

[15] 李文霞，任占国，赵传兵. 大学生心理健康教育 [M]. 北京：北京师范大学出版社，2013.

[16] 周莉. 大学生心理健康教育 [M]. 北京：中国人民大学出版社，2010.

[17] [美] 艾德勒，[美] 范多伦. 如何阅读一本书 [M]. 郝明义，朱衣，译. 北京：商务印书馆，2004.

[18] 田爱香. 大学生心理健康教育 [M]. 武汉：武汉大学出版社，2014.

[19] 冯宪萍，张洪涛. 大学生心理健康教育 [M]. 济南：山东人民出版社，2015.

[20] 许国彬，黄秀娟. 大学生心理测查与行为指导 [M]. 北京：科学出版社，2012.

[21] 罗新兰，刘洁，夏静. 大学生心理健康教育 [M]. 杭州：浙江大学出版社，2014.

[22] 杨兢，周婧. 大学生心理健康导读 [M]. 北京：首都师范大学出版社，2012.

[23] 于冬娟，李天源. 新编大学生心理健康教育 [M]. 成都：西南交通大学出版社，2014.

[24] 钱永健. 拓展训练 [M]. 北京：企业管理出版社，2007.